LA
DIVINE COMÉDIE

LE PARADIS

DU MÊME AUTEUR

Format grand in-18

La Comédie enfantine. 7ᵉ Édition. Ouvrage couronné par l'Académie française...................Un volume.

Au printemps de la Vie, poésies............ Un volume.

Héro et Léandre, drame antique en vers, représenté au Théâtre-Français. 2ᵉ Édition.................. Un volume.

Impressions littéraires.................... Un volume.

Morts et Vivants (Nouvelles impressions littéraires).
Un volume.

CORBEIL, typ. et stér. de CRÉTÉ.

LA
DIVINE COMÉDIE
DE DANTE

TRADUITE EN VERS, TERCET PAR TERCET

AVEC LE TEXTE EN REGARD

PAR

LOUIS RATISBONNE

Ouvrage couronné par l'Académie française

LE PARADIS

NOUVELLE ÉDITION, REVUE ET AMÉLIORÉE

> Vagliami 'l lungo studio e 'l grande amore
> Che m' han fatto cercar lo tuo volume.

PARIS
MICHEL LEVY FRÈRES, LIBRAIRES ÉDITEURS
RUE VIVIENNE, 2 BIS, ET BOULEVARD DES ITALIENS, 15
A LA LIBRAIRIE NOUVELLE

1865

Tous droits réservés

PRÉFACE

Il y a neuf années (neuf : c'est justement le nombre mystérieux qui sourit à Dante, qui lui sert à mesurer les étages de l'Enfer, du Purgatoire et du Paradis), j'écrivais le premier vers de cette traduction aujourd'hui arrivée à son terme. Suivre Dante, vers par vers, d'un bout à l'autre de la *Divine Comédie,* garder ses aspérités, ses étrangetés, ses ombres comme ses vigueurs de langue, ses tours originaux et ses simples sublimités sans les couvrir d'un fard moderne d'élégance unie et banale ; éviter pourtant l'écueil des traductions trop littérales qui ont besoin à leur tour de traduction; conserver ce que le vers seul peut donner, l'harmonie si capitale chez Dante, le rhythme qui soutient dans les passages les plus pénibles du vieux poëte et sans lequel les plus beaux se déforment et se décolorent, voilà le travail que j'ai tenté. Je l'ai poursuivi à loisir, mais sans interruption, avec l'aiguillon et les rafraîchissements que j'ai reçus de précieux suffrages et de la faveur publique, et aussi avec l'accroissement de force que j'ai pu gagner à mesure que j'avançais dans cet âpre mais salutaire chemin.

On m'accordera peut-être une justice dont mon ambition serait satisfaite : aucun traducteur français traduisant en vers un poëte étranger, ne s'est astreint à des conditions de fidélité aussi rigoureuses, et cette version a du moins cela d'original qu'elle est le premier essai, bon ou mauvais, d'un nouveau système de traduction en vers. Il est vrai que le système n'était pas ce qu'il y avait de plus difficile à trouver. Ayant Dante pour maître, j'ai mis naturellement mon honneur dans ma servitude. Par la même raison, j'ai été aussi sobre que possible de notes et d'explications. Je n'ai pas voulu étouffer le monument sous le lierre et sous cette vigne folle qu'on appelle commentaires. On oublie, dit Dante quelque part, en s'indignant contre les interprètes subtils qui substituent leur voix à celle de l'Évangile, « combien il plaît à Dieu, celui qui s'accote humblement au saint livre. » Ainsi ai-je fait, traduisant et notant la *Divine Comédie*, pour ne pas déplaire à la grande ombre de Dante. Le poëte est dur pour les traîtres, et, comme je l'ai dit ailleurs, le châtiment qu'il leur réserve, si l'on songe au proverbe *traduttore, traditore*, était fait pour effrayer. Mais le châtiment ne menace que les interprètes trop indépendants. Pour les autres, pour les servants fidèles, ils n'ont rien à craindre : au contraire, Dante les aime et les encourage magnifiquement. Dans son Élysée profane des poëtes et des sages, l'ardent Gibelin place sur un trône Aristote, maître du César de Macédoine, Empereur de la science au moyen-âge; et, à ses pieds, dans la foule pieuse qui se presse autour de lui et le contemple, il a donné une humble place à son traducteur arabe. Il s'est souvenu d'Averrhoès...

« Où laissé-je égarer mes vœux et mes esprits ? »

Je n'ai pas, qu'on le croie bien, un trop « long espoir, » ni de trop « vastes pensées, » et en finissant cette longue tâche, je ne m'applaudis bien que de mes efforts et de ma constance.

Quelques mots seulement, comme une éclaircie sur le Paradis, avant que le lecteur s'y engage, pour l'encourager à y entrer.

Le Paradis de Dante, imaginé suivant les hypothèses astronomiques du temps, est divisé en neuf sphères circulaires ayant pour centre la terre, et tournant plus rapides à mesure qu'elles s'éloignent de leur axe; au-dessus de ces neuf *ciels* et les enveloppant tous, l'Empyrée, capitale de Dieu. Les sept premiers *ciels* sont les sept planètes : la Lune (Diane), *ciel* de la chasteté; Mercure, de l'activité glorieuse; Vénus, de l'amour et de l'amitié purifiés; le Soleil, *ciel* des théologiens propagateurs du soleil de la foi, flambeaux de l'Église; Mars, des pieux guerriers; Jupiter, des rois justes; Saturne, *ciel* de la vertu contemplative. Aucune de ces planètes n'est la demeure fixe et invariable des âmes qui s'y montrent. Leur siége à toutes est dans l'Empyrée; mais elles se présentent à Dante dans la planète dont elles ont subi plus spécialement l'influence sur la terre, et la gradation de ces planètes correspond à la hiérarchie des âmes dans l'Empyrée autour du trône de Dieu. Au-dessus de Saturne, le huitième *ciel* ou ciel des étoiles fixes montre indistinctement rassemblées toutes les légions bienheureuses, toute la moisson du Paradis Enfin, au-dessus de tous les *ciels*, le plus rapide et leur donnant à tous le mouvement qu'il reçoit directement de l'essence divine, le neuvième, appelé Premier Mobile. Il n'a pour ceinture que l'Empyrée, qui enveloppe tout. L'Empyrée, c'est le palais de Dieu et de sa cour, le vrai séjour des élus. Là, autour d'un point fixe et flamboyant, tournent les neuf chœurs des Anges dans une hiérarchie parallèle à celle des neuf *ciels* sensibles. Là les bienheureux, étagés en amphithéâtre, figurent comme une immense rose blanche, se baignent dans la lumière, exultent avec les anges à la source de tout amour et de toute joie.

Purifié de toute souillure en quittant le dernier échelon de la montagne du Purgatoire, Dante se sent élevé sans effort au-dessus des éléments; il fend l'air et le feu comme une âme pure qui suit sans obstacle sa loi d'attraction vers le ciel; il passe ainsi d'un *ciel* à l'autre au bruit de chants d'amour et de gloire, n'ayant d'autre témoignage de son ascension soudaine que la beauté à chaque fois plus resplendissante de Béatrice. Les âmes viennent au-devant de lui, lumières voilées et transparentes, pâles « comme des perles sur un front blanc » ou comme des feux vacillant sous l'albâtre ; plus vives et plus pures à mesure que les sphères s'élèvent, jusqu'à ce qu'au sein de l'Empyrée, lumières dans la lumière, elles fulgurent comme des rubis enchâssés dans l'or. Elles se présentent au poëte, ainsi que nous l'avons dit, dans la planète dont elles ont subi l'influence et dont l'élévation correspond au rang hiérarchique qu'elles occupent dans l'Empyrée. Il y a donc des degrés entre elles ; mais il n'y en a pas dans leur bonheur, car leurs désirs sont conformes à la volonté divine et elles ne peuvent vouloir que ce qu'elles ont. Les yeux tendus sur le centre éternel, sur le miroir qui réfléchit tout, elles y lisent le passé, le présent, l'avenir ; elles y découvrent les secrètes pensées du poëte et lui répondent avant qu'il ait parlé. Au dernier étage du Paradis, Béatrice disparaît : elle est allée s'asseoir presque aux pieds de la Vierge Marie, sur le trône qui est le prix de ses vertus. Saint Bernard la remplace. Sous la protection de ce soleil de charité et par l'intercession de la Vierge Mère, il est donné au poëte de pénétrer du regard dans le Point suprême, dans l'Essence divine elle-même ; son œil traverse les derniers voiles de l'infini ; un éclair de grâce illumine pour lui jusqu'au mystère de la Trinité. Il défaille dans cette inexprimable extase ; mais, en revenant à lui, il a recueilli le fruit de sa vision et l'amour de Dieu conduit son cœur.

a.

Tel est le plan général de cette dernière *Cantique* de la *Divine Comédie ;* ainsi se déroule et se termine, dans son imposante et régulière ordonnance, cette étonnante composition dont le premier acte se joue dans les gouffres de l'Enfer et qui se dénoue dans le sein de Dieu.

Nulle part le génie du poëte ne se manifeste avec plus d'éclat que dans cette dernière partie de son œuvre, moins accessible à tout le monde, j'en conviens. Ce sont des sommets ardus et peu foulés ; mais celui qui prendra la peine de les gravir sera récompensé de sa peine. Sans doute — je ne veux rien dissimuler — les scènes dramatiques, les épisodes intéressants abondent beaucoup moins dans le Paradis que dans le Purgatoire et dans l'Enfer. La théologie y occupe une place immense. Saint Pierre et d'autres apôtres font passer à Dante des examens ès-théologie comme à un docteur en Sorbonne. La discussion sur les taches de la Lune, la théorie de la volonté libre, l'explication des mystères de la Rédemption ou de la création angélique, toutes ces controverses, ces thèses, ces argumentations, ces ripostes, tous ces tournois de la logique et de la science plaisent comme expression du temps au lecteur curieux, mais ils fatiguent celui qui cherche avant tout dans un poëme des émotions. Sous ce rapport d'ailleurs, le récit de la souffrance, on l'a souvent observé, nous émeut plus que celui du bonheur ; et nous sommes au Paradis. Ajoutez que dans ce Paradis orthodoxe il n'y a, il ne peut y avoir qu'une seule joie : la vision en Dieu. Toutes les âmes sont des lumières qui expriment leur bonheur par des chants, des tournoiements, des splendeurs. Voilà les seuls éléments dont le poëte théologien pouvait disposer pour fournir une carrière de trente-trois chants. Mais il a la baguette magique, et de ce thème rebelle, de ce dur rocher, il fait à chaque instant jaillir la source fraîche et cette fleur miraculeuse qu'on appelle la poésie. D'admirables beautés de détail fourmillent éparses çà et là au milieu des steppes arides de la scolastique comme les étoiles dans les déserts du ciel. Des comparaisons délicieuses et vraies rappellent la nature dans le royaume surnaturel de l'éternité. De grands personnages, en prenant la parole, y ressuscitent les passions de la vie humaine et remuent l'âme de leur éloquence. C'est l'empereur Justinien qui résume l'histoire romaine en cent vers ; c'est saint Thomas qui raconte la vie admirable de saint François d'Assises marié à la Pauvreté; saint Bonaventure qui dit en traits ardents celle de Dominique, « le grand paladin de l'Église, » *a nimici crudo;* c'est Cacciaguida qui peint la paix et les mœurs de l'ancienne Florence et entonne le chant de l'exil :

> Tu lascerai ogni cosa diletta
> Più caramente...

> Il te faudra laisser toute chose chérie
> Et le plus tendrement ! en quittant la patrie
> C'est là le premier dard de l'exil ennemi.

Tu connaîtras alors quel sel amer on goûte
Au pain de l'étranger, et quelle dure route
De descendre et monter par l'escalier d'autrui!

Mais par dessus tout ce qui fait la vie et l'animation de ces royaumes de l'éternité, ce sont les passions du poëte qui ne l'abandonnent jamais. Ironique, indigné, il trouble la paix du Paradis de ses colères, de ses haines; il le fait retentir de ses espérances, de ses prédictions, de ses anathèmes. Le ciel le ramène à la terre : chaque glorification est doublée d'une imprécation, d'une vengeance. De la sphère où triomphent les rois justes il maudit les mauvais rois; du séjour glorieux des pauvres et pieux défenseurs de la foi il maudit les mauvais prêtres. Écoutez saint Pierre, au milieu du ciel qui se couvre d'un nuage de sang, jeter cette foudroyante apostrophe à ses indignes successeurs :

> Quegli ch' usurpa in terra il luogo mio,
> Il luogo mio, il luogo mio, etc.

Celui qui s'est assis à ma place sur terre,
A ma place, à ma place! et pontife adultère,
Laisse vacant mon siége aux regards du Sauveur,

Fait de mon cimetière un cloaque de fange,
Un charnier plein de sang! Par lui le mauvais ange
Tombé du haut du ciel goûte un baume aux enfers.
. . . .

Avons-nous, Clet et Lin et moi le premier Pierre,
Nourri de notre sang l'Église notre mère
Pour la faire servir à recueillir de l'or?

Non, c'était pour gagner cette immortelle vie,
Que Calixte et qu'Urbain et que Sixte et que Pie
Ont répandu leur sang après beaucoup de pleurs.

Nous n'avons pas voulu que nos successeurs fissent
Du peuple des Chrétiens deux parts, et qu'ils les missent
A droite ou bien à gauche, au gré de leurs fureurs ;

Ni que les clefs du ciel, que Dieu m'a confiées,
Comme un signe sanglant fussent armoriées
Sur un drapeau levé contre des baptisés !...

Anathèmes d'autant plus amers dans la bouche du poëte et dont l'effet devait être, est encore d'autant plus puissant, que le poëte catholique les prononce au nom de l'Évangile, au nom de sa foi même, et que son génie orgueilleux reste en ses révoltes captif de l'orthodoxie. A côté de ces tempêtes, il y a place pour la tendresse et le sourire. Avec quelle grâce, quelle subtilité d'imagination ravissante il trouve des louanges sans cesse renaissantes pour cette beauté mystique, pour cette Béatrice dont les yeux lui reflètent le ciel, dans les regards de laquelle il croit toucher à chaque instant

Le fond de son bonheur et de son Paradis !

Et quels retours touchants vers la patrie, vers cette Florence si tendrement haïe qui l'a exilé ! Au moment où le prince des apôtres, content de lui, le sacre pour le ciel, il revient en pensée « au beau bercail » que la proscription lui a fermé. C'est là qu'il rêve de recevoir un jour une chère couronne, la couronne du poëte, sur les fonts mêmes de son baptême :

> Se me continga che il poema sacro
> Al qual han posto mano lo cielo e la terra....

> S'il arrive jamais que ce poëme austère
> Auquel ont mis la main et le ciel et la terre
> Et qui m'a fait maigrir pendant de si longs ans,

> Désarme la fureur cruelle qui m'exile
> Du beau bercail où je dormis, agneau tranquille,
> Sans autres ennemis que les loups dévorants ;

> Avec une autre voix alors, une autre laine,
> Je reviendrai poëte, et là, sur la fontaine
> Où je fus baptisé, je ceindrai le laurier !

Assurément, des difficultés, des longueurs, des étrangetés, peuvent déconcerter le lecteur moderne dans tout le cours et surtout dans cette dernière partie de l'œuvre d'Alighieri, Somme poétique du moyen-âge. Mais qu'on se souvienne, pour ne pas se laisser rebuter par quelques obstacles, de ce mot de Cacciaguida encourageant Dante à raconter sa terrible vision et qu'on pourrait donner pour épigraphe au poëme :

> Ta voix au premier goût pourra paraître amère ;
> Mais elle laissera, quoique rude et sévère,
> Une fois digérée, un vital aliment !

Que de fruits de toute sorte, en effet, on en peut retirer ? Quand ce ne serait, toute poésie à part, que d'y trouver débattue cette question qui agitait déjà le monde catholique au moyen-âge, à savoir si l'épée peut, sans danger pour les peuples, s'unir au bâton pastoral, le spirituel au temporel; quand ce ne serait que de s'y attendrir déjà aux souffrances et aux efforts de la malheureuse Italie, déchirée à l'intérieur ou envahie par l'étranger, se tournant et se retournant sur le lit de douleur où elle n'a plus trouvé le repos.

En achevant ce travail, j'en adressais dans mon cœur l'humble et ardent hommage à cette noble nation qui, une fois de plus, secouait ses chaînes séculaires, et, avec les encouragements et les secours de la France arrêtée au milieu de son œuvre, arrosait de son sang sa terre esclave. Elle a bien cru, cette fois, comme Dante dans les yeux de Béatrice, toucher le fond de son bonheur et de son Paradis. Sera-t-elle encore trompée? Puisse son infatigable espérance recevoir enfin le prix qui lui est dû! qu'elle atteigne enfin à l'indépendance et à l'unité! L'unité, c'était déjà le rêve de Dante pour l'Italie, et ne semble-t-il pas qu'il ait voulu lui en léguer le modèle, lui en montrer la puissance dans la construction de cette Comédie vraiment « divine », monument impérissable de son génie?

Louis Ratisbonne.

Novembre 1859.

A MON FRÈRE

Le Paradis porte bonheur :
Prends celui que je te dédie.
Hélas ! il est d'un traducteur !
Ce n'est qu'un reflet de splendeur
Comme le bonheur dans la vie !

L. R.

LE PARADIS

ARGUMENT DU CHANT 1er

Invocation. — Béatrice a les yeux fixés au Ciel. Dante a les siens attachés sur Béatrice, et, dans cette contemplation, il se sent transfiguré et s'élève avec elle jusqu'au premier Ciel. Il s'émerveille de cette ascension au-dessus de l'air et du feu. Béatrice dissipe son étonnement : libre de toute entrave, c'est-à-dire lavé de toute souillure, il est devenu un être pur, une flamme vive qui monte de la terre au Ciel, aussi naturellement qu'un fleuve qui suit sa pente en descendant d'une montagne.

DEL PARADISO

CANTO PRIMO

La gloria di Colui che tutto muove,
Per l' universo penetra, e rìsplende
In una parte più, e meno altrove.

Nel Ciel, che più della sua luce prende,
Fu' io, e vidi cose, che ridire
Nè sa, nè può qual di lassù discende;

Perchè appressando sè al suo disire,
Nostro intelletto si profonda tanto,
Che retro la memoria non può ire.

Veramente quant' io del regno santo
Nella mia mente potei far tesoro,
Sarà ora materia del mio canto.

O buono Apollo, all' ultimo lavoro
Fammi del tuo valor sì fatto vaso,
Come dimanda dar l' amato alloro.

Insino a qui l' un giogo di Parnaso
Assai mi fu : ma or con amendue
M' è uopo entrar nell' aringo rimaso.

LE PARADIS

CHANT PREMIER

La gloire de Celui qui fait mouvoir le monde
Pénètre l'univers, et sa splendeur l'inonde :
Soleil, suivant les lieux, plus ou moins abondant.

Dans le Ciel, qui reçoit le plus de sa lumière,
Je fus, et j'ai vu là des choses que sur terre
On ne sait plus redire en en redescendant ;

Parce qu'en approchant de son désir sublime,
En telles profondeurs notre intellect s'abîme
Qu'en vain, en souvenance, on y veut revenir.

Pourtant ce que j'ai pu, du royaume de gloire,
Emporter de trésors au fond de ma mémoire,
A mon chant maintenant matière va fournir.

Apollon ! ô Dieu bon ! pour ce labeur suprême,
Vase d'élection, remplis-moi de toi-même,
Que du laurier chéri je me puisse couvrir !

Jusqu'ici j'eus assez d'un sommet du Parnasse ;
Mais il faut à présent que par les deux je passe,
Pour cette lice encor qui me reste à courir.

Entra nel petto mio, e spira tue,
Sì come quando Marsia traesti
Della vagina delle membra sue.

O divina virtù, sì mi ti presti
Tanto, che l' ombra del beato regno
Segnata nel mio capo io manifesti,

Venir vedràmi al tuo diletto legno,
E coronarmi allor di quelle foglie,
Che la materia e tu mi farai degno.

Sì rade volte, Padre, se ne coglie,
Per trionfare o Cesare o poeta,
(Colpa e vergogna dell' umane voglie!)

Che partorir letizia in su la lieta
Delfica Deità dovria la fronda
Penea, quando alcun di sè asseta.

Poca favilla gran fiamma seconda:
Forse diretro a me con miglior voci
Si pregherà, perchè Cirra risponda.

Surge a' mortali per diverse foci
La lucerna del mondo: ma da quella,
Che quattro cerchi giugne con tre croci,

Con miglior corso, e con migliore stella
Esce congiunta, e la mondana cera
Più a suo modo tempera e suggella.

Fatto avea di là mane, e di qua sera
Tal foce quasi, e tutto era là bianco
Quello emisperio, e l' altra parte nera,

Entre dans ma poitrine et mets-y ton ivresse,
Inspiré comme au jour où ta main vengeresse
Arracha Marsyas du fourreau de son corps !

Si tu veux m'assister assez, divine flamme !
Pour que du paradis gravé dedans mon âme
Je reproduise au moins l'ombre dans mes accords,

Tu me verras venir vers l'arbre qui t'ombrage,
Et couronner alors mon front du beau feuillage
Que j'aurai par ce ciel et par toi mérité.

Si rarement, ô Père ! en ce monde on en cueille,
Pour triompher, César ou poëte, une feuille,
(Coulpe et honte de notre humaine volonté !)

Que l'arbre Pénéen, sur ton front poétique,
Devrait verser à flots la joie, ô Dieu Delphique !
Lorsqu'il a donné soif à quelque noble cœur.

Grande flamme souvent naît de faible étincelle :
Et peut-être, à ma suite, une autre voix plus belle
Saura mieux de Cirrha mériter la faveur [1].

Le soleil, ce fanal levé sur notre terre,
Surgit à divers points de la céleste sphère ;
Mais du point où l'on voit quatre orbes et trois croix [2],

Quand il part, il fournit sa course souveraine
Sous un astre plus doux [3], et la cire mondaine
A son gré s'amollit et subit mieux ses lois.

De ces portes du Ciel se levait la lumière,
D'une blanche clarté couvrant cet hémisphère,
Et sur l'autre laissant la nuit et le sommeil [4],

Quando Beatrice in sul sinistro fianco
Vidi rivolta, e riguardar nel Sole :
Aquila sì non gli s' affisse unquanco.

Et sì come secondo raggio suole
Uscir del primo, e risalire insuso,
Pur come peregrin, che tornar vuole,

Così dell' atto suo per gli occhi infuso
Nell' immagine mia il mio si fece,
E fissi gli occhi al Sole oltre a nostr' uso.

Molto è licito là, che qui non lece
Alle nostre virtù, mercè del loco
Fatto per proprio dell' umana spece.

Io nol soffersi molto, nè sì poco,
Ch' io nol vedessi sfavillar dintorno,
Qual ferro, che bollente esce del fuoco.

E di subito parve giorno a giorno
Essere aggiunto, come quei, che puote,
Avesse 'l ciel d'un altro Sole adorno.

Beatrice tutta nell' eterne ruote
Fissa con gli occhi stava, ed io in lei
Le luci fisse, di lassù remote.

Nel suo aspetto tal dentro mi fei,
Qual si fe' Glauco nel gustar dell' erba,
Che 'l fe' consorto in mar degli altri Dei.

Trasumanar significar *per verba*
Non si poria : però l' esemplo basti
A cui esperïenza grazia serba.

Quand je vis Béatrice à gauche retournée,
Regarder fixement la nue illuminée.
Jamais un aigle ainsi n'a bravé le Soleil !

Et tel sort d'un premier rayon de la lumière
Un rayon de reflet qui remonte en arrière,
Tout comme un voyageur revenant au foyer ;

Ainsi le mouvement si hardi de ma Dame
Se fit mien, s'infusant par mes yeux dans mon âme,
Et je pus voir aussi le Soleil flamboyer.

Bien des choses nous sont ici-bas impossibles,
Qui se peuvent là-haut, et nous sont accessibles
Dans le séjour d'Éden, des hommes le vrai lieu.

Je ne pus soutenir longtemps le jour en face,
Mais assez pour le voir irradier l'espace,
Rouge comme le fer qui sort bouillant du feu.

Et soudain je crus voir un autre jour paraître
A côté du premier, comme si le grand Maître
Eût d'un autre Soleil orné le firmament.

Béatrice tenait sur la sphère éternelle
Ses yeux fixés, et moi, pour ne regarder qu'elle,
Je détournai les miens de l'éblouissement.

Or, en la contemplant, tout mon être se change.
Tel, dans la mer, Glaucus, goûtant d'une herbe étrange,
Devint semblable aux Dieux et comme eux immortel.

Dire *per verba* comme on se transhumanise,
Ne se pourrait : ainsi que l'exemple suffise
A qui l'éprouvera par la grâce du Ciel.

S' io era sol di me quel che creasti
Novellamente, Amor, che 'l Ciel governi,
Tu 'l sai, che col tuo lume mi levasti.

Quando la ruota, che tu sempiterni
Desiderato, a sè mi fece atteso
Con l' armonia, che temperi e discerni,

Parvemi tanto allor del Cielo acceso
Dalla fiamma del Sol, che pioggia o fiume
Lago non fece mai tanto disteso.

La novità del suono, e 'l grande lume,
Di lor cagion m' accesero un disio
Mai non sentito di cotanto acume.

Ond' ella, che vedea me sì com' io,
Ad acquetarmi l' animo commosso,
Pria ch' io a dimandar, la bocca aprio :

E cominciò : Tu stesso ti fai grosso
Col falso immaginar, sì che non vedi
Ciò che vedresti, se l' avessi scosso.

Tu non se' in terra, sì come tu credi :
Ma folgore, fuggendo 'l proprio sito,
Non corse come tu, ch' ad esso riedi.

S' i' fui del primo dubbio disvestito,
Per le sorrise parolette brevi :
Dentro a un nuovo più fui irretito :

E dissi : Già contento requïevi
Di grande ammirazion : ma ora ammiro
Com' io trascenda questi corpi lievi.

Amour, qui m'exaltais ! des Cieux Maître suprême !
Tu sais ce qui restait encore de moi-même
Dans mon être nouveau qu'élevaient tes rayons !

Quand je fus captivé par cette immense ronde
Que tu mènes, au chant de ces orbes du monde
Dont l'éternel désir conduit les tourbillons,

Il me sembla qu'alors, sous le soleil intense,
S'allumait tout à coup un pan du Ciel immense ;
Pluie et fleuves jamais n'ont fait un lac si grand.

Ces sons, cette lumière, à mes regards nouvelle,
Allumèrent en moi curiosité telle
Que je n'en sentis oncque aiguillon si brûlant.

Mais voyant dans mon cœur ainsi que moi, ma Dame
Pour calmer sur-le-champ le trouble de mon âme,
Ouvrant la bouche avant de m'avoir entendu :

« Ton imagination t'égare, me dit-elle,
Et son voile obscurcit ta raison naturelle ;
Ce que tu ne vois pas, sans lui, tu l'aurais vu.

Ainsi que tu le crois, tu n'es plus sur la terre.
Moins rapide est l'éclair, moins soudain le tonnerre
Pour descendre du Ciel, que toi pour y monter. »

A ces mots brefs auxquels un sourire s'ajoute,
Si je fus délivré d'abord d'un premier doute,
Je me sentis d'un autre encor plus tourmenter.

« Un grand étonnement s'apaise en moi, lui dis-je ;
Mais un autre me vient au cœur : par quel prodige
Ces éléments légers, les vais-je dépassant ? »

Ond' ella, appresso d' un pio sospiro,
Gli occhi drizzò ver me con quel sembiante,
Che madre fa sopra figliuol deliro:

E cominciò: Le cose tutte quante
Hann' ordine tra loro; e questo è forma,
Che l' universo a Dio fa simigliante.

Qui veggion l' alte creature l' orma
Dell' eterno valore, il quale è fine,
Al quale è fatta la toccata norma.

Nell' ordine, ch' io dico, sono accline
Tutte nature per diverse sorti,
Più al principio loro, e men vicine:

Onde si muovono a diversi porti,
Per lo gran mar dell' essere, e ciascuna
Con instinto a lei dato, che la porti.

Questi ne porta il fuoco inver la Luna,
Questi ne' cuor mortali è promotore,
Questi la terra in sè stringe ed aduna.

Nè pur le creature, che son fuore
D' intelligenzia, quest' arco saetta,
Ma quelle, ch' hanno intelletto ed amore.

La Providenzia, che cotanto assetta,
Del suo lume fa 'l Ciel sempre quïeto,
Nel qual si volge quel, c' ha maggior fretta:

Ed ora lì, com' a sito decreto,
Cen' porta la virtù di quella corda,
Che ciò che scocca, drizza in segno lieto.

Elle exhale un pieux soupir et me regarde
De ce tendre regard, de ce regard que darde
Une mère au chevet de son fils délirant,

Et puis elle me dit : « Tout a dans la nature
Son ordre et son rapport ; cet ordre est la figure
Qui fait que l'univers ressemble au Créateur.

Dans cet ordre éternel l'humaine intelligence
A reconnu le sceau de la Toute-Puissance,
Laquelle en est ensemble et la fin et l'auteur.

A l'ordre que je dis toute nature incline,
Chacune de sa source ou plus ou moins voisine,
Suivant le sort divers qu'en lot elle reçut ;

Vers des ports différents, par différentes routes,
Sur l'océan de l'être elles s'élancent toutes ;
Dieu leur donne l'instinct qui les porte à leur but.

Vers la Lune c'est Lui qui fait monter la flamme,
En sens divers c'est Lui qui fait mouvoir chaque âme,
Lui qui condense en bloc le terrestre séjour.

Ce n'est pas seulement la brute inconsciente
Qu'il pousse, comme un arc la flèche obéissante,
Mais les êtres doués de raison et d'amour.

Ordonnant le grand tout, la Providence crée
L'éternelle lumière au paisible Empyrée,
Où roule un premier Ciel, de tous le plus léger [5] :

Et c'est là, comme au terme où Dieu veut qu'on arrive,
Que nous pousse à présent cette corde instinctive,
Qui vers un but heureux aime à tout diriger.

Ver' è che come forma non s' accorda
Molte fïate alla 'ntenzion dell' arte,
Perch' a risponder la materia è sorda;

Così da questo corso si disparte
Talor la creatura, ch' ha podere
Di piegar, così pinta, in altra parte,

(E sì come veder si può cadere
Fuoco di nube), se l' impeto primo
A terra è torto da falso piacere:

Non déi più ammirar, se bene stimo,
Lo tuo salir, se non come d' un rivo,
Se d' alto monte scende giuso ad imo.

Maraviglia sarebbe in te, se privo
D' impedimento giù ti fossi assiso,
Com' a terra quïeto fuoco vivo.

Quinci rivolse in ver lo Cielo il viso.

Mais comme, bien souvent, dans les mains de l'artiste,
Pour ce que la matière obtuse lui résiste,
La forme répond mal au saint désir de l'art;

Ainsi de ce chemin parfois la créature
S'écarte, qui, poussée au bien par la nature,
A pourtant le pouvoir d'incliner d'autre part,

Et choit comme le feu qui tombe d'un nuage,
Si son premier élan, par quelque faux mirage,
Vers la terre soudain du Ciel est détourné :

Tu montes sans effort à la sphère étoilée
Comme un fleuve descend du mont dans la vallée,
Et tu n'as plus, je crois, lieu d'en être étonné.

Il serait merveilleux qu'exempt de tout obstacle,
Tu ne montasses pas; là serait le miracle.
Le feu vif ne dort pas sur terre : il monte aux Cieux ! »

Lors elle releva vers le Ciel ses beaux yeux.

NOTES DU CHANT Ier

[1] Cirrha prise ici pour Apollon. Cirrha était une ville située près du mont Parnasse.

[2] C'est-à-dire du point où se réunissent et s'intersectent quatre cercles célestes, à savoir : l'horizon, le zodiaque, l'équateur et le colure d'équinoxe, de manière à former trois croix.

[3] Le Bélier, constellation du printemps.

[4] Dans l'hémisphère où j'étais alors, le jour naissait ; dans celui où j'écris, la nuit tombait. Dante était au sommet de la montagne du Purgatoire, située aux antipodes.

[5] Ce premier Ciel au-dessous de l'Empyrée est celui que les anciens appelaient le *premier Mobile*, c'est-à-dire le plus élevé des cercles concentriques dont, suivant eux, l'univers était formé, et qui tournait par conséquent le plus rapidement.

ARGUMENT DU CHANT II

Dante monte avec Béatrice dans le Ciel de la Lune. Il demande la cause des taches qu'on aperçoit dans cette planète. Béatrice lui démontre que ce n'est point, comme il le croit, par l'effet de la matière disposée en couches ou plus rares ou plus denses. C'est une vertu intrinsèque propre à chaque planète, qui brille à travers chacune d'elles comme la joie à travers la prunelle des yeux, et, selon qu'elle est plus forte ou plus faible, produit la lumière ou l'ombre.

CANTO SECONDO

O voi, che siete in piccioletta barca,
Desiderosi d' ascoltar, seguìti
Dietro al mio legno che cantando varca,

Tornate a riveder li vostri liti:
Non vi mettete in pelago, che forse
Perdendo me, rimarreste smarriti.

L' acqua, ch' io prendo, giammai non si corse:
Minerva spira, e conducemi Apollo,
E nuove Muse mi dimostran l' Orse.

Voi altri pochi, che drizzaste 'l collo
Per tempo al pan degli Angeli, del quale
Vivesi qui, ma non si vien satollo:

Metter potete ben per l' alto sale
Vostro naviglio, servando mio solco
Dinanzi all' acqua, che ritorna eguale.

Que' gloriosi, che passaro a Colco,
Non s' ammiraron, come voi farete,
Quando Jason vider fatto bifolco.

La concreata e perpetua sete
Del deiforme regno cen' portava
Veloci quasi, come 'l Ciel vedete.

CHANT DEUXIÈME

O vous tous qui, montés sur de frêles nacelles,
Désireux de m'entendre et jusqu'ici fidèles,
Avez suivi ma nef qui s'avance en chantant,

Revirez pour revoir le bord qui vous vit naître !
Ne vous hasardez pas sur l'océan : peut-être
Vous seriez égarés bientôt en me perdant.

Jamais on ne courut la mer dont je m'empare.
Minerve enfle ma voile, Apollon tient la barre,
Les neuf Sœurs m'ont montré le Pôle de la main.

Mais vous, rares esprits, qui des terrestres fanges
Tenez le cou levé vers la manne des Anges,
Pain dont on mange ici, mais jamais à sa faim,

Mettez votre navire à la mer, sur ma trace,
En suivant mon sillage avant qu'il ne s'efface,
Et que l'eau se fermant n'ait repris son niveau !

Ces héros qui jadis à Colchos abordèrent,
Moins que vous ne ferez, bien moins s'émerveillèrent
Quand ils virent Jason qui domptait le taureau.

La soif perpétuelle et créée avec l'âme,
La soif du Paradis nous emportait, ma Dame
Et moi, d'une vitesse égale au Ciel tournant ;

Beatrice in suso, ed io in lei guardava:
E forse in tanto, in quanto un quadrel posa,
E vola, e dalla noce si dischiava,

Giunto mi vidi, ove mirabil cosa
Mi torse 'l viso a sè: e però quella,
Cui non potea mia ovra essere ascosa,

Volta ver me si lieta, come bella,
Drizza la mente in Dio grata, mi disse,
Che n' ha congiunti con la prima stella.

Pareva a me, che nube ne coprisse
Lucida, spessa, solida e pulita,
Quasi adamante che lo Sol ferisse.

Per entro sè l' eterna margherita
Ne ricevette, com' acqua recepe
Raggio di luce, permanendo unita.

S' io era corpo, e qui non si concepe,
Com' una dimensione altra patìo,
Ch' esser convien se corpo in corpo repe,

Accender ne dovria più il disio
Di veder quella essenzia, in che si vede,
Come nostra natura e Dio s' unìo.

Lì si vedrà ciò che tenem per fede
Non dimostrato, ma fia per sè noto,
A guisa del ver primo, che l' uom crede.

Io risposi: Madonna, sì devoto,
Quant' esser posso più, ringrazio Lui,
Lo qual dal mortal mondo m' ha rimoto.

CHANT II.

Béatrix regardait le Ciel, moi Béatrice.
Peut-être en moins de temps que de la corde lisse
L'arc n'en met à darder le trait qui va volant,

Je parvins en des lieux où chose merveilleuse
Me fit tourner la tête, et l'âme glorieuse
Dont je ne pouvais pas tromper les yeux bénis,

Se tournant devers moi, joyeuse autant que belle :
« Élève à Dieu ton cœur reconnaissant, dit-elle ;
A la première étoile il nous a réunis. »

Il semblait que sur nous s'étendait un nuage
Solide, uni, brillant, offrant quasi l'image
D'un diamant frappé par les feux du Soleil.

Nous fûmes absorbés par la perle éternelle ;
Sans déchirer son sein elle nous reçut : telle
L'onde où, sans la rider, entre un rayon vermeil.

J'étais corps, et s'il est sur terre inconcevable
Qu'une dimension soit d'une autre capable,
Et qu'un corps en pénètre un autre au même lieu,

Plus ardente devrait être la soif humaine
D'atteindre à cette essence, en qui se voit sans peine
Comment notre nature est unie avec Dieu.

Là-haut, ce que l'on croit par la foi du baptême,
Sans démonstration sera clair par soi-même,
Comme le premier vrai par tout homme accepté.

« Madone, répondis-je avec reconnaissance,
Je rends grâce en mon cœur à la Toute-Puissance,
Qui du monde mortel m'a si loin emporté.

Ma ditemi, che son li segni bui
Di questo corpo, che laggiuso in terra
Fan di Cain favoleggiare altrui?

Ella sorrise alquanto; e poi: S'egli erra
L'opinïon, mi disse, de' mortali,
Dove chiave di senso non disserra,

Certo non ti dovrien punger gli strali
D'ammirazione omai: poi dietro a' sensi
Vedi, che la ragione ha corte l'ali.

Ma dimmi quel, che tu da te ne pensi.
Ed io: Ciò che n' appar quassù diverso,
Credo che 'l fanno i corpi rari e densi.

Ed ella: Certo assai vedrai sommerso
Ne falso il creder tuo, se bene ascolti
L'argomentar, ch' io gli farò avverso.

La spera ottava vi dimostra molti
Lumi, li quali e nel quale, e nel quanto
Notar si posson di diversi volti.

Se raro e denso ciò facesser tanto,
Una sola virtù sarebbe in tutti
Più e men distributa, ed altrettanto.

Virtù diverse esser convegnon frutti
Di principii formali, e quei, fuor ch' uno,
Seguiterieno a tua ragion distrutti.

Ancor se raro fosse di quel bruno
Cagion, che tu dimandi, od oltre in parte,
Fora di sua materia sì digiuno

Mais dites-moi quels sont, dans ce grand corps lunaire,
Tous ces signes obscurs, et qui font au vulgaire
Conter je ne sais quoi du meurtrier d'Abel [1] ? »

Elle sourit un peu, puis me dit : « Si le monde
Erre en ses jugements, quand des choses qu'il sonde
Ses sens n'ont pas la clef, l'égarement mortel

D'aucun étonnement ne devrait par la suite
Te frapper, car tu vois, quand ils nous sont conduite,
Ces sens, comme est borné le vol de la raison.

Mais en premier dis-moi ce que toi-même penses. »
« Je crois que c'est l'effet des corps rares et denses,
Produisant, ceux-ci l'ombre, et ceux-là le rayon. »

Elle alors : « Tu vas voir clairement tout à l'heure
De quelle illusion ton jugement se leurre.
Écoute bien ce que j'oppose à ton erreur.

Les astres qu'on voit luire en la huitième sphère
Sont nombreux, et chacun de ces porte-lumière
Diffère d'étendue ainsi que de splendeur.

Si c'était que l'effet et du rare et du dense,
Il faudrait dire alors que plus ou moins intense
Il n'est qu'une vertu, la même pour chacun.

Les diverses vertus sont une conséquence
Des principes formels, qui, de toute évidence,
Seraient, dans l'hypothèse, anéantis hors un.

En outre, si du corps plus rare de la Lune
Ces taches procédaient, lors, de deux choses l'une :
Ou bien l'astre offrirait des points percés à jour,

Esto pianeta, o sì come comparte
Lo grasso e 'l magro un corpo, così questo,
Nel suo volume cangerebbe carte.

Se 'l primo fosse, fora manifesto
Nell' eclissi del Sol, per trasparere
Lo lume, come in altro raro ingesto.

Questo non è : però è da vedere
Dell' altro : e s' egli avvien, ch' io l' altro cassi,
Falsificato fia lo tuo parere.

S' egli è, che questo raro non trapassi,
Esser conviene un termine, da onde
Lo suo contrario più passar non lassi :

E indi l' altrui raggio si rifonde
Così, come color torna per vetro,
Lo qual diretro a sè piombo nasconde.

Or dirai tu, ch' el si dimostra tetro
Quivi lo raggio più che in altre parti.
Per esser lì rifratto più a retro.

Da questa instanzia può diliberarti
Esperienza, se giammai la pruovi,
Ch' esser suol fonte a' rivi di vostre arti.

Tre specchi prenderai, e due rimuovi
Da te d' un modo, e l' altro più rimosso
Tr' ambo li primi gli occhi tuoi ritruovi :

Rivolto ad essi fa, che dopo 'l dosso
Ti stea un lume, che i tre specchi accenda,
E torni a te da tutti ripercosso :

Ou bien comme en un corps se suivent de coutume
Et le maigre et le gras, ainsi de son volume
Cet astre changerait les pages tour à tour.

Or, dans le premier cas, le fait serait sensible
En temps d'éclipse : alors la lumière visible
Traverserait ce corps comme tout corps disjoint.

Cela n'est point. Or donc, voyons l'autre hypothèse ;
Et s'il advient aussi qu'à rien je te la pèse,
Ta conjecture alors sera fausse en tout point.

Si ce rare n'est pas un vide qui traverse,
Il est un point précis où, plus dense à l'inverse,
La matière refuse un passage au rayon,

Et d'où le rays revient sur lui-même en arrière,
Ainsi que la couleur réfléchie en un verre
Que l'on a revêtu par derrière de plomb.

Or tu diras sans doute, en soutenant ta glose,
Qu'il semble en cet endroit plus sombre par la cause
Que plus loin en arrière il va se réfracter ?

De cette *instance*[2] là que trouve ta science,
La fontaine de tous vos arts, l'Expérience,
Peut te débarrasser ; tu n'as qu'à la tenter.

Prends trois miroirs : mets-en deux à distance égale
De toi, puis le troisième à plus grand intervalle,
Entre les deux premiers, et toi fais face aux trois ;

Et tiens les yeux sur eux tandis qu'un luminaire,
Placé derrière toi, tous les trois les éclaire,
Répercuté vers toi par eux tous à la fois.

2

Benchè nel quanto tanto non si stenda
La vista più lontana, lì vedrai
Come convien, ch' egualmente risplenda.

Or come ai colpi degli caldi rai
Della neve riman nudo 'l suggetto,
E dal colore, e dal freddo primai:

Così rimaso, te nello 'ntelletto
Voglio informar di luce sì vivace,
Che ti tremolerà nel suo aspetto.

Dentro dal Ciel della divina pace
Si gira un corpo, nella cui virtute
L' esser di tutto suo contento giace.

Lo Ciel seguente, ch' ha tante vedute,
Quell' esser parte per diverse essenze
Da lui distinte, e da lui contenute.

Gli altri giron per varie differenze
Le distinzion, che dentro da sè hanno,
Dispongono a lor fini, e lor semenze,

Questi organi del mondo così vanno,
Come tu vedi omai, di grado in grado,
Che di su prendono, e di sotto fanno.

Riguarda bene a me sì com' io vado,
Per questo loco al ver, che tu disiri,
Sì che poi sappi sol tener lo guado.

Lo moto e la virtù de' santi giri,
Come dal fabbro l' arte del martello,
Da' beati motor convien che spiri.

CHANT II.

Encor bien qu'au miroir le plus loin de ta vue
La lumière paraisse avoir moins d'étendue,
Tu verras là pourtant une égale splendeur.

Or çà, comme aux rayons du soleil qui la dore
La neige lentement se fond et s'évapore,
En perdant sa couleur première et sa froideur :

Ainsi dans ton esprit dégagé de tous voiles
Je vais faire briller de si vives étoiles,
Qu'à leur premier aspect s'illuminent tes yeux.

Dans le suprême Ciel de la paix éternelle
Se meut un premier corps [3], dont la vertu recèle
De tout ce qu'il contient l'être mystérieux.

Le Ciel inférieur, aux prunelles immenses [4],
Fait des parts de cet être en diverses essences,
Qui, distinctes de lui, restent dans son pourtour.

Les autres Cieux [5], suivant diverses influences,
Font naître de leur sein chacun d'autres substances,
Lesquelles sont effets et causes tour à tour.

Ainsi vont, tu le vois, dans la machine ronde,
Descendant par degrés, ces organes du monde :
Ils reçoivent d'en haut et transmettent en bas.

Or considère bien comment par cette route
J'arrive au vrai, l'objet de ton désir. Écoute ;
Seul après dans le gué, sans moi, tu marcheras.

Le mouvement des Cieux tournant dans l'étendue,
Aux moteurs bienheureux il faut qu'on l'attribue,
Ainsi qu'au forgeron l'ouvrage du marteau.

E 'l Ciel, cui tanti lumi fanno bello,
Dalla mente profonda, che lui volve,
Prende l' image, e fassene suggello.

E come l' alma dentro a vostra polve,
Per differenti membra, e conformate
A diverse potenzie, sì risolve ;

Così l' intelligenzia sua bontate
Multiplicata per le stelle, spiega,
Girando sè sovra sua unitate.

Virtù diversa fa diversa lega
Col prezïoso corpo, che l' avviva,
Nel qual, sì come vita in voi, si lega.

Per la natura lieta, onde deriva,
La virtù mista per lo corpo luce,
Come letizia per pupilla viva.

Da essa vien ciò, che da luce a luce
Par differente, non da denso e raro :
Essa è formal principio, che produce,

Conforme a sua bontà, lo turbo e 'l chiaro.

Le Ciel, dont tant de feux font resplendir la face [6],
Du souverain Esprit, qui le meut dans l'espace,
Prend l'image, et l'imprime à son tour comme un sceau.

Et comme l'âme, au sein de l'humaine poussière,
En des membres divers, sans cesser d'être entière,
Se partage, imprimant à chacun sa bonté ;

Ainsi l'Intelligence, admirable en ses voiles,
Imprime sa bonté sur des millions d'étoiles,
Sans cesser de tourner sur sa propre unité.

Chaque vertu de Dieu diversement s'allie
A chaque astre du Ciel, et, comme à vous la vie,
A ces corps précieux qu'elle anime, s'unit.

Et d'un être joyeux parce qu'elle dérive,
Ainsi que dans nos yeux brille la gaîté vive,
La vertu dans ces corps infuse resplendit.

D'une lumière à l'autre ainsi la différence
Vient de cette vertu, non du rare et du dense.
Plus ou moins forte, elle est le principe formel

Qui produit ou le sombre ou le clair dans le Ciel [7].

NOTES DU CHANT II

¹ Allusion à la superstition dont il a été question déjà au chant XX de l'*Enfer*, et qui faisait voir au peuple, dans les taches de la lune, Caïn portant un fagot d'épines. Au lieu de « conter je ne sais quoi » pour rendre *favoleggiare*, ce serait le cas, en traduisant à la façon de Scarron, de dire « conter des fagots. »

² Terme d'école pour signifier une réplique.

³ Le premier Mobile au-dessous de l'Empyrée.

⁴ Le Ciel des étoiles fixes.

⁵ Les sept Cieux inférieurs : Saturne, Jupiter, Mars, le Soleil, Vénus et la Lune.

L'Empyrée.

Dans le *Paradis perdu*, Milton a donné une autre explication purement physique des taches de la lune. Celle de Dante, moins scientifique, est plus originale, plus hardie et plus poétique. Je conviens qu'elle n'est pas d'une clarté absolue et que les explications de Béatrice produisent aussi des taches dans tout le chant. Je l'ai traduit pourtant avec la plus scrupuleuse exactitude, et, avec un peu d'attention, il se laisse comprendre. Dante d'ailleurs nous en a prévenus. Que ceux qui ne se sentent pas le courage de le suivre au milieu d'inévitables nuages à la conquête d'un monde nouveau et d'admirables beautés, ramènent leur navire au rivage !

ARGUMENT DU CHANT III

Des âmes s'offrent à Dante dans le cercle de la Lune. Il reconnaît Piccarda. Il apprend par elle que la Lune est le séjour des âmes qui ont fait vœu de chasteté, mais qui ont été violemment arrachées à leurs vœux religieux. Elle lui prouve que, bien qu'il y ait différentes sphères dans le Ciel, tous les bienheureux sont amplement satisfaits du rang qui leur est assigné dans l'échelle céleste, et ne désirent rien de plus que ce qu'ils ont.

CANTO TERZO

Quel Sol, che pria d' amor mi scaldò 'l petto,
Di bella verità m' avea scoverto,
Provando, e riprovando, il dolce aspetto:

Et io, per confessar corretto e certo
Me stesso tanto, quanto si convenne
Levai lo capo a profferer più erto.

Ma visïone apparve, che ritenne
A sè me tanto stretto, per vedersi,
Che di mia confession non mi sovvenne.

Quali per vetri trasparenti e tersi,
O ver per acque nitide e tranquille
Non sì profonde, che i fondi sien persi,

Tornan d' nostri visi le postille
Debili sì, che perla in bianca fronte
Non vien men tosto alle nostre pupille:

Tal vide' io più facce a parlar pronte:
Perch' io dentro all' error contrario corsi
A quel, ch' accese amor tra l' uomo e 'l fonte.

Subito, sì com' io di lor m' accorsi,
Quelle stimando specchiati sembianti,
Per veder di cui fosser, gli occhi torsi,

CHANT TROISIÈME

Ce soleil qui d'amour m'embrasait la poitrine,
Ainsi me découvrit la vérité divine,
Prouvant son dire ensemble et rétorquant le mien.

Et moi, pour confesser l'erreur de ma science
Et pour me déclarer vaincu par l'évidence,
J'avais levé plus haut mon front devers le sien,

Quand une vision toute surnaturelle
M'apparut, et si fort me tint fixé sur elle,
Qu'il ne me souvint plus d'avouer mon erreur.

Ainsi qu'en un cristal transparent et limpide,
Ou dans le pur miroir d'un lac, cristal humide,
Dont on sonde, à fleur d'eau, la claire profondeur,

Nous voyons notre image à ce point effacée
Qu'au milieu d'un front blanc une perle placée
Se détache plus vite en l'éclat de la peau :

Tels devant moi je vis différents personnages
Prêts à parler. Je fus trompé par ces visages
Au rebours de Narcisse amoureux d'un ruisseau [1].

D'abord que je les vis, et les ayant en face,
Croyant apercevoir leurs traits dans une glace,
Je me tournai pour voir à qui ces traits étaient.

E nulla vidi, e ritorsili avanti
Dritti nel lume della dolce guida,
Che sorridendo ardea negli occhi santi.

Non ti maravigliar, perch' io sorrida,
Mi disse, appresso 'l tuo pueril quoto,
Poi sopra 'l vero ancor lo piè non fida,

Ma te rivolve, come suole, a voto;
Vere sustanzie son, ciò che tu vedi,
Qui rilegate per manco di vòto.

Però parla con esse, e odi e credi,
Che la verace luce, che le appaga,
Da sè non lascia lor torcer li piedi.

Ed io all' ombra, che parea più vaga
Di ragionar, drizzaimi, e cominciai,
Quasi com' uom, cui troppa voglia smaga:

O ben creato spirito, che a' rai
Di vita eterna la dolcezza senti,
Che non gustata non s' intende mai;

Grazïoso mi fia, se mi contenti
Del nome tuo, e della vostra sorte;
Ond' ella pronta e con occhi ridenti:

La nostra carità non serra porte
A giusta voglia, se non come quella,
Che vuol simile a sè tutta sua corte.

Io fui nel mondo vergine sorella:
E se la mente tua ben si riguarda,
Non mi ti celerà l' esser più bella,

Mais je ne vis personne, et revins la prunelle
En avant, aux rayons de ma garde fidèle.
Elle était souriante et ses yeux saints ardaient.

« Ne t'émerveille pas en me voyant sourire,
Me dit-elle ; je ris, enfant, de ton délire ;
Ton pied au vrai chemin s'est affermi bien peu.

Tu t'escrimes encore à vide et tu chancelles.
Ce que tu vois ce sont des substances réelles
Que Dieu relègue ici pour rupture de vœu.

Parle-leur, entends-les et crois ce qu'elles disent :
Car des clartés du vrai qui sur elles reluisent,
Elles ne peuvent pas s'écarter un moment. »

Vers l'ombre qui semblait avoir meilleure envie
De parler, je me tourne alors et balbutie
Comme un homme troublé par trop d'empressement :

« Toi qui sous les rayons de l'éternelle vie,
Esprit élu ! ressens la douceur infinie
Que l'on ne peut comprendre à moins de la goûter,

Je te saurais bon gré si tu voulais m'apprendre
Et ton nom et le sort que vous fit un Dieu tendre. »
Elle, d'un œil riant, prompte à me contenter :

Notre charité doit se conformer à celle [2]
Qui veut qu'on lui ressemble en sa cour, me dit-elle ;
A tout juste désir il faut ouvrir les bras.

Je fus une sœur vierge autrefois sur la terre :
Et si tu cherches bien dans tes souvenirs, frère !
Sous mes traits embellis tu me reconnaîtras.

Ma riconoscerai, ch' io son Piccarda,
Che posta qui con questi altri beati,
Beata son nella spera più tarda.

Li nostri affetti, che solo infiammati
Son nel piacer dello Spirito Santo,
Letizian, del su' ordine formati:

È questa sorte, che par giù cotanto,
Però n' è data, perchè fur negletti
Li nostri voti, e vôti in alcun canto.

Ond' io a lei: Ne' mirabili aspetti
Vostri risplende non so che divino,
Che vi trasmuta da' primi concetti:

Però non fui a rimembrar festino;
Ma or m' aiuta ciò, che tu mi dici,
Sì che raffigurar m' è più latino.

Ma dimmi: voi, che siete que felici,
Desiderate voi più alto loco,
Per più vedere, o per più farvi amici?

Con quell' altre ombre pria sorrise un poco:
Da indi mi rispose tanto lieta,
Ch' arder parea d' amor nel primo foco;

Frate, la nostra volontà quïeta
Virtù di carità, che fa volerne
Sol quel, ch' avemo, e d' altro non ci asseta.

Se disiassimo esser più superne,
Foran discordi gli nostri disiri
Dal voler di Colui, che qui ne cerne:

Tes yeux plus attentifs reconnaîtront Piccarde [3].
Dans ce Ciel, dont le cours sur les autres retarde,
Je suis heureuse avec ces autres bienheureux.

L'ardeur du Saint-Esprit est notre seule flamme ;
Le désir de lui plaire échauffe seul notre âme,
Et, profès dans son ordre, il nous rend tous joyeux.

Et si ce Ciel, le moindre, en bas digne d'envie,
Nous fut donné, c'est que nos saints vœux dans la vie
Ont été négligés en partie ou rompus. »

Et moi, je répondis : « Je ne sais quoi d'étrange,
De divin, resplendit sur vos fronts, qui vous change
Et transforme vos traits qu'on ne reconnaît plus.

C'est pourquoi je n'eus pas très-prompte souvenance ;
Mais sans peine à présent, avec ton assistance,
Je reconstruis les traits dans mon cœur imprimés.

Mais, dis-moi, quoique heureux dans ce séjour prospère,
Ne désirez-vous pas une plus haute sphère,
Ou pour voir davantage, ou pour plus être aimés ? »

L'ombre échangea d'abord avec sa suite heureuse
Un sourire léger, puis toute radieuse,
Comme brûlant d'amour au foyer de tout bien :

« De par la charité le cœur en paix repose ;
On veut ce que l'on a, frère ! pas autre chose.
Hors ce que nous avons, nous ne souhaitons rien.

Si nos désirs allaient plus haut, à l'instant même
Nos désirs lutteraient avec l'Être suprême
Qui nous parque en ce lieu de par sa volonté.

Che vedrai non capere in questi giri,
S'essere in caritate è qui necesse,
E se la sua natura ben rimiri:

Anzi è formale ad esto beato esse
Tenersi dentro alla divina voglia,
Perch' una fansi nostre voglie stesse.

Sì che come noi sem di soglia in soglia
Per questo regno, a tutto il regno piace,
Com' allo Re, ch' a suo voler ne 'nvoglia:

In la sua volontade è nostra pace:
Ella è quel mare, al qual tutto si muove
Ciò, ch' ella cria, e che natura face.

Chiaro mi fu allor, com' ogni dove
In Cielo è Paradiso, *etsi* la grazia
Del sommo Ben d' un modo non vi piove.

Ma sì com' egli avvien, s' un cibo sazia,
E d' un altro rimane ancor la gola,
Che quel si chiere, e di quel si ringrazia;

Così fec' io con atto e con parola,
Per apprender da lei qual fu la tela,
Onde non trasse insino al cò la spola.

Perfetta vita ed alto merto inciela
Donna più su, mi disse, alla cui norma
Nel vostro mondo giù si veste, e vela;

Perchè 'nfino al morir si vegghi, e dorma
Con quello sposo, ch' ogni voto accetta,
Che caritate, a suo piacer, conforma.

CHANT III.

Lutte impossible au sein de ce haut sanctuaire,
Si la charité là c'est l'état nécessaire,
Et si tu conçois bien ce qu'est la charité.

De la béatitude aussi bien c'est l'essence
De conformer ses vœux à la Toute-Puissance.
Les nôtres ne font qu'un avec sa sainte loi.

Dans ce royaume ainsi, semés de plage en plage,
Tous nos désirs sont ceux du Maître, et le partage
Plaît à tout le royaume aussi bien qu'à son Roi.

C'est dans sa volonté que notre paix habite :
Elle est cet océan vers qui se précipite
Tout ce que la nature a tiré de son sein. »

Je compris clairement lors comment toute place
Au Ciel est Paradis, encore que la Grâce
N'y fasse pas pleuvoir un seul mode de bien.

Mais ainsi qu'il advient qu'un mets nous rassasie
Lorsque d'un autre encore il nous reste l'envie,
Et qu'en demandant l'un, pour l'autre on dit merci ;

Ainsi fis-je à l'esprit de la main et du geste,
Pour savoir quelle fut cette toile céleste
Que ne put sa navette achever qu'à demi [4].

« Une vie exemplaire, un éminent mérite
Ont placé dans le Ciel, où plus haut elle habite,
Une sœur dont on prend les voiles aujourd'hui [5],

Pour veiller, pour dormir, jusqu'à ce que l'on meure,
Avec l'époux divin qui reçoit à toute heure
Tout vœu de charité fait pour l'amour de lui.

Dal mondo, per seguiral, giovinetta,
Fuggimmi, e nel su' abito mi chiusi,
E promisi la via della sua setta.

Uomini poi a mal, più ch' a bene usi,
Fuor mi rapiron della dolce chiostra:
Dio lo si sa, qual poi mia vita fusi.

E quest' altro splendor, che ti si mostra
Dalla mia destra parte, e che s' accende
Di tutto 'l lume della spera nostra,

Ciò ch' io dico di me, di sè intende:
Sorella fu, e così le fu tolta
Di capo l' ombra delle sacre bende.

Ma poi che pur al mondo fu rivolta
Contra suo grado, e contra buona usanza,
Non fu dal vel del cuor giammai disciolta.

Quest' è la luce della gran Gostanza,
Che del secondo vento di Soave
Generò 'l terzo, e l' ultima possanza.

Così parlommi: e poi cominciò AVE,
MARIA, cantando; e cantando vanìo,
Come per acqua cupa cosa grave.

La vista mia, che tanto la seguìo,
Quanto possibil fu, poi che la perse,
Volsesi al segno di maggior disio,

Ed a Beatrice tutta si converse:
Ma quella folgorò nello mio sguardo
Sì, che da prima il viso nol sofferse:

E ciò mi fece a dimandar più tardo.

CHANT III.

Toute jeune je fuis du monde pour la suivre ;
Je m'enfermai dans son habit, jurant d'y vivre
Et de marcher fidèle à son ordre, à jamais.

Mais des mains d'homme, au mal plus qu'au bien familières,
M'arrachèrent au cloître, à mes douces prières :
Dieu sait comment mes jours coulèrent désormais !

Et cette autre splendeur à ma droite, qui brille
Et semble resplendir, si fort elle scintille,
De l'éclat le plus vif de notre Ciel profond,

Ce que je dis de moi, d'elle-même le pense.
Elle fut sœur aussi ; par même violence
L'ombre des saints bandeaux fut ravie à son front.

Mais revenue au monde avecques déplaisance,
Le monde répugnant à sa pieuse usance,
Elle garda du moins le voile sur son cœur.

C'est l'esprit radieux de la grande Constance
Qui, du second orgueil de Souabe, eut puissance
D'engendrer un troisième et dernier empereur [6]. »

Ainsi l'ombre parla ; puis d'une voix touchante
Entonne *Ave Maria,* et pendant qu'elle chante
Disparaît comme un poids qui dans l'eau va sombrant.

J'essayai de la suivre en étendant ma vue
Aussi loin que possible, et quand je l'eus perdue,
Je revins à l'objet de mon désir plus grand,

Tournant sur Béatrice et mes yeux et mon âme.
Mais la sainte dardait sur moi si vive flamme
Que je fermai d'abord mes yeux devant ce feu,

Et qu'avant de parler je dus attendre un peu.

NOTES DU CHANT III

¹ Narcisse, amoureux de son image, avait pris un reflet pour une réalité et non une réalité pour un reflet.
² A celle de Dieu.
³ Piccarde, sœur de Corso Donati et de Forèse que nous avons vu au *Purgatoire* (chant XXIII). Entrée dans le monastère de Sainte-Claire de l'ordre des Franciscains, elle en fut arrachée par son frère Corso qui la maria à un gentilhomme florentin Rosellino della Rosa.
⁴ Quels furent ces vœux qu'elle ne put accomplir jusqu'au bout ?
⁵ Sainte Claire.
⁶ Constance, fille de Roger, roi de Pouille et de Sicile. D'abord religieuse à Palerme, elle fut tirée de son couvent pour épouser Henri V, empereur et fils de Frédéric-Barberousse. Elle eut de lui Frédéric II, troisième et dernier orgueil de la maison de Souabe, c'est-à-dire le troisième et dernier empereur de cette maison.

ARGUMENT DU CHANT IV

Les paroles de Piccarda et sa présence dans la Lune ont suggéré à Dante deux questions graves touchant le séjour des bienheureux et l'action de la violence sur la volonté. Béatrice l'éclaire. Théorie de la volonté libre. Dante soumet à Béatrice une troisième question : à savoir s'il est impossible de suppléer de quelque manière à des vœux qui n'ont pas été observés jusqu'au bout.

CANTO QUARTO

Intra duo cibi distanti, e moventi
D' un modo, prima si morria di fame,
Che liber' uom l' un recasse a' denti.

Sì si starebbe un agno intra duo brame
Di fieri lupi, igualmente temendo:
Sì si starebbe un cane intra duo dame.

Perchè s' io mi tacea, me non riprendo,
Dalli miei dubbi d' un modo sospinto,
Poich' era necessario, nè commendo.

Io mi tacea: ma 'l mio disir dipinto
M' era nel viso, e 'l dimandar con ello
Più caldo assai, che per parlar distinto.

Fessi Beatrice, qual fe' Daniélo,
Nabuccodonosor levando d' ira,
Che l' avea fatto ingiustamente fello,

E disse: Io veggio ben come ti tira
Uno ed altro disio, sì che tua cura
Sè stessa lega sì che fuor non spira.

Tu argomenti: Se 'l buon voler dura,
La violenza altrui per qual ragione
Di meritar mi scema la misura?

CHANT QUATRIÈME

Entre deux mets placés à pareille distance,
Tous deux d'égal attrait, l'homme libre balance,
Mourant de faim avant de mordre à l'un des deux.

Tremblant de faire un pas à gauche comme à droite,
Entre deux loups cruels la brebis reste coite.
Passent deux cerfs : le chien reste en suspens entre eux.

Tel entre deux désirs, l'un à l'autre contraire,
Je flottais en suspens, et, forcé de me taire,
Je m'en voudrais à tort ou louer ou blâmer.

Mais, tout en me taisant, ma curieuse envie
Se peignait dans mes yeux avec plus d'énergie
Que si j'eusse en des mots tenté de l'exprimer.

Béatrix fit pour moi, devançant ma prière,
Ce qu'avait fait Daniel pour calmer la colère
Qui rendit si cruel Nabuchodonosor [1] :

« Je vois entre ses vœux hésiter ta pensée,
Et dans ses propres nœuds ton âme embarrassée,
Dit-elle, ne peut pas s'épancher au dehors.

Tu te dis : « Si mon cœur dans le bien persévère,
A quel titre pourrait la contrainte étrangère
Diminuer le prix de mon intention ? »

Ancor di dubitar ti dà cagione,
Parer tornarsi l' anime alle stelle,
Secondo la sentenza di Platone.

Queste son le quistion, che nel tuo velle
Pontano igualemente: e però pria
Tratterò quella, che più ha di felle.

De' Serafin colui, che più s'india,
Moisè, Samuello e quel Giovanni,
Qual prender vuogli, io dico, non Maria,

Non hanno in altro Cielo i loro scanni,
Che quegli spirti, che mo t' appariro,
Ne hanno all' esser lor più o meno anni.

Ma tutti fanno bello il primo giro,
E differentemente han dolce vita,
Per sentir più e men l' eterno spiro.

Qui si mostraron, non perchè sortita
Sia questa spera lor, ma per far segno
Della celestïal, ch' ha men salita.

Così parlar conviensi al vostro ingegno,
Perochè solo da sensato apprende
Ciò, che fa poscia d' intelletto degno.

Per questo la Scrittura condescende
A vostra facultate, e piedi e mano
Attribuisce a Dio, ed altro intende:

E santa Chiesa con aspetto umano
Gabriell' e Michel vi rappresenta,
E l' altro, che Tobbia rifece sano.

CHANT IV.

Autre sujet pour toi de doutes et de voiles,
Ce retour supposé des âmes aux étoiles,
Dont parle quelque part l'infaillible Platon ².

Tu brûles d'éclaircir l'un et l'autre problème.
Mais je vais commencer par traiter le deuxième,
Car il renferme un fiel d'erreur plus dangereux.

Des séraphins celui qui plus en Dieu respire,
Moïse, Samuel, les deux Jean, et, qui dire?
Marie, enfin, Marie et tous les bienheureux,

N'ont pas en autre Ciel leur banc près du Grand-Être
Que ces esprits qui là viennent de t'apparaître;
Tous ont l'éternité pour âge de bonheur.

Par tous du premier Ciel l'enceinte est embellie.
Tous, mais différemment, ils ont la douce vie,
Sentant ou plus ou moins le souffle du Seigneur.

Tu les as vus ici, non que Dieu leur assigne
Ce cercle inférieur, mais afin qu'à tel signe
Tu connaisses leur rang dans le saint firmament.

Il faut ainsi parler à votre intelligence
Qui ne prend que des sens et de l'expérience
Tout ce qui monte ensuite à votre entendement.

S'abaissant jusqu'à vous, c'est pour la même cause
Que l'Écriture (encor qu'elle entende autre chose)
Donne à l'Être suprême et des pieds et des mains,

Et que la sainte Église, en sa parole étrange,
Représente Michel, Gabriel et l'autre ange
Qui sut guérir Tobie, avec des traits humains.

Quel, che Timeo dell' anime argomenta,
Non è simile a ciò, che qui si vede,
Perochè, come dice, par che senta.

Dice, che l'alma alla sua stella riede,
Credendo quella quindi esser decisa,
Quando natura per forma la diede,

E forse sua sentenzia è d'altra guisa,
Che la voce non suona, ed esser puote
Con intenzion da non esser derisa.

S' egl' intende tornare a queste ruote
L' onor della 'nfluenza e 'l biasmo, forse
In alcun vero suo arco percuote.

Questo principio male inteso torse,
Già tutto 'l mondo quasi, sì che Giove,
Mercurio, e Marte a nominar trascorse.

L' altra dubitazion, che ti commuove,
Ha men velen, perochè sua malizia
Non ti potria menar da me altrove.

Parere ingiusta la nostra giustizia
Negli occhi de' mortali, è argomento
Di fede, e non d' eretica nequizia.

Ma perchè puote vostro accorgimento
Ben penetrare a questa veritate,
Come disiri, ti farò contento.

Se violenza è quando quel, che pate,
Niente conferisce a quel che sforza,
Non fur quest' alme per essa scusate :

CHANT IV.

Des âmes ce que dit Timée est bien contraire
A ce qu'ici l'on voit, puisque lui, sans mystère
Ni figure, il paraît penser comme il écrit.

A son étoile il dit que chaque âme retourne,
Estimant que c'est là d'abord qu'elle séjourne
Avant de prendre forme en un corps circonscrit.

Mais peut-être il enferme, en son penser sublime,
Quelque sens différent de celui qu'il exprime,
Et qui profondément veut être médité.

S'il veut attribuer ou l'honneur ou le blâme
A ces orbes divins d'influer sur notre âme,
Peut-être a-t-il frappé sur quelque vérité.

Mal compris, ce principe a fourvoyé le monde,
Et jusqu'à l'entraîner dans son erreur profonde
A proclamer dieux Mars, Mercure et Jupiter.

L'autre doute, qui fait que ton esprit chancelle,
Contient moins de venin; le poison qu'il recèle
Ne pourrait loin de moi te mener en enfer [3].

Aux regards des mortels, quand de Dieu la justice
Paraît injuste, au lieu d'hérétique malice,
C'est une occasion de témoigner sa foi.

Mais dans ce cas, puisque l'intelligence humaine
A cette vérité peut atteindre sans peine,
Au gré de ton désir sois satisfait par moi.

S'il n'est contrainte, au vrai, qu'autant que la victime
Lutte et ne cède en rien à celui qui l'opprime,
Ces ombres-là n'ont pas cette excuse à leur tort.

Chè volontà se non vuol, non s' ammorza,
Ma fa come natura face in foco,
Se mille volte violenza il torza:

Per che s' ella si piega assai o poco,
Segue la forza: e così queste fero,
Potendo ritornare al santo loco.

Se fosse stato il lor volere intero,
Come tenne Lorenzo in su la grada,
E fece Muzio alla sua man severo,

Così l' avria ripinte per la strada,
Ond' eran tratte, come furo sciolte:
Ma così salda voglia è troppo rada.

E per queste parole, se ricolte
L' hai come déi, è l' argomento casso,
Che t' avria fatto noia ancor più volte.

Ma or ti s' attraversa un altro passo
Dinanzi agli occhi tal, che per te stesso
Non n' usciresti, pria saresti lasso.

Io t' ho per certo nella mente messo,
Ch' alma beata non poria mentire,
Perocchè sempre al Primo Vero è presso:

E poi potesti da Piccarda udire,
Che l' affezion del vel Gostanza tenne,
Sì ch' ella par qui meco contraddire.

Molte fiate già, frate, addivenne,
Che per fuggir periglio, contro a grato
Si fe' di quel che far non si convenne:

Rien n'éteint, sans son gré, la volonté de l'âme,
Prompte à se redresser comme une vive flamme,
Quand même, et mille fois, le vent la courbe et tord.

Pour peu qu'elle se plie aux contraintes cruelles,
Elle abdique et se rend ; ainsi firent icelles,
Puisqu'elles auraient pu retourner au saint lieu.

Que si leur volonté fût demeurée entière,
Comme chez Mucius, à sa main si sévère,
Ou chez Laurent restant sur le brasier en feu,

La liberté rendue, elle les eût sur l'heure
Remises au chemin de leur sainte demeure ;
Mais si fermes vouloirs sont trop rares, hélas !

Par ce que je t'ai dit, si ton esprit m'écoute,
J'ai réduit à néant un argument de doute
Qui pouvait te laisser longtemps dans l'embarras.

Mais voici maintenant qu'un plus grave problème
Te vient à la traverse, et tel que par toi-même
Tu n'en pourrais pas être aisément délivré.

Je t'avais assuré qu'au Ciel, où ton œil plonge,
Aucune âme n'était capable de mensonge,
Toujours proche qu'elle est de la Source du Vrai.

Et Piccarda, parlant après, t'a fait entendre
Que Constance garda pour le voile amour tendre,
Si bien qu'elle paraît contredire avec moi.

Bien des fois il advient dans la vie, ô mon frère !
Que, pour fuir un péril, ce qu'on n'eût pas dû faire,
On le fasse pourtant, à la fin, malgré soi.

Come Almeone, che di ciò pregato
Dal padre suo, la propria madre spense;
Per non perder pietà, si fe' spietato.

A questo punto voglio, che tu pense,
Che la forza al voler si mischia, e fanno
Sì, che scusar non si posson l' offense.

Voglia assoluta non consente al danno:
Ma consentevi intanto, in quanto teme
Se si ritrae, cadere in più affanno.

Però quando Piccarda quello spreme,
Della voglia assoluta intende, ed io
Dell' altra; sì che ver diciamo insieme.

Cotal fu l' ondeggiar del santo rio,
Ch' uscì del fonte, ond' ogni ver deriva:
Tal pose in pace uno ed altro disio.

O amanza del primo Amante, o diva,
Diss' io appresso, il cui parlar m' innonda
E scalda sì, che più m' avviva:

Non è l' affezion mia tanto profonda,
Che basti a render voi grazia per grazia:
Ma Quei, che vede, e puote, a ciò risponda.

Io veggio ben, che giammai non si sazia
Nostro intelleto, se 'l Ver non lo illustra,
Di fuor dal qual nessun vero si spazia.

Posasi in esso come fera in lustra,
Tosto che giunto l' ha: e giugner puollo,
Se non, ciascun disio sarebbe *frustrà*:

CHANT IV.

Tel Alcméon, cédant aux prières d'un père
Et pour venger sa mort, tua sa propre mère,
Impie et parricide ainsi par piété.

Sache bien, sur ce point, comme il faut que tu penses
Cela n'excuse pas devant Dieu vos offenses,
Que la force se mêle avec la volonté.

Absolument parlant, la volonté sans doute
Hait le mal, mais y cède en tant qu'elle redoute
De choir, en résistant, dans un mal plus affreux.

Piccarda te parlait, vraie à son point de vue,
Du vouloir absolu, de la volonté nue,
Et moi de l'autre : ainsi disions vrai tous deux. »

Telle coulait sur moi, de la sainte rivière,
L'onde qu'elle puisait aux sources de lumière ;
Chacun de mes désirs ainsi fut apaisé.

« Amante du premier Amant qui fit le monde,
O sainte, dis-je, ô vous dont le Verbe m'inonde,
M'échauffe et met la vie en mon être embrasé !

Si profond soit l'amour que dans mon cœur j'amasse,
Il ne vous pourrait pas rendre grâce pour grâce :
Au Tout-Puissant ici plaise de m'acquitter !

Rien ne peut, je le vois, jamais nous satisfaire,
Jusqu'à ce que le Vrai suprême nous éclaire,
Hors duquel rien de vrai ne saurait exister.

C'est là qu'on se repose au sein de la lumière,
Comme un lion qui tient sa proie en sa tanière ;
Et l'on y vient, ou bien tout désir serait vain.

Nasce per quello a guisa di rampollo
Appiè del voro il dubbio: ed è natura,
Ch' al sommo pinge noi di collo in collo.

Questo m' invita, questo m' assicura
Con riverenza, Donna, a dimandarvi
D' un' altra verità, che m' è oscura.

Io vo' saper se l' uom può soddisfarvi
A' voti manchi sì con altri beni,
Ch' alla vostra stadera non sien parvi.

Beatrice mi guardò con gli occhi pieni
Di faville d' amor, con sì divini,
Che, vinta mia virtù, diedi le reni,

E quasi mi perdei con gli occhi chini.

Pour monter jusque-là, naît le doute qui pousse
Comme un surgeon au pied du vrai, puis, qui nous pousse
De sommet en sommet jusqu'au plateau divin.

C'est ce qui m'enhardit, ô Dame que j'adore !
A vous interroger bien humblement encore
Sur un point qui demeure obscur à mes esprits.

Quand des vœux sont rompus, ne peut-on par la suite
Suppléer à ces vœux par quelque autre mérite
Dont le poids soit égal à ce qu'on a repris ? »

Sur moi fixe à ces mots Béatrix des prunelles
Où le divin amour jetait tant d'étincelles,
Que je me détournai, défaillant, confondu ;

Et je restai les yeux baissés, comme éperdu.

NOTES DU CHANT IV

[1] En devinant et en expliquant le songe de Nabuchodonosor, ce que n'avaient pu faire les devins de Babylone, à la grande colère du roi, qui voulait les mettre à mort.

[2] C'est-à-dire qu'en voyant ces deux religieuses infidèles à leurs vœux dans la Lune, planète inconstante et variable, tu te demandes s'il n'est pas vraisemblable qu'elles l'ont habité avant de descendre sur terre, et qu'elles y sont retournées après la mort, doctrine conforme à celle que Platon exprime dans le *Timée*.

[3] Il semble au premier abord que ce soit le contraire; car il s'agit maintenant de savoir comment la violence d'autrui peut diminuer le prix d'une volonté qui reste bonne, ce qui met en question la justice de Dieu. Mais Dante l'explique. Comme on ne peut douter de la justice divine, cette difficulté devient une occasion d'adoration, un argument de foi, tandis que si l'on entend mal la doctrine du *Timée* sur le retour de chaque âme à son étoile, on s'écarte de l'orthodoxie dogmatique et l'on tombe dans l'hérésie. Ainsi s'explique d'une manière très-claire ce passage que tous les commentateurs et traducteurs ont jugé inexplicable, et il ne fallait pas pourtant, ce nous semble, un effort surhumain pour le comprendre.

ARGUMENT DU CHANT V

Béatrice répond à la question de Dante en lui expliquant, d'après la nature et l'essence du vœu, comment et dans quel cas on peut satisfaire à des vœux qui ont été enfreints. Ascension au second Ciel, au Ciel de Mercure. Dante interroge un des esprits radieux qui s'empressent en foule vers lui.

CANTO QUINTO

S' io ti fiammeggio nel caldo d' amore
Di là dal modo, che 'n terra si vede,
Sì che degli occhi tuoi vinco 'l valore,

Non ti maravigliar: chè ciò procede
Da perfetto veder che, come apprende,
Così nel bene appreso muove il piede.

Io veggio ben sì come già risplende
Nello 'ntelleto tuo l' eterna luce,
Che vista sola sempre amore accende:

E s' altra cosa vostro amor seduce,
Non è se non di quella alcun vestigio
Mal conosciuto, che quivi traluce.

Tu vuoi saper se con altro servigio,
Per manco voto si può render tanto,
Che l' anima sicuri di litigio.

Sì cominciò Batrice questo canto:
E, sì, com' uom, che suo parlar non spezza,
Continuò così 'l processo santo:

Lo maggior don, che Dio per sua larghezza
Fesse creando, e alla sua bontate
Più conformato, e quel ch' ei più apprezza,

CHANT CINQUIÈME

« Dans l'ardeur de l'amour, si devant toi, mon frère,
Je resplendis bien plus qu'autrefois sur la terre,
Au point que de tes yeux j'ai vaincu le pouvoir,

Ne t'émerveille pas : elle vient, cette flamme,
Des parfaites clartés qu'ici perçoit notre âme,
Et que l'on suit du pied dès que l'œil peut les voir.

Dès à présent déjà je sens qu'elle étincelle
Dans ton entendement, la lumière éternelle
Qu'il suffit d'entrevoir pour s'embraser d'amour.

Quand à d'autres objets l'amour humain s'abuse,
C'est que de ces clartés une trace confuse
Y reluit au travers comme un reflet du jour.

Tu désires savoir s'il se peut qu'on acquitte
Un vœu qu'on a rompu, par quelque autre mérite
Qui gagne le procès de l'âme devant Dieu. »

Ainsi dit Béatrix, commençant ce cantique,
Et puis continua son discours angélique,
Parlant sans s'interrompre, avec le même feu :

« Le plus précieux don que Dieu dans sa largesse
Fit au monde, le plus conforme à sa tendresse,
La plus grande à ses yeux de toutes ses bontés,

Fu della volontà la libertate,
Di che le creature intelligenti,
E tutte e sole furo e son dotate.

Or ti parrà, se tu quinci argomenti,
L' alto valor, del voto, s' è sì fatto,
Che Dio consente, quando tu consenti :

Chè nel fermar tra Dio e l' uomo il patto,
Vittima fassi di questo tesoro,
Tal, qual io dico, e fassi col suo atto.

Dunque, che render puossi per ristoro?
Se credi bene usar quel, ch' hai offerto,
Di mal tolletto vuoi far buon lavoro.

Tu se' omai del maggior punto certo ;
Ma perchè santa Chiesa in ciò dispensa,
Che par contra lo ver, ch' io t' ho scoverto ;

Convienti ancor sedere un poco a mensa,
Perocchè 'l cibo rigido, ch' hai preso,
Richiede ancora aiuto a tua dispensa.

Apri la mente a quel, ch' io ti paleso,
E fermalvi entro : che non fa scïenza,
Senza lo ritenere, avere inteso.

Duo cose si convengono all' essenza
Di questo sacrificio : l' una è quella,
Di che si fa ; l' altra è la convenenza.

Quest' ultima giammai non si cancella,
Se non servata, ed interno di lei,
Sì preciso di sopra, si favella :

C'est de la volonté cette libre puissance,
Dont les êtres doués d'âme et d'intelligence
Furent tous, furent seuls et pour toujours dotés.

Ores t'apparaîtra, comme une conséquence,
Quel haut prix ont les vœux, lorsque, de connivence,
Ils sont formés sur terre et consentis au Ciel.

Dans ce pacte entre l'homme et Dieu, pacte sublime,
Le trésor que je dis devient une victime [1]
Et la volonté s'offre elle-même à l'autel.

Or pour un tel trésor, qu'est-ce qu'on pourrait rendre ?
Tu crois en bien user en osant le reprendre ?
Ce qu'on a mal acquis, peut-on bien s'en servir ?

Sur ce point capital donc plus d'incertitude.
Mais comme moins que moi l'Église semble rude,
Et qu'ici ses pardons semblent me démentir,

Demeure encore à table un moment, pour m'entendre.
Le mets est un peu dur que tu viens là de prendre ;
Il te faut du secours pour le digérer bien.

Ouvre à ma voix ton âme et ton intelligence
Et renfermes-y-la. Pour avoir la science,
Si l'on ne se souvient, avoir compris n'est rien.

Dans l'essence du vœu sacré que l'on contracte
Entrent deux éléments : d'abord l'objet du pacte,
Et le pacte lui-même en dehors de l'objet.

Ce dernier élément, encor qu'on le méprise,
On ne peut l'effacer. De façon si précise
Quand je parlais plus haut, c'était à son sujet.

Però necessitato fu agli Ebrei
Pur l'offerire, ancor che alcuna offerta
Si permutasse, come saper déi.

L'altra, che per materia t'è aperta,
Puote bene esser tal, che non si falla,
Se con altra materia si converta.

Ma non trasmuti carco alla sua spalla
Per suo arbitrio alcun, senza la volta
E della chiave bianca, e della gialla:

Ed ogni permutanza credi stolta,
Se la cosa dimessa in la sorpresa,
Come 'l quattro nel sei, non è raccolta.

Però qualunque cosa tanto pesa
Per suo valor, che tragga ogni bilancia,
Soddisfar non si può con altra spesa.

Non prendano i mortali il voto a ciancia:
Siate fedeli, ed a ciò far non bieci,
Come fu Iepte alla sua prima mancia:

Cui più si convenia dicer: Mal feci,
Che servando far peggio, e così stolto
Ritrovar puoi lo gran Duca de' Greci

Onde pianse Ifigenia il suo bel volto,
E fe' pianger di sè e i folli e i savi,
Ch' udîr parlar di così fatto colto.

Siate, Cristiani, a muovervi più gravi:
Non siate come penna ad ogni vento,
E non crediate, ch' ogni acqua vi lavi.

CHANT V.

Ainsi chez les Hébreux l'oblation pieuse
Fut d'obligation étroite et rigoureuse,
Encor bien que l'offrande eût quelquefois changé.

L'objet même du vœu, comme il n'est que matière,
Il peut bien arriver que sans péché, mon frère,
On le change, et qu'on soit de son vœu dégagé.

Mais que nul ne prétende en agir à sa guise
Sans avoir bien tourné les deux clefs à l'Église,
Et qu'on ne change pas de son chef son fardeau.

Crois que tout changement est folie et faiblesse,
Si le poids que l'on prend ne vaut celui qu'on laisse,
Si comme quatre à six l'ancien n'est au nouveau.

Donc si le vœu qu'on forme est de telle importance
Qu'il fasse sous son poids pencher toute balance,
On ne peut remplacer ce vœu sacré par rien.

Mortels ! ne traitez pas vos vœux en bagatelles ;
Mais formez-en de bons pour leur rester fidèles.
N'imitez pas Jephté si cruel dans le sien.

Assurément à lui mieux eût valu de dire :
« J'ai fait mal, » qu'en tenant son vœu de faire pire.
N'imitez pas non plus ce chef des Grecs fameux,

Qui fit sur sa beauté pleurer Iphigénie,
Attendrissant sur elle et le sage et l'impie,
Quiconque ouït parler d'un vœu si monstrueux.

Chrétiens, qu'un feu plus grave en vos esprits s'allume !
N'allez pas au hasard comme à tout vent la plume !
Toute eau, croyez-le bien, ne peut pas vous laver.

Avete 'l vecchio e 'l nuovo Testamento,
E 'l Pastor della Chiesa, che vi guida:
Questo vi basti a vostro salvamento.

Se mala cupidigia altro vi grida,
Uomini siate, e non pecore matte,
Sì che 'l Giudeo tra voi di voi non rida.

Non fate come agnel, che lascia il latte
Della sua madre, e simplice e lascivo
Seco medesmo a suo piacer combatte.

Così Beatrice a me com' io lo scrivo:
Poi si rivolse tutta disiante
A quella parte, ove 'l mondo è più vivo.

Lo suo piacer, e 'l tramutar sembiante
Poser silenzio al mio cupido ingegno
Che già nuove quistioni avea davante.

E sì come saetta, che nel segno
Percuote pria che sia la corda queta,
Così corremmo nel secondo regno.

Quivi la donna mia vid' io sì lieta
Come nel lume di quel ciel si mise,
Che più lucente se ne fe' il pianeta.

E se la stella si cambiò e rise,
Qual mi fe' io, che pur di mia natura
Trasmutabile son per tutte guise!

Come in peschiera, ch' è tranquilla e pura,
Traggono i pesci a ciò, che vien di fuori
Per modo, che lo stimin lor pastura:

Vous avez l'Écriture ancienne et la nouvelle,
Vous avez le pasteur de l'Église éternelle ;
Avec ces guides-là vous pouvez vous sauver.

Si le mauvais désir autre chose vous crie,
Gardez que parmi vous de vous le Juif ne rie.
Soyez hommes, et non des bêtes sans raison.

N'imitez pas l'agneau qui du lait de sa mère
Se détache et se fait à lui-même la guerre,
En bondissant folâtre et sans réflexion. »

Comme ici je l'écris me parla Béatrice.
En extase ravie alors, ma protectrice
Se tourna du côté d'où le soleil brillait ².

L'ivresse qui semblait transfigurer mon guide
Imposa le silence à mon esprit avide
Qui d'autres questions déjà lui préparait.

Et telle, quand la corde encore vibre et tremble,
La flèche touche au but, ainsi tous deux ensemble
Dans le second des Cieux abordions en courant.

En entrant dans ce Ciel qui sur nous se déploie,
Dans les yeux de ma Dame éclata telle joie
Que la planète même en prit un feu plus grand.

Si l'étoile sourit transformée et plus belle,
Que dus-je devenir, moi, nature mortelle,
Prête à changer toujours à toute impression !

Comme dans un vivier à l'eau tranquille et pure,
Qu'il vienne du dehors un semblant de pâture,
Les poissons à l'envi courent à l'hameçon :

4.

Sì vid' io ben più di mille splendori
Traversi ver noi, ed in ciascun s' udia,
Ecco chi crescerà li nostri amori :

E sì come ciascuno a noi venia ;
Vedeasi l' ombra piena di letizia
Nel folgor chiaro che di lei uscìa.

Pensa, Lettor, se quel, che qui s' inizia,
Non procedesse, come tu avresti
Di più savere angosciosa carizia :

E per te vederai, come da questi
M' era 'n disio d' udir lor condizioni,
Sì come agli occhi mi fur manifesti.

O bene nato, a cui veder li troni
Del trïonpho eternal concede grazia
Prima che la milizia s' abbandoni ;

Del lume, che per tutto 'l Ciel si spazia,
Noi semo accesi : e però se disii
Di noi chiarirti, a tuo piacer ti sazia.

Così da un di quelli spirti pii
Detto mi fu ; e da Beatrice : Di' di'
Sicuramente, e credi come a Dii.

Io veggio ben sì come tu t' annidi
Nel proprio lume, e che da gli occhi il traggi,
Perch' ei corrusca, si come tu ridi :

Ma non so chi tu se', nè perchè aggi,
Anima degna, il grado della spera,
Che si vela a' mortai con gli altrui raggi ;

Plus de mille splendeurs ainsi vers nous s'avancent,
Et de leur sein vers nous des voix tendres s'élancent,
Disant : Voici qui vient accroître notre amour !

A mesure vers nous que chaque ombre s'empresse,
Dans chacune apparaît une immense allégresse
Au fulgurant éclat qu'elle jette alentour.

Songe, si j'arrêtais ce qu'ici je commence,
Combien n'aurais-tu pas, lecteur, d'impatience
Et d'anxieux désir d'en connaître la fin ?

Eh bien ! tu pourras donc par toi-même comprendre
Si, dès qu'à mes regards parut la foule tendre,
De la connaître mieux j'eus une ardente faim !

« O bienheureux qui vois, par grâce singulière,
Le triomphe éternel des trônes de lumière
Avant d'avoir quitté la vie et ses combats ;

Tous les feux répandus dans le céleste empire
Nous les réfléchissons : donc si ton cœur désire
Être éclairé sur nous, parle sans embarras ! »

Par un de ces esprits cette phrase fut dite.
Sur quoi ma Béatrix : « Réponds-lui tout de suite,
Parle en toute assurance, et crois-le comme Dieu. »

« Ton nid est, je le vois, la lumière éternelle,
Et tu portes aussi sa flamme en ta prunelle,
Car, lorsque tu souris, il en sort plus de feu.

Mais j'ignore ton nom et ton sort, âme digne !
Et pourquoi, dans les Cieux, pour degré l'on t'assigne
Cette sphère que voile aux humains le soleil [3]. »

Questo diss' io dritto alla lumiera,
Che pria m' avea parlato : ond' ella fessi
Lucente più essai di quel, ch' ell' era.

Sì come 'l Sol, che si cela egli stessi
Per troppa luce, quando 'l caldo ha rose
La temperanze de' vapori spessi :

Per più letizia, sì mi si nascose
Dentro al suo raggio la figura santa,
E così chiusa chiusa mi rispose

Nel modo, che 'l seguente canto canta.

CHANT V.

Ainsi dis-je, tourné tout droit vers la lumière
Qui m'avait adressé sa phrase la première :
Elle s'illumina d'un rayon plus vermeil.

Ainsi que le soleil qui se cèle lui-même
Par excès de splendeur, quand sa chaleur extrême
A dissous les vapeurs qui venaient du couchant ;

Ainsi, par l'allégresse en ses yeux mieux empreinte,
Dans ses propres rayons se voila l'ombre sainte ;
Et renfermée ainsi, dans ses feux se cachant,

Dit ce qu'on pourra lire en mon sixième chant.

NOTES DU CHANT V

[1] Le trésor : Sa volonté.
[2] Le texte dit : où le monde paraît plus vivant.
[3] Cette sphère, c'est-à-dire la planète de Mercure, voisine du Soleil, et souvent cachée par sa lumière.

ARGUMENT DU CHANT VI

Justinien se découvre au poëte. Il lui retrace le bien qu'il a fait, et toute la glorieuse histoire de l'aigle impériale et romaine. Il termine en lui apprenant que la planète qu'il habite est le séjour des âmes avides de gloire, qui ont fait de belles actions en vue et par amour de la renommée, et lui montre l'âme de Romée, ministre de Raymond Béranger, comte de Provence.

CANTO SESTO

Posciachè Costantin l' aquila volse
Contra 'l corso del Ciel, che la seguìo,
Dietro all' antico, che Lavinia tolse ;

Cento e cent' anni e più 'l uccel di Dio
Nello stremo d' Europa si ritenne
Vicino a' monti, de' quai prima uscìo :

E sotto l' ombra delle sacre penne,
Governò 'l mondo li, di mano in mano,
E si cangiando, in su la mia pervenne.

Cesare fui, e son Giustinïano,
Che, per voler del primo Amor, ch' io sento,
D' entro alle leggi trassi il troppo e 'l vano :

E prima ch' io all' opra fossi attento,
Una natura in Cristo esser, non piùe,
Credeva, e di tal fede era contento.

Ma il benedetto Agabito, che fue
Sommo Pastore, alla fede sincera
Mi dirizzò con le parole sue.

Io gli credetti, e ciò che suo dir' era,
Veggio ora chiaro, sì come tu vedi
Ogni contraddizione e falsa e vera.

CHANT SIXIÈME

« Après que Constantin eut fait rebrousser l'Aigle
Contre le cours du jour, qu'elle avait pris pour règle
Aux mains de l'ancien preux qui Lavine enleva [1],

L'oiseau de Dieu se tint, pendant deux cents ans d'âge,
Aux confins de l'Europe et dans le voisinage
De ces monts d'où son vol en premier s'éleva.

Là sous son aile sainte, à son ombre prospère,
Passant de main en main, il gouverna la terre
Jusqu'à ce qu'à la mienne enfin il fût échu.

Je suis Justinien, un des Césars du monde !
Sous l'inspiration de l'amour qui m'inonde,
J'ôtai des lois le sens obscur et superflu.

Avant de me vouer à cette œuvre qui dure,
J'attribuais au Christ une seule nature,
Et je me complaisais dans mon aveugle foi [2].

Par bonheur Agapet, un des Pasteurs de Rome,
Redressa mon erreur, et, grâce à ce saint homme,
Le flambeau de la Foi brilla pur devant moi.

Je le crus, et ce que disait son éloquence
M'apparaît maintenant, comme à toi, d'évidence,
Tout contredit implique et le faux et le vrai.

Tosto che con la Chiesa mossi i piedi,
A Dio, per grazia, piacque d' inspirarmi
L' alto lavoro, e tutto in lui mi diedi ;

E al mio Bellisar commendai l' armi,
Cui la destra del Ciel fu sì congiunta,
Che segno fu, ch' io dovessi posarmi.

Or qui alla quistion prima s' appunta
La mia risposta ; ma sua condizione
Mi stringe a seguitare alcuna giunta :

Perchè tu veggi con quanta ragione
Si move contra il sacrosanto segno,
E chi 'l s' appropria, e chi a lui s' oppone.

Vedi quanta virtù l' ha fatto degno
Di riverenza, e cominciò dall' ora,
Che Pallante morì per dargli regno.

Tu sai ch' e' fece in Alba sua dimora
Per trecent' anni ed oltre, infino al fine
Che tre a tre pugnàr per lui ancora.

Sai quel, che fe' dal mal delle Sabine
Al dolor di Lucrezia in sette regi,
Vincendo intorno le genti vicine.

Sai quel che fe', portato dagli egregi
Romani incontro a Brenno, incontro a Pirro,
Incontro agli altri principi e collegi.

Onde Torquato, e Quintio, che dal cirro
Negletto fu nomato, e Deci, e Fabi
Ebber la fama, che volentier mirro.

CHANT VI.

Sitôt que je marchai d'accord avec l'Église,
Par grâce il plut à Dieu m'inspirer l'entreprise
De ce noble labeur auquel je me livrai.

Je confiai l'armée à mon cher Bélisaire,
Et, Dieu le soutenant de sa main tutélaire,
Je pus me reposer en paix sur ce héros.

Or à la question que tu viens de me faire
J'ai déjà répondu ; mais il est nécessaire,
Le sujet m'y contraint, d'ajouter quelques mots.

Je veux te faire voir avec quelle folie
Lutte contre le saint étendard d'Italie
Qui lui résiste et qui veut se l'approprier [3].

Vois combien de hauts faits ont consacré sa gloire
A compter du moment où s'ouvre son histoire,
Quand Pallas succomba pour le faire régner [4].

Tu sais qu'il établit dans Albe sa demeure,
Et plus de trois cents ans y resta, jusqu'à l'heure
Où luttèrent encor pour lui trois contre trois.

Tu sais bien, subjuguant les nations voisines,
Ce qu'il a fait depuis l'affaire des Sabines
Jusqu'aux pleurs de Lucrèce, à l'époque des rois.

Tu sais ce qu'en des mains dignes de le conduire
Il fit contre Brennus et Pyrrhus, roi d'Épire,
Contre peuples et rois, tous ligués contre lui.

A lui Cincinnatus (la longue Chevelure),
Torquatus, Fabius, Dèce, ont dû la gloire pure
Que j'admire et j'envie encor, même aujourd'hui.

CANTO VI.

Esso atterrò l' orgoglio degli Aràbi,
Che diretro ad Annibale passaro
L' alpestre rocce, Po, di che tu labi.

Sott' esso giovanetti trionfaro
Scipïone e Pompeo, ed a quel colle,
Sotto 'l qual tu nascesti, parve amaro.

Poi presso al tempo, che tutto 'l Ciel volle
Ridur lo mondo, a suo modo, sereno,
Cesare, per voler di Roma il tolle:

E quel, che fe' da Varo insino al Reno,
Isara vide ed Era, e vide Senna,
Ed ogni valle, onde 'l Rodano è pieno.

Quel, che fe' poi ch' egli uscì di Ravenna,
E saltò il Rubicon, fu di tal volo,
Che nol seguiteria lingua nè penna.

In ver la Spagna rivolse lo stuolo:
Poi ver Durazzo, e Farsaglia percosse
Sì, ch' al Nil caldo si sentì del duolo:

Antandro e Simoenta, onde si mosse,
Rivide, e là, dov' Ettore si cuba,
E mal per Tolommeo poi si riscosse.

Da onde venne folgorando a Giuba:
Poi si rivolse nel vostro Occidente,
Dove sentia la Pompeiana tuba.

Di quel, che fe' col baiulo seguente,
Bruto con Cassio nello 'nferno latra,
E Modona e Perugia fu dolente.

Il terrassa l'orgueil des hordes africaines
Qui, derrière Annibal, venant jusqu'en nos plaines,
Franchirent, Éridan ! les monts d'où tu jaillis.

Puis il fit triompher, à la fleur de leur âge,
Scipion et Pompée, et marqua son passage
Sur les coteaux où toi, poëte, tu naquis [5].

A l'approche des temps où le Ciel pur d'orage [6]
Voulut rasséréner la terre à son image,
Rome donne à César l'étendard souverain :

Elles ont vu, l'Isère, et la Seine, et la Saône,
Et toute la vallée où se gonfle le Rhône,
Ce qu'il a fait alors du Var jusques au Rhin.

Après le Rubicon, en sortant de Ravenne,
D'un tel essor vola l'Aigle césarienne
Qu'à peine on suit ce vol, rien qu'en le racontant.

Du côté de l'Espagne elle court triomphale,
Fond sur Dyrrachium et va frapper Pharsale
D'un coup qui retentit jusques au Nil brûlant.

Alors elle revit le Simoïs, Antandre,
Son berceau d'autrefois, où d'Hector gît la cendre,
Puis contre Ptolémée elle se retourna ;

La terre de Juba par sa foudre est frappée :
Puis, entendant sonner le clairon de Pompée,
Vers l'Occident encor César la ramena.

Dans la main qui suivit, ce que l'Aigle sublime
Fit, Brute et Cassius le hurlent dans l'abîme,
Et Modène et Pérouse en eurent à souffrir [7].

Piangene ancor la trista Cleopatra,
Che, fuggendogli innanzi, dal colubro
La morte prese subitanea ed atra.

Con costui corse insino al lito Rubro;
Con costui pose 'l mondo in tanta pace,
Che fu serrato a Giano il suo delubro.

Ma ciò, che 'l segno, che parlar mi face,
Fatto avea prima, e poi era fatturo
Per lo regno mortal ch' a lui soggiace,

Diventa in apparenza poco e scuro,
Se in mano al terzo Cesare si mira
Con occhio chiaro, e con affetto puro:

Chè la viva giustizia che mi spira,
Gli concedette in mano a quel, ch' io dico,
Gloria di far vendetta alla sua ira.

Or qui t' ammira in ciò, ch' io ti replico.
Poscia con Tito a far vendetta corse
Della vendetta del peccato antico.

E quando 'l dente Longobardo morse
La Santa Chiesa, sotto alle sue ali
Carlo Magno, vincendo, la soccorse.

Omai puoi giudicar di que' cotali,
Ch' io accusai di sopra, e de' lor falli,
Che son cagion di tutti i vostri mali.

L' uno al pubblico segno i gigli gialli
Oppone, e l' altro appropria quello a parte,
Sì ch' è forte a veder qual più si falli.

Elle en gémit encor, la triste Cléopâtre
Qui, s'enfuyant devant cette Aigle opiniâtre,
Au venin d'un serpent se livra pour mourir.

Auguste à la mer Rouge et jusqu'au bout du monde
La porte : à l'univers donne une paix profonde,
Et de Janus enfin le temple est refermé.

Mais ce que l'oiseau saint, dont je redis l'histoire,
Avait fait et devait faire encor pour sa gloire
Dans l'empire mortel sous sa serre enfermé,

Semble terne et chétif, quand on le considère
Aux mains de l'héritier d'Auguste, de Tibère,
Si l'on a le cœur pur et qu'on regarde bien.

Car aux mains que je dis, la divine Justice
A cet Aigle accorda la gloire d'un supplice
Qui donna la vengeance à son courroux divin.

Or écoute-moi bien. Je m'explique d'avance :
De l'antique péché cette grande vengeance,
L'Aigle court sous Titus la venger à son tour [8].

Et, sous l'ongle Lombard, quand l'Église chancelle,
Charlemagne déploie encor l'Aigle éternelle,
Et sur l'Église étend les ailes de l'autour.

Juge, sur ce récit, de la vaine arrogance
De ceux que j'accusais plus haut d'extravagance,
Et qui de tous vos maux sont la cause aujourd'hui.

L'un à cet étendard sacré de l'Italie
Oppose le lys jaune, et l'autre (et sa folie
Est aussi grande) en fait un drapeau de parti.

Faccian gli Ghibellin, faccian lor' arte
Sott' altro segno: chè mal segue quello
Sempre, chi la giustizia e lui diparte:

E non l'abbatta esto Carlo novello
Co' Guelfi suoi, ma tema degli artigli,
Ch' a più alto leon trasser lo vello.

Molte fïate già pianser li figli
Per la colpa del padre: e non si creda,
Che Dio trasmuti l'armi, per suoi gigli.

Questa picciola stella si correda
De' buoni spirti, che son stati attivi,
Perchè onore e fama gli succeda:

E quando li desiri poggian quivi,
Sì disviando, pur convien che i raggi
Del vero amore in su poggin men vivi.

Ma nel commensurar de' nostri gaggi
Col merto, è parte di nostra letizia,
Perchè non li vedém minor, nè maggi.

Quinci addolcisce la viva giustizia
In noi l'affetto sì, che non si puote
Torcer giammai ad alcuna nequizia.

Diverse voci fanno dolci note:
Così diversi scanni in nostra vita
Rendon dolce armonia tra queste ruote.

E dentro alla presente margherita
Luce la luce di Roméo, di cui
Fu l'opra grande e bella mal gradita:

Fassent les Gibelins, fassent leur art indigne
Sous un autre étendard! Car il trahit ce signe,
Celui qui n'unit pas la justice au drapeau.

Et toi n'espère pas le renverser par terre
Avec tes Guelfes, fils de Charles [9]! Crains la serre
Où plus rude lion a déchiré sa peau!

Plus d'une fois les fils pour les fautes du père
Ont dû pleurer. Bien fou le Guelfe, s'il espère
Que Dieu change de camp en faveur de ses lys!

— Cette petite étoile où j'habite est semée
Des esprits généreux qui pour la renommée
Ont travaillé, plutôt que pour le Paradis [10] :

Or, lorsque pour monter à la source de joie,
Nos désirs ont suivi cette indirecte voie,
L'amour divin sur nous tombe moins fulgurant.

Mais cette égalité du prix et du mérite
Est encore un bonheur dans ces Cieux où j'habite :
Il ne nous semble pas trop petit, ni trop grand.

La vivante Justice ici nous purifie,
Et jusqu'au fond du cœur si bien nous sanctifie
Qu'il n'y pourrait entrer une goutte de fiel.

Comme des sons divers font naître une harmonie
Ainsi nos rangs divers, dans la vie infinie,
Forment un doux concert en ces sphères du Ciel.

Dans cette perle-ci, d'amour tout animée,
Luit comme une splendeur l'âme du grand Roméo
Qui fut si mal payé de tout le bien qu'il fit [11].

Ma i Provenzali, che fer contra lui,
Non hanno riso: e però mal cammina,
Qual si fa danno del ben fare altrui.

Quattro figlie ebbe, e ciascuna reina,
Ramondo Berlinghieri, e ciò gli fece
Roméo persona umile e peregrina:

E poi il mosser le parole biece
A dimandar ragione a questo giusto,
Che gli assegnò sette e cinque per diece.

Indi partissi povero e vetusto:
E se 'l mondo sapesse 'l cuor, ch' egli ebbe,
Mendicando sua vita a frusto a frusto,

Assai lo loda, e più lo loderebbe.

Mais les barons jaloux, ces Provençaux infâmes,
N'ont pas à s'applaudir aujourd'hui de leurs trames ;
Car jalouser la gloire est d'un méchant profit.

Si Béranger s'unit aux maisons souveraines ;
Père de quatre enfants, s'il en fit quatre reines,
Il le dut à Roméc, au pèlerin obscur.

Des discours envieux excitèrent le comte.
Ce juste du trésor eut à lui rendre compte.
Il l'avait d'un cinquième augmenté, l'homme pur [12] !

Mais alors, il partit, pauvre et tout chargé d'âge.
Si le monde savait ce qu'il eut de courage
En mendiant son pain et morceau par morceau,

Son renom déjà grand serait encor plus beau.

NOTES DU CHANT VI

[1] C'est-à-dire après que Constantin eut ramené de Rome à Byzance, d'Occident en Orient, l'aigle romaine, qu'avait portée Énée d'Orient en Occident, des montagnes de la Troade au pays de Lavinie.

[2] Justinien déclare ici qu'il avait été partisan des opinions d'Eutychès, hérésiarque.

[3] Les Guelfes qui ne veulent pas reconnaître l'aigle impériale, et les mauvais Gibelins qui veulent l'accaparer à leur profit.

[4] Pallas, fils d'Évandre, fut tué par Turnus en venant au secours d'Énée, fondateur de l'Empire romain.

[5] Les coteaux de Fiésole qui dominent Florence. Fiésole fut brûlée par l'armée romaine pour avoir donné asile à Catilina et à sa bande.

[6] A l'approche de la naissance du Christ.

[7] Auguste écrasa Marc-Antoine près de Modène, et fit prisonnier son frère Lucius, assiégé par lui dans Pérouse.

[8] Sous Tibère, et par les ordres d'un proconsul romain, la mort du Christ expia le péché originel et satisfit à la vengeance divine. Mais les Juifs, auteurs de la mort du Christ, eurent à en subir à leur tour la vengeance sous Titus. Ainsi Dante, par la bouche de Justinien, fait à la fois honneur à l'aigle romaine et de la mort du Christ sous Tibère et de la vengeance qui en fut tirée sous Titus.

[9] Charles II, roi de Pouille, protecteur de la ligue guelfe de Toscane.

[10] Justinien répond ici à la question de Dante au sujet des habitants de la planète de Mercure.

[11] Sur ce Romée, ministre de Raymond Béranger, comte de Provence, voir les Chroniques du temps.

[12] Littéralement : il lui rendit douze pour dix.

ARGUMENT DU CHANT VII

Justinien et les autres esprits disparaissent. Un propos de l'empereur, demeuré obscur pour Dante, lui est éclairci par Béatrice qui entreprend ensuite de lui expliquer le mystère de la rédemption humaine par l'incarnation du Verbe. Argument subsidiaire en faveur de l'immortalité de l'âme et de la résurrection des corps.

CANTO SETTIMO

Osanna Sanctus Deus Sabaoth,
Superillustrans claritate tua
Felices ignes horum malahoth:

Così, volgendosi alla nota sua
Fu viso a me cantare essa sustanza,
Sopra la qual doppio lume s' addua:

Ed essa, e l' altre mossero a sua danza,
E quasi velocissime faville
Mi si velar di subita distanza.

Io dubitava e dicea: Dille, dille,
Fra me, dille, diceva, alla mia Donna,
Che mi disseta con le dolci stille:

Ma quella reverenza, che s' indonna
Di tutto me, pur per B e per I C E,
Mi richinava, come l' uom ch' assonna.

Poco sofferse me cotal Beatrice,
E cominciò, raggiandomi d' un riso,
Tal che nel fuoco faria l' uom felice:

Secondo mio infallibile avviso,
Come giusta vendetta giustamente
Punita fosse, t' hai in pensier miso:

CHANT SEPTIÈME

Hosanna sanctus Deus Sabaoth
Superillustrans claritate tua
Felices ignes horum malahoth [1].

Ainsi, se retournant et reprenant sa gamme,
Se remit à chanter cette glorieuse âme
Sur qui doubles rayons semblaient tomber d'en haut [2].

Et de tous les esprits recommença la danse,
Et soudain à mes yeux les cacha la distance,
Comme des feux follets prompts à s'évanouir.

Un doute m'agitait : « Parle, parle sans crainte,
Me disais-je à part moi, parle à ta Dame sainte ;
Qu'une douce rosée étanche ton désir ! »

Mais ce trouble qui prend mon âme tout entière
Rien qu'à balbutier le nom de qui m'est chère [3],
Comme un homme assoupi faisait mon front pencher.

De cet état bientôt Béatrice me tire
Et dit, m'illuminant tout à coup d'un sourire
A rendre un homme heureux même sur son bûcher :

« Je vois, car rien ne peut tromper ma clairvoyance,
Que tu songes comment une juste vengeance
Fut vengée à son tour et le fut justement.

Ma io ti solverò tosto la mente:
E tu ascolta, che le mie parole
Di gran sentenzia ti faràn presente.

Per non soffrire alla virtù che vuole
Freno a suo prode, quell' uom che non nacque
Dannando sè, dannò tutta sua prole:

Onde l' umana specie inferma giacque
Giù per secoli molti in grande errore,
Fin ch' al Verbo Dio di scender piacque.

`U' la natura, che dal suo Fattore
S' era allungata, unìo a sè in persona,
Con l'atto sol del suo eterno Amore.

Or drizza 'l viso a quel che si ragiona.
Questa natura al suo Fattore unita,
Qual fu creata, fu sincera e buona:

Ma per sè stessa pur fu ella sbandita
Di Paradiso, perrochè si torse
Da via di verità e da sua vita.

La pena dunque, che la Croce porse,
S' alla natura assunta si misura,
Nulla giammai sì giustamente morse:

E così nulla fu di tanta ingiura,
Guardando alla Persona, che sofferse,
In che era contratta tal natura.

Però d' un atto uscir cose diverse:
Ch' a Dio, ed a' Giudei piacque una morte:
Per lei tremò la terra, e 'l Ciel s'aperse.

Je vais te délivrer du doute qui t'affole :
Mais écoute-moi bien, car ici ma parole
De grandes vérités va te faire présent.

Pour avoir rejeté la bride salutaire
Mise à sa volonté, l'homme créé sans mère
Avec toute sa race à jamais se perdit.

Plusieurs siècles, souffrant du péché qu'elle traîne,
Dans un gouffre d'erreur languit l'espèce humaine,
Jusqu'au jour où de Dieu le Verbe descendit.

Il s'unit en personne alors à la nature
Que de son Créateur éloignait sa souillure,
Par un acte émané de son suprême Amour.

Or fais attention comme ici je raisonne.
Cette nature humaine unie à sa personne,
Il l'avait faite pure et bonne au premier jour.

Mais elle se bannit soi-même, infortunée,
Du divin Paradis, pour s'être détournée
Du chemin de la vie et de la vérité.

Donc la croix de Jésus, en mesurant la peine
Au tort qu'il empruntait de la nature humaine
De tous les châtiments fut le plus mérité.

Mais jamais il ne fut aussi grande injustice,
Si l'on veut regarder qui souffrit ce supplice
Et quel être enfermait cette nature-là.

Ainsi divers effets par une même voie.
La même mort des Juifs et de Dieu fit la joie,
Et le Ciel fut ouvert, quand la terre trembla.

Non ti dee oramai parer più forte,
Quando si dice, che giusta vendetta
Poscia vengiata fu da giusta corte.

Ma io veggi' or la tua mente ristretta
Di pensiero in pensier dentro ad un nodo,
Del qual con gran disio solver s' aspetta.

Tu dici : Ben discerno ciò, ch' io odo :
Ma perchè Dio volesse, m' è occulto,
A nostra redenzion pur questo modo.

Questo decreto, frate, sta sepulto
Agli occhi di ciascuno, il cui ingegno
Nella fiamma d' amor non è adulto.

Veramente, però ch' a questo segno
Molto si mira, e poco si discerne,
Dirò perchè tal modo fu più degno.

La divina Bontà, che da sè sperne
Ogni livore, ardendo in sè sfavilla,
Sì, che dispiega le bellezze eterne.

Ciò che da lei senza mezzo distilla,
Non ha poi fine, perchè non si muove
La sua impronta, quand' ella sigilla.

Ciò che da essa senza mezzo piove,
Libero è tutto, perchè non soggiace
Alla virtute delle cose nuove.

Più l' è conforme, e però più le piace :
Chè l' ardor santo, ch' ogni cosa raggia,
Nella più simigliante è più vivace.

C'est dès lors chose aisée à ton intelligence
De comprendre comment une juste vengeance
Dut subir à son tour une expiation.

Mais je vois ta raison, de pensée en pensée,
En un doute nouveau tomber embarrassée,
Tu brûles d'en avoir une solution.

Je comprends bien, dis-tu, ce que je viens d'entendre;
Mais je ne vois pas bien pourquoi Dieu voulut prendre
Ce moyen de rachat afin de nous sauver.

C'est un décret profond qui se cache, ô mon frère !
Aux yeux de qui n'a pas encor, loin de la terre,
Dans la flamme d'amour pu croître et s'élever ;

Un mystère où beaucoup l'on s'évertue à lire
Sans beaucoup y voir clair. Au vrai, je vais te dire
Pourquoi ce mode fut le plus digne de Dieu.

La divine Bonté, qui repousse loin d'elle
Ce qui n'est pas amour, en brûlant étincelle
Et sème ses trésors immortels en tout lieu.

Ce qui directement émane d'elle-même
Dure éternellement. Car son cachet suprême,
Où qu'il se grave, reste, et pour l'éternité.

Ce qui d'elle jaillit sans intermédiaires,
Soustrait à l'action des causes secondaires,
Se meut dans une entière et pleine liberté,

Et lui ressemble mieux, pour ce, doit mieux lui plaire ;
Car l'amour créateur, qui toute chose éclaire,
Est plus vif dans ce qui lui ressemble le plus.

Di tutte queste cose s' avvantaggia
L' umana creatura, e s' una manca,
Di sua nobilità convien che caggia.

Solo il peccato è quel che la disfranca,
E falla dissimile al Sommo Bene,
Perchè del lume suo poco s' imbianca,

Ed in sua dignità mai non riviene,
Se non riempie dove colpa vota,
Contra mal dilettar con giuste pene.

Vostra natura quando peccò *tota*
Nel seme suo, da queste dignitadi,
Come di Paradiso fu remota:

Nè ricovrar poteasi, se tu badi
Ben sottilmente, per alcuna via,
Senza passar per un di questi guadi:

O che Dio solo, per sua cortesia,
Dimesso avesse, o che l' uom per sè isso
Avesse soddisfatto a sua follia.

Ficcamo l' occhio perentro l' abisso
Dell' eterno consiglio, quanto puoi
Al mio parlar distrettamente fisso.

Non potea l' uomo ne' termini suoi
Mai soddisfar, per non potere ir giuso
Con umiltate, obbediendo poi,

Quanto disubbidendo intese ir suso:
E questa è la ragion, perchè l' uom fue
Da poter soddisfar, per sè dischiuso.

CHANT VII.

L'être humain réunit tous ces dons en partage [4];
Et que d'un seul d'entre eux il perde l'avantage,
Il déchoit : de son rang lui-même s'est exclus.

Le péché l'asservit en le rendant coupable,
Le péché seul le rend au Vrai Bien dissemblable,
En éteignant en lui ses plus lumineux traits.

Dès lors il ne peut plus jusqu'à son rang sublime
Remonter, qu'en comblant le gouffre ouvert du crime,
Opposant une peine à ses plaisirs mauvais.

Or, quand l'humanité se fut toute souillée
En son germe, elle fut à la fois dépouillée
Et de son Paradis et de ces nobles biens,

Sans pouvoir désormais recouvrer cette joie,
Si tu veux y songer, et par aucune voie,
A moins que d'employer l'un de ces deux moyens :

Il fallait ou que Dieu, par sa grâce suprême,
Remît la faute, ou bien que l'homme par lui-même
Satisfît la justice et payât son péché.

Pour plonger à présent tes yeux jusqu'en l'abîme
Où se cache de Dieu la sagesse sublime,
Reste attentivement à ma voix attaché.

Être limité, l'homme à sa dette terrible
Ne pouvait satisfaire : il n'était pas possible
Qu'il s'abaissât autant par sa soumission,

Qu'il voulait se grandir par désobéissance;
Et ce fut la raison de l'humaine impuissance
A donner au péché son expiation.

Dunque a Dio convenia con le vie sue
Riparar l' uomo a sua intera vita,
Dico con l' una, o ver con ambedue.

Ma, perchè l' opra tanto è più gradita
Dell' operante, quanto più appresenta
Della bontà del cuore, ond' è uscita;

La divina Bontà, che 'l mondo imprenta,
Di proceder per tutte le sue vie
A rilevarvi suso fu contenta:

Nè tra l' ultima notte, e 'l primo die
Sì alto e sì magnifico processo,
O per l' una, o per l' altro fue, o fie.

Che più largho fu Dio a dar sè stesso,
In far l' uom sufficiente a rilevarsi:
Che s' egli avesse sol da sè dimesso.

E tutti gli altri modi erano scarsi
Alla giustizia, se 'l Figliuol di Dio
Non fosse umiliato ad incarnarsi.

Or, per empierti bene ogni disio,
Ritorno a dichiarare in alcun loco,
Perchè tu veggi li così, com' io.

Tu dici: Io veggio l' aere, io veggio 'l foco,
L' acqua, e la terra, e tutte lor misture
Venire a orruzione, e durar poco:

E queste cose pur fur creature:
Per che se ciò ch' ho detto, è stato vero
Esser dovrianda corruzion sicure.

Donc pour restituer l'homme en ses pures joies,
Il ne fallait rien moins que les divines voies :
Ou justice ou clémence, ou bien toutes les deux [5].

Mais l'œuvre étant d'autant plus chère à qui l'a faite
Qu'elle reproduit mieux une image parfaite
Du cœur dont elle émane et le reflète mieux,

La divine Bonté, qui s'empreint sur le monde,
Daignant vous relever de la chute profonde,
Se plut à procéder par les deux à la fois.

Depuis le premier jour jusqu'à la nuit dernière,
Rien ne fut, et jamais rien ne sera, mon frère,
Fait d'aussi grand par l'une ou l'autre de ces lois.

Dieu fut plus généreux en se donnant lui-même
Pour que l'homme suffît à purger l'anathème,
Que s'il eût seulement daigné lui pardonner,

Et de tout autre mode eût souffert la justice.
Le Fils de Dieu devait, s'offrant en sacrifice,
S'humilier pour vous jusques à s'incarner.

Mais afin qu'il ne reste en ton âme aucun doute,
Pour t'éclaircir un point, je reviens sur ma route.
Je veux qu'à ton esprit tout soit clair comme à moi.

Tu te dis : Je vois l'air, le feu, l'onde et la terre,
Et tous leurs composés ; et chacun d'eux s'altère,
De la corruption tous subissent la loi.

Ces choses sont pourtant de Dieu les créatures,
Et de corruption devraient demeurer pures,
Si ce que je t'ai dit était la vérité [6].

Gli Angeli, frate, e 'l paese sincero,
Nel qual tu se', dir si posson creati,
Sì come sono in loro essere intero:

Ma gli elementi, che tu hai nomati,
E quelle cose, che dir lor si fanno,
Da creata virtù sono informati.

Creata fu la materia, ch' egli hanno:
Creata fu la virtù informante
In queste stelle, ch' intorno a lor vanno.

L' anima d' ogni bruto, e delle piante
Di complession potenzïata tira
Lo raggio e 'l moto delle luci sante.

Ma nostra vita senza mezzo spira
La somma benignanza e l' innamora
Di sè, sì che poi sempre la disira.

E quinci puoi argomentare ancora
Vostra resurrezion, si tu ripensi
Come l' umana carne fessi allora,

Che li primi parenti intrambo fensi.

Ce qu'on peut appeler créés, ce sont les Anges,
Mon frère, et ces pays du Ciel, purs, sans mélanges,
Demeurés comme ils sont, dans leur intégrité.

Mais les quatre éléments, ainsi que chaque chose
Qui de ces éléments combinés se compose,
D'une cause médiate ils ont été formés [7].

Dieu créa seulement leur matière native,
Créant en même temps la force informative
Dans ces astres divers autour d'eux allumés.

L'âme des végétaux, comme l'âme des bêtes,
Naît potentiellement au feu de ces planètes,
Leur empruntant la vie avec le mouvement.

Mais à nous le Dieu bon nous insuffle notre être
Sans intermédiaire, et pour lui nous pénètre
D'un amour qui vers lui monte éternellement.

Partant de là, tu peux déduire encor sans peine
La résurrection, pour peu qu'il te souvienne
Comment l'humaine chair fut faite dans le temps

Où naquirent au jour nos deux premiers parents [8]. »

NOTES DU CHANT VII

¹ Tercet composé de mots latins et hébreux. Bien qu'empruntés les uns et les autres aux prières de l'Église, ils ne forment pas un texte sacré proprement dit. Le sens est celui-ci : Salut, Dieu saint des armées qui illumines de ta clarté les heureuses splendeurs de ces royaumes !

² « Il entend que la lumière ou splendeur de Justinien s'était augmentée de la moitié pour avoir usé la vertu de charité à l'endroit de Dante. » (Grangier.

³ Littéralement : Rien qu'à B) et à I C E. La première et les dernières lettres du nom de Béatrice.

⁴ Tous ces dons : éternité, liberté, ressemblance avec son Créateur.

⁵ Le texte dit seulement, dans sa concision enveloppée : Il ne fallait rien moins que les deux voies de Dieu, l'une ou l'autre, ou toutes les deux. Mais l'Écriture sainte nous apprend que les voies de Dieu sont la miséricorde et la justice. *Universa via Domini misericordia et veritas* (Psalmiste).

⁶ Si ce que je t'ai dit est vrai de l'éternité des créatures émanées de Dieu et marquées à son empreinte.

⁷ Ainsi Béatrice établit une distinction entre les êtres émanés directement de Dieu et ceux qui ne procèdent de lui qu'indirectement.

⁸ La chair humaine tirée d'un peu de terre par un acte direct et immédiat de la volonté divine, n'a pu être sujette à corruption qu'en tombant dans le péché. En ayant été rachetée, elle doit rentrer en possession de cette éternité assurée aux créatures directes de Dieu.

ARGUMENT DU CHANT VIII

Du Ciel de Mercure, le poëte monte dans le Ciel de Vénus, séjour des purs amants et des parfaits amis. Il ne s'est aperçu de son ascension qu'à la beauté de Béatrice, qui resplendit toujours plus de sphère en sphère. Rencontre de Charles-Martel, roi de Hongrie. Sur quelques mots échappés à Charles-Martel contre son frère Robert, le poëte lui demande comment un fils peut ne pas ressembler à son père. L'esprit résout devant lui ce problème.

CANTO OCTAVO

Solea creder lo mondo in suo periclo,
Che la bella Ciprigna il folle amore
Raggiasse, volta nel terzo epiciclo;

Per che non pure a lei faceano onore
Di sacrificj, e di votivo grido
Le genti antiche nell' antico errore :

Ma Dione onoravano, e Cupido,
Quella per madre sua, questo per figlio,
E dicean, ch' ei sedette in grembo a Dido :

E da costei, ond' io principio piglio,
Pigliavano 'l vocabol della stella,
Che 'l Sol vagheggia or da coppa, or da ciglio.

Io non m' accorsi del salire in ella :
Ma d' esserv' entro mi fece assai fede
La Donna mia, ch' io vidi far più bella.

E come in fiamma favilla si vede,
E come in voce voce si discerne,
Quando una è ferma, e l' altra va e riede,

Vid' io in essa luce altre lucerne
Muoversi in giro più e men correnti,
Al modo, credo, di lor viste eterne.

CHANT HUITIÈME

Le monde crut, au temps de son profane cycle,
Que la belle Cypris, du troisième épicycle [1],
Dardait sur les humains les folâtres amours.

Non contents d'adresser des vœux, des sacrifices
A cette déité féconde en maléfices,
Les anciens enfoncés dans l'erreur des vieux jours,

Adoraient avec elle et son fils et sa mère :
Dionée et Cupidon, ce dieu que leur chimère
Crut un jour voir pressé sur le cœur de Didon [2];

Et l'on donnait le nom de la belle déesse
A l'astre que Phébus enamouré caresse
Dès l'aube, et qu'il poursuit de son dernier rayon [3].

Dans cet astre comment je montai, je l'ignore,
Mais je vis s'embellir la Dame que j'adore :
De notre ascension ce fut mon sûr garant.

De même qu'en la flamme on suit une étincelle ;
Qu'en un duo de voix, chaque voix se décèle,
L'une filant le son, l'autre allant et venant :

Dans l'astre clair je vis d'autres clartés mobiles
Qui se mouvaient en rond, ou plus ou moins agiles,
Suivant leur rang, je crois, dans l'éternel séjour.

6.

Di fredda nube non disceser venti,
O visibili, o no, tanto festini,
Che non paressero impediti e lenti,

A chi avesse quei lumi divini
Veduto a noi venir, lasciando 'l giro
Pria cominciato in gli alti Serafini :

E dietro a quei, che più 'nnanzi appariro,
Sonava Osanna, sì che unque poi
Di riudir non fui senza disiro.

Indi si fece l' un più presso a noi,
E solo incominciò : Tutti sem presti
Al tuo piacer, perchè di noi ti gioi.

Noi ci volgiam co' Principi celesti
D' un giro, d' un girare, e d' una sete,
A quali tu nel mondo già dicesti :

Voi, che intendendo il terzo Ciel movete !
E sem sì pien d' amor, che per piacerti,
Non fia men dolce un poco di quïete.

Poscia che gli occhi miei si furo offerti
Alla mia Donna riverenti, ed essa
Fatti gli avea di sè contenti e certi,

Rivolsersi alla luce, che promessa
Tanto s' avea, e Di', chi siete, fue
La voce mia di grande affetto impressa.

Oh quanta, e quale vi d' io lei far piùe
Per allegrezza nuova che s' accrebbe,
Quand' io parlai, all' allegrezze sue :

Jamais n'ont descendu du haut d'un froid nuage,
Ou visibles ou non, les vents semant l'orage,
D'un vol si prompt qu'il n'eût semblé tardif et lourd

A quiconque eût pu voir chaque lumière heureuse
Venir à nous, brisant la ronde harmonieuse
Dont le branle commence au Ciel des séraphins.

Derrière les premiers de l'essaim qui s'empresse,
L'Hosanna résonnait, et si doux, que sans cesse
Je retourne en désir à ces accents divins.

Alors un des esprits, se détachant des autres :
« Nous sommes tout à toi : tes désirs sont les nôtres,
Dit-il ; ainsi, de nous use à discrétion.

Pleins d'une même ardeur, dans la même carrière
Nous tournoyons avec ces Princes de lumière
Auxquels tu fis un jour cette invocation :

Moteurs intelligents de la troisième sphère [4] !
Et nous sommes si pleins d'amour, que pour te plaire
Un instant de repos nous sera doux aussi. »

Mes yeux avec respect sur les yeux de ma Dame
Se lèvent à ces mots, et d'abord qu'à leur flamme
Se fut tranquillisé mon cœur et réjoui,

Me retournant soudain vers l'âme lumineuse
Qui m'avait tant promis : « Eh bien donc, âme heureuse !
Qui donc es-tu, lui dis-je, en parlant tendrement ? »

Oh ! comme je la vis étinceler plus belle !
Il semblait qu'un transport d'allégresse nouvelle
Avait grandi sa joie et son rayonnement !

Così fatta mi disse : Il mondo m' ebbe
Giù poco tempo : e se più fosse stato,
Molto sarà di mal, che non sarebbe.

La mia letizia mi ti tien celato,
Che mi raggia dintorno, e mi nasconde,
Quasi animal di sua seta fasciato.

Assai m' amasti, ed avesti bene onde :
Chè, s' io fossi giù stato, io ti mostrava
Di mio amor più oltre, che le fronde.

Quella sinistra riva, che si lava
Di Rodano, poich' è misto con Sorga,
Per suo signore a tempo m' aspettava :

E quel corno d' Ausonia, che s' imborga
Di Bari, di Gaeta, e di Crotona,
Da onde Tronto e Verde in mare sgorga.

Fulgeami già in fronte la corona
Di quella terra che 'l Danubio riga,
Poi che le ripe Tedesche abbandona :

E la bella Trinacria, che caliga
Tra Pachino e Peloro sopra 'l golfo,
Che riceve da Euro maggior briga,

Non per Tiféo, ma per nascente solfo;
Attesi avrebbe li suoi regi ancora
Nati per me di Carlo, e di Ridolfo,

Se mala signoria, che sempre accuora
Li popoli suggetti, non avesse
Mosso Palermo a gridar : Mora, mora!

CHANT VIII.

Ainsi resplendissant l'esprit dit : « Si ma vie,
Trop courte, hélas ! de jours eût été plus remplie,
Bien du mal adviendra que j'aurais empêché.

Je suis enveloppé dans l'éclat de ma joie
Comme une chrysalide en ses voiles de soie.
La splendeur qu'elle darde à tes yeux m'a caché.

Tendrement tu m'aimais. Et tu fis bien, mon frère,
Car si j'étais resté plus longtemps sur la terre,
Mon amour t'aurait pu donner mieux que sa fleur.

Cette plage que baigne à sa gauche le Rhône[5],
Après qu'il s'est mêlé dans les flots de la Saône,
M'attendait en un temps pour son maître et seigneur ;

Et cette pointe aussi de l'antique Ausonie[6]
Où s'élèvent Gaëte, et Crotone, et Barie,
D'où plongent dans la mer le Verde et le Tronto.

Et déjà sur mon front brillait une couronne
En ce pays pour qui le Danube abandonne
Le sol tudesque et qu'il baigne de sa verte eau[7].

Cette contrée aussi, la belle Trinacrie,
Qui sur le golfe où souffle Eurus avec furie,
De Pachin à Pélore, a les cieux assombris,

Non par Typhé, mais par le soufre qu'elle exhale,
Elle eût aussi gardé la couronne royale
Au vieux sang de Rodolphe et de Charle, à mes fils[8],

N'était le mauvais joug qui soulève la haine,
Et qui poussa Palerme à secouer la chaîne,
En jetant son grand cri : Mort, mort à l'étranger[9] !

E se mio frate questo antivedesse,
L'avara povertà di Catalogna
Già fuggiria, perchè non gli offendesse:

Chè veramente provveder bisogna
Per lui, o per altrui, sì ch' a sua barca
Carica più di carco non si pogna:

La sua natura, che di larga parca
Discese, avria mestier di tal milizia,
Che non curasse di mettere in arca.

Perocch' io credo, che l'alta letizia,
Che 'l tuo parlar m' infonde, signor mio,
Ov' ogni ben si termina, e s' inizia,

Per te si veggia, come la vegg' io;
Grata m' è più; e anche questo ho caro,
Perchè 'l discerni, rimirando in Dio.

Fatto m' hai lieto; e così mi fa chiaro,
Poichè parlando a dubitar m' hai mosso,
Come uscir può di dolce seme amaro.

Questo io a lui, ed egli a me: S'io posso
Mostrarti un vero, a quel che tu dimandi,
Terrai 'l viso, come tieni 'l dosso.

Lo Ben, che tutto 'l regno, che tu scandi,
Volge e contenta, fa esser virtute
Sua provvidenza in questi corpi grandi:

E non pur le nature provvedute
Son nella mente, ch' è da sè perfetta,
Ma esse insieme con la lor salute.

CHANT VIII.

Et si Robert, mon frère, avait plus de prudence,
Il fuirait au plus tôt la rapace indigence
De ses chers Catalans qui lui sont un danger [10].

Car vraiment il est temps qu'à défaut du monarque
D'autres prennent le soin de soulager sa barque,
Au lieu de la charger d'un poids toujours plus fort.

Né d'un sang généreux, mais que son avarice
Dément, il lui faudrait au moins une milice
Qui n'aurait point souci d'emplir son coffre-fort. »

« Je crois, mon cher seigneur, que l'allégresse extrême
Dont m'inonde ta voix, dans le sein de Dieu même
Qui de toute allégresse est la source et la fin,

Avec moi tu la sens; elle m'en est plus chère ;
Et ce que tu me dis m'est cher aussi, mon frère,
Parce que tu le vois dans le miroir divin.

Tu m'as rempli de joie : éclaire-moi de même;
Car tu m'as, en parlant, jeté dans ce problème :
Comment peut d'un bon grain sortir un fruit amer [11]? »

Ainsi dis-je ; il répond : « Que sous tes yeux je place
Rien qu'une vérité, tu tourneras la face
Où tu tournes le dos, et tes yeux verront clair.

Le bien qui réjouit et qui meut en cadence
Les Cieux que tu gravis, fait de sa providence
Au sein de ces grands corps une active vertu.

Non-seulement dans sa parfaite prévoyance
Tous les êtres créés sont ordonnés d'avance;
A leur salut aussi sa sagesse a pourvu.

Per che quantunque questo arco saetta,
Disposto cade a provveduto fine,
Sì come cocca in suo segno diretta.

Se ciò non fosse, il Ciel, che tu cammine,
Producerebbe sì li suoi effetti,
Che non sarebberro arti, ma ruine :

E ciò esser non può, se gl' intelletti,
Che muovon queste stelle, non son manchi,
E manco 'l primo, che non gli ha perfetti :

Vuo' tu che questo ver più ti s' imbianchi ?
Ed io : Non già ; perchè impossibil veggio,
Che la Natura, in quel ch' è uopo, stanchi.

Ond' egli ancora : Or di', sarebbe il peggio
Per l' uomo in terra, se non fosse cive ?
Sì, rispos' io, e qui ragion non cheggio.

E può egli esser, se giù non si vive
Diversamente, per diversi ufici ?
No : se' il maestro vostro ben vi scrive.

Sì venne deducendo insino a quici :
Poscia conchiuse : Dunque esser diverse
Convien, de' vostri effetti, le radici :

Perchè un nasce Solone, ed altro Serse,
Altro Melchisedech, ed altro quello,
Che volando per l' aere, il figlio perse.

La circular Natura, ch' è suggello
Alla cera mortal, fa ben su' arte,
Ma non distingue l' un dall' altro ostello.

Et tout ce que cet arc décoche dans le monde
Vole, prédestiné, vers une fin profonde,
Comme le trait qui court dirigé vers le but.

S'il n'en était ainsi, le Ciel où tu chemines
N'offrirait pour effets que débris et ruines,
Et ses œuvres manqués tomberaient au rebut :

Chose impossible, à moins d'estimer imparfaites
Les substances des Cieux, la main qui les a faites
Et qui n'aurait pas su les faire sans défaut.

Or cette vérité, la veux-tu plus sensible ? »
— « Non, dis-je, car il est, je le sens, impossible
Que la Nature manque aux choses qu'il lui faut. »

Lui de répondre : « Or çà, serait-ce un mal, mon frère,
Que l'homme ne fût pas citoyen sur la terre ? »
— « Oui, fis-je, et la raison, je l'entends sans effort. »

— « Et peut-elle exister, la cité politique,
A des métiers divers si chacun ne s'applique ?
Non, n'est-ce pas, à moins qu'Aristote ait eu tort ? »

De ses déductions épuisant l'évidence,
Il conclut de la sorte : Il faut, en conséquence,
Une cause diverse à des effets divers.

Ainsi tel naît Solon, tel Xerxès, un troisième
Melchisédech ou bien Dédale, celui même
Qui vit périr son fils élancé dans les airs.

L'œuvre est toujours parfait de ces Cieux en voyage
Qui sur la cire humaine imprègnent leur image,
Mais ils n'observent pas l'origine ou le lieu.

Quinci addivien, ch' Esaù si diparte
Per seme da Jacob; e vien Quirino
Da sì vil padre, che si rende a Marte.

Natura generata il suo cammino
Simil farebbe sempre a' generanti,
Se non vincesse il provveder divino.

Or quel, che t' era dietro, t' è davanti;
Ma perchè sappi, che di te mi giova,
Un corollario voglio, che t' ammanti.

Sempre Natura, se fortuna truova
Discorde a sè, come ogni altra semente,
Fuor di sua regïon, fa mala pruova.

E se 'l mondo laggiù ponesse mente
Al fondamento, che Natura pone,
Seguendo lui, avria buona la gente.

Ma voi torcete alla religïone
Tal, che fu nato a cingersi la spada,
E fate re di tal, ch' è da sermone:

Onde la traccia vostra è fuor di strada.

De là vient qu'Esaü diffère de son frère,
Tandis que Quirinus [12] rougit tant de son père,
Que pour père à sa place il se choisit un dieu.

La nature engendrée, on doit bien le comprendre,
Serait toujours semblable à celle qui l'engendre
Sans les Cieux dont l'influx prévaut sur cette loi.

De face maintenant la lumière t'éclaire ;
Mais de ma bouche encor reçois ce corollaire,
En gage du plaisir que je trouve avec toi.

Toute nature, quand le sort la contrarie,
Porte de mauvais fruits, dans son germe flétrie,
Comme un grain transplanté hors de son vrai terrain.

Si le monde observait pour chaque créature
Le premier fondement que pose la Nature,
Et s'il s'y conformait, il aurait de bon grain.

Mais en religion pour le froc on élève
Tel que le Ciel avait fait naître pour le glaive ;
On fait un roi de tel qui naquit pour prêcher.

De là vient qu'au hasard on vous voit trébucher. »

NOTES DU CHANT VIII

¹ Les épicycles, dans le système de Ptolémée, sont les petits cercles dans lesquels chaque planète se meut d'Occident en Orient, tandis qu'elle est emportée d'Orient en Occident par le premier Mobile.

² Caché sous les traits d'Ascagne, l'Amour reçut les caresses de Didon (voy. *Énéide*, livre I).

³ Vénus, l'étoile du matin et l'étoile du soir.

⁴ Commencement de la première canzone que Dante a commentée dans le *Convito*. La troisième sphère est le Ciel de Vénus.

⁵ La Provence.

⁶ La Sicile.

⁷ La Hongrie.

⁸ La Sicile, au lieu de se révolter et de se donner à Pierre d'Aragon, aurait gardé la couronne pour ses rois légitimes, pour mes fils, sang de Charles Ier, mon aïeul, et de l'empereur Rodolphe, père de mon épouse Clémence.

⁹ Lors des Vêpres siciliennes.

¹⁰ Robert, qui succéda à son frère Charles-Martel dans le comté de Provence et le royaume de Naples, en évinçant les fils de ce prince, avait confié à des amis amenés de Catalogne les premières charges de l'État.

¹¹ Puisque Robert était avare, quand son père était généreux.

¹² Romulus, fils de Rhéa Sylvia et du dieu Mars.

ARGUMENT DU CHANT IX

Entretien de Dante d'abord avec Cunizza, sœur d'Ezzelino de Romano, tyran de la Marche de Trévise, qui prédit les malheurs de sa patrie, ensuite avec Foulques de Marseille.

CANTO NONO

Dapoichè Carlo tuo, bella Clemenza,
M' ebbe chiarito, mi narrò gl'inganni,
Che ricever dovea la sua semenza.

Ma disse : Taci, e lascia volger gli anni :
Sì ch' io non posso dir; se non che pianto
Giusto verrà dirietro a' vostri danni.

E già la vita di quel lume santo
Rivolta s' era al Sol, che la riempie,
Come a quel ben, ch' ad ogni cosa è tanto.

Ahi anime ingannate, e fatue ed impie,
Che da sì fatto ben torcete i cuori,
Drizzando in vanità le vostre tempie !

Ed ecco un altro di quegli splendori
Ver me si fece, e 'l suo voler piacermi
Significava nel chiarir di fuori.

Gli occhi di Beatrice, ch' eran fermi
Sovra me, come pria, di caro assenso
Al mio disio certificato fermi :

Deh metti al mio voler tosto compenso,
Beato spirto, dissi, e fammi pruova,
Ch' io possa in te rifletter quel ch' io penso.

CHANT NEUVIÈME

Quand ton Charles-Martel, belle reine Clémence [1] !
M'eut éclairci ce point, de sa triste semence
Il me prophétisa la chute et les malheurs [2].

Mais il me dit : « Tais-toi, laisse aller les années ! »
Un mot donc seulement : Têtes découronnées,
Le tort que l'on vous fait sera payé de pleurs !

Et derechef déjà cette sainte lumière
Se tournait au Soleil qui l'emplit tout entière,
Ainsi qu'il remplit tout : vers le Bien souverain !

Ah ! mortels insensés ! Ah ! folie et blasphème,
Qui détourne vos cœurs loin de ce Bien suprême
Et sur les vanités dresse vos fronts d'airain !

Et voilà que vers moi se détache plus claire
Une autre des splendeurs, empressée à me plaire.
Son éclat me disait sa bonne volonté.

Les yeux de Béatrix, fixés sur mon visage
Ainsi qu'auparavant, me donnaient le courage
Et semblaient approuver ma curiosité.

« Ah ! réponds sur-le-champ à ce que je souhaite,
Criai-je, et donne-moi la preuve, âme parfaite !
Que le vœu de mon cœur en toi se réfléchit. »

Onde la luce, che m' era ancor nuova,
Del suo profondo, ond' ella pria cantava,
Seguette, come a cui di ben far giova:

In quella parte della terra prava
Italica, che siede intra Rialto,
E le fontane di Brenta e di Piava,

Si leva un colle, e non surge molt' alto,
Là onde scese già una facella,
Che fece alla contrada grande assalto;

D' una radice nacqui, ed io ed ella:
Cunizza fui chiamata, e qui rifulgo
Perchè mi vinse il lume d' esta stella.

Ma lietamente a me medesma indulgo
La cagion di mia sorte, e non mi noia:
Che forse parria forte al vostro vulgo.

Di questa luculenta e chiara gioia
Del nostro Cielo, che più m' è propinqua,
Grande fama rimase, e pria che muoia,

Questo centesim' anno ancor s' incinqua:
Vedi se far si dee l' uomo eccellente,
Sì ch' altra vita la prima relinqua:

E ciò non pensa la turba presente,
Che Tagliamento, ed Adice richiude,
Nè per esser battuta ancor si pente.

Ma tosto fia, che Padova al palude
Cangerà l' acqua che Vicenza bagna,
Per essere al dover le genti crude.

Alors des profondeurs où sa voix immortelle
Chantait, cette lumière à mes regards nouvelle
Avec empressement en ces mots répondit :

« Dans ce coin malheureux de l'Italie esclave,
Sis entre le Rialte et les monts où la Piave
Prend sa source à côté de sa sœur la Brenta,

S'élève une colline aisément accessible,
D'où jadis descendit une torche terrible [3]
Et qui dans le pays grand ravage porta.

Nous eûmes, cette torche et moi, même origine.
Cunizza fut mon nom. Et Cypris m'illumine
Parce que me vainquit l'étoile de Cypris.

Mais, bienheureuse ici, j'excuse ma faiblesse.
La cause de mon sort nul regret ne me laisse :
Chose étrange peut-être à vos faibles esprits [4].

Regarde auprès de moi cette sainte lumière,
Ce joyau radieux dont notre étoile est fière [5] ;
Son renom est resté par delà le tombeau.

Cinq siècles ne pourront effacer sa mémoire.
Vois donc si l'homme a tort d'aspirer à la gloire
Pour que, sa vie éteinte, il vive de nouveau !

Ce n'est pas aujourd'hui le penser qui dirige
Ceux que le Tagliament' environne et l'Adige.
Ils sont frappés ; pourtant leur cœur ne se rend pas.

Mais Padoue, avant peu contrainte à pénitence,
Empourprera l'étang où se baigne Vicence :
Châtiment mérité d'indignes attentats!

7.

E dove Sile, e Cagnan s' accompagna,
Tal signoreggia, e va con la testa alta,
Che già per lui carpir si fa la ragna.

Piangerà Feltro ancora la diffalta
Dell' empio suo Pastor, che sarà sconcia
Sì, che per simil non s' entrò in Malta.

Troppo sarebbe larga la bigoncia,
Che ricevesse 'l sangue ferrarese,
E stanco chi 'l pesasse ad oncia ad oncia,

Che donerà questo prete cortese,
Per mostrarsi di parte : e cotai doni
Conformi fieno al viver del paese.

Su sono specchi, voi dicete Troni,
Onde rifulge a noi Dio giudicante,
Sì che questi parlar ne paion buoni.

Qui si tacette, e fecemi sembiante,
Che fosse ad altro volta, per la ruota
In che si mise, com' era davante.

L' altra letizia, che m' era già nota,
Preclara cosa mi si fece in vista,
Qual fin balascio, in che lo sol percuota.

Per letiziar lassù fulgor s' acquista,
Sì come riso qui : ma giù s' abbuia
L' ombra di fuor, come la mente è trista.

Dio vede tutto, e tuo veder s' inluia,
Diss' io, beato spirto, sì che nulla
Voglia di sè a te puote esser fuia.

CHANT IX.

Et tel, en ce pays où coulent côte à côte
Le Sile et le Cagnan, règne et va tête haute,
Pour qui s'ourdit le fil où son pied se prendra.

Et Feltre aussi devra pleurer l'ignominie
D'un indigne pasteur : si noire félonie
Qu'il n'en entra jamais de semblable à Malta [6] !

Où trouver un cuvier assez grand, une jarre
Pour contenir le sang qu'alors perdra Ferrare ?
Trop fatigué celui qui voudrait le peser,

Le sang que livrera la main de ce bon prêtre,
Pour témoigner son zèle ; et ce présent d'un traître
Sur les mœurs du pays il pourra s'excuser.

Là-haut sont des miroirs (vous les appelez Trônes)
D'où les conseils de Dieu, qui brillent dans ces zônes,
Se reflètent en nous. Crois donc ce que j'ai dit ! »

Ici l'esprit se tut, et soudain, à ma vue,
Il s'absorba dedans la ronde interrompue
Et comme auparavant à son rang resplendit.

L'autre âme que venait d'indiquer la première
Brilla sur le moment d'une vive lumière,
Ainsi qu'un fin rubis frappé par le soleil.

Par la joie ici-bas comme éclate le rire,
Là-haut c'est la splendeur, tandis qu'au sombre empire
Chaque ombre porte un deuil au deuil du cœur pareil.

« Dieu voit tout, m'écriai-je, et ta vue en Dieu plonge.
Il n'est aucun désir, âme heureuse ! aucun songe
Qui soit obscur pour toi, lorsqu'il est vu de lui.

Dunque la voce tua, che 'l Ciel trastulla
Sempre col canto di que' fuochi pii,
Che di sei ale fannosi cuculla,

Perchè non soddisface a' miei disii ?
Già non attendere' io tua dimanda,
S' io m' intuassi, come tu t' immii.

La maggior valle in che l' acqua si spanda,
Incominciaro allor le sue parole,
Fuor di quel mar, che la terra inghirlanda,

Tra discordanti liti contra 'l sole
Tanto sen va, che fa meridïano
Là dove l' orizzonte pria far suole.

Di quella valle fu' io littorano
Tra Ebro e Macra, che per cammin corto
Lo Genovese parte dal Toscano.

Ad un occaso quasi e ad un orto
Buggea siede, e la terra, ond' io fui,
Che fe' del sangue suo già caldo il porto.

Folco mi disse quella gente, a cui
Fu noto il nome mio : e questo Cielo
Di me s' imprenta, com' io fe' di lui :

Chè più non arse la figlia di Belo,
Noiando ed a Sicheo ed a Creusa,
Di me, infin che si convenne al pelo :

Nè quella Rodopea, che delusa
Fu da Demofoonte, nè Alcide,
Quando Iole nel cuore ebbe richiusa.

D'où vient donc que ta voix, qui réjouit les anges,
Mêlée au chœur brûlant de ces saintes phalanges
A qui le Ciel donna six ailes pour étui,

D'où vient qu'elle se tait dans mon désir extrême ?
Si je voyais en toi comme toi dans moi-même,
Sans être interrogé, je t'aurais répondu. »

— « Le plus large bassin où s'épanche à flots l'onde
De cette mer qui fait la ceinture du monde,
Me répondit l'esprit qui m'avait entendu,

Entre deux continents couvre un si grand espace
Du côté du soleil, qu'au méridien il place
L'horizon qu'il avait, sortant de l'océan [7].

Je naquis riverain de ce val, entre l'Èbre
Et l'étroite Magra, dont le cours moins célèbre
Sépare la Toscane et le Génovésan.

Sous même méridien, presqu'à distance égale,
S'élèvent et Bougie et ma terre natale
Dont le port fut jadis du sang des siens rougi [8].

Foulques était le nom sous lequel sur la terre
Je me suis fait connaître ; et ce Ciel qui m'enserre
S'empreint ici de moi, comme j'ai fait de lui.

Car jamais, outrageant et Créuse et Sichée,
De plus de feux que moi Didon ne fut touchée
Tant que me le permit mon âge en sa vigueur ;

Ni cette infortunée et tendre Rhodopée
Qui par Démophoon fut séduite et trompée,
Ni l'Alcide autrefois, quand Iole eut son cœur.

Non però qui si pente, ma si ride,
Non della colpa, ch' a mente non torna,
Ma del valore, ch' ordinò e provvide.

Qui si rimira nell' arte, ch' adorna
Cotanto effetto, e discernesi il bene,
Perchè al mondo di su quel di giù torna.

Ma perchè le tue voglie tutte piene
Ten porti, che son nate in questa spera,
Procedere ancor oltre mi conviene.

Tu vuoi saper chi è 'n questa lumiera,
Che qui appresso me così scintilla,
Come raggio di sole in acqua mera.

Or sappi, che là entro si tranquilla
Raab, ed a nostr' ordine congiunta,
Di lei nel sommo grado si sigilla.

Da questo Cielo, in cui l' ombra s' appunta,
Che 'l vostro mondo face, pria ch' altr' alma
Del trionfo di Cristo fu assunta.

Ben si convenne lei lasciar per palma
In alcun Cielo dell' alta vittoria,
Che s' acquistò con l' una e l' altra palma:

Perch' ella favorò la prima gloria
Di Josuè in su la Terra Santa,
Che poco tocca al papa la memoria.

La tua città, che di colui è pianta,
Che pria volse le spalle al suo Fattore,
E di cui è la 'nvidia tanto pianta,

Mais ici nul remords. Notre âme est réjouie
Non pas de ses péchés dont le penser s'oublie,
Mais de cette vertu qui sait tout ordonner.

Nous admirons un art dont l'effet est sublime,
Et découvrons ce bien par qui le monde infime
Des fanges de la terre au Ciel peut retourner [9].

Mais pour te contenter, et pour bien satisfaire
Tes désirs curieux éclos dans notre sphère,
Avec plaisir encor j'ajoute quelques mots :

Tu veux savoir quelle âme est dans cette lumière
Que tu vois près de moi scintiller là derrière
Comme un rais de soleil sur de limpides flots.

Or c'est là qu'à jamais, dans sa paix réjouie,
Est l'âme de Raab. Dans notre confrérie
A la plus belle place éclate sa splendeur.

Dans ce Ciel où finit l'ombre de votre monde,
Avant toutes, cette âme, à nulle autre seconde,
Fit son assomption quand le Christ fut vainqueur.

Elle méritait bien qu'en un séjour de gloire
Le Sauveur la laissât, palme de la victoire
Qu'il avait sur la Croix remportée à deux mains !

Car elle seconda la première entreprise
Que tenta Josué sur la Terre promise [10]
Dont le pape aujourd'hui ne sait plus les chemins.

C'est ta propre cité, la tige criminelle
De qui fut le premier à son Auteur rebelle
Et par sa jalousie a causé tant de pleurs,

Produce e spande il maladetto fiore,
C' ha disviate le pecore e gli agni,
Perocchè fatto ha lupo del pastore.

Per questo l' Evangelio e i Dottor magni
Son derelitti, e solo a i Decretali
Si studia sì, che pare a' lor vivagni.

A questo intende 'l papa e i cardinali:
Non vanno i lor pensieri a Nazzarette,
Là dove Gabriello aperse l' ali.

Ma Vaticano, e l' altre parti elette
Di Roma, che son state cimitero
Alla milizia, che Pietro seguette,

Tosto liberefi endell' adultero.

C'est elle qui produit cette fleur qui fourvoie [11]
Les brebis, les agneaux, loin du sentier de joie
Et change les bergers en des loups ravisseurs.

Pour cet argent maudit, aux semences fatales,
On sait lire aux feuillets usés des Décrétales ;
On laisse les Docteurs, l'Évangile éternel.

Papes et cardinaux n'ont qu'une même affaire,
Et leur coupable cœur ne s'inquiète guère
De l'humble Nazareth où vola Gabriel.

Mais le saint Vatican, Rome, ce cimetière
Des soldats qui suivaient la bannière de Pierre,
Ces lieux élus du Ciel, par le Ciel recouvrés,

Bientôt de l'adultère ils seront délivrés [12] !

NOTES DU CHANT IX

¹ Fille de Charles-Martel et femme de Louis X le Hutin, roi de France. Elle vivait encore au temps où Dante écrivait ces vers.

² Le royaume de Naples et de Sicile fut donné à Robert, frère cadet de Charles-Martel, au détriment des enfants de ce dernier.

³ Le tyran Ezzelino, plongé en enfer au cercle des violents (*vide* ch. xi de l'*Enfer*).

⁴ Sous l'influence de Vénus, l'amour avait pu égarer d'abord Cunizza. Mais elle a bu le Léthé (v. *Purgatoire*) qui fait oublier les fautes, et elle ne se souciait au Ciel que de son amour purifié.

⁵ Cunizza désigne Foulques, célèbre troubadour provençal, qui va parler tout à l'heure.

⁶ L'évêque de Feltre ayant d'abord recueilli des troupes de Ferrare qui fuyaient devant l'armée pontificale, les fit traîtreusement massacrer. — Malta, prison d'État sur le lac de Bolsène, où étaient enfermés les prêtres condamnés à perpétuité. — Toutes ces prédictions, bien entendu, Dante les fait après coup.

⁷ Ce bassin c'est la Méditerranée, qui s'étend entre l'Afrique et l'Europe vers l'Orient.

⁸ Marseille, assiégée par Brutus, lieutenant de César.

⁹ Foulques, le ménestrel, après une jeunesse orageuse, avait aimé d'amour pur la belle et chaste Adelagia. Puis, à la mort de sa dame, accablé de douleur, il donna tout son amour à Dieu et se fit moine.

¹⁰ Raab, courtisane de Jéricho, cacha les éclaireurs de Josué. Épargnée par le vainqueur, elle fut incorporée, elle et les siens, dans le peuple de Dieu, et fit pénitence de sa vie passée.

¹¹ Le lis dont les monnaies de Florence portaient l'empreinte.

¹² Ils seront délivrés de Boniface VIII, époux adultère de l'Église. Boniface mourut en 1303.

ARGUMENT DU CHANT X

Le poëte et Béatrice montent au quatrième Ciel, qui est celui du Soleil. Ils se trouvent entourés d'un cercle d'âmes resplendissantes, formant un chœur admirable de danses et de voix. Saint Thomas, l'une de ces âmes bienheureuses, désigne au poëte quelques-uns de ses compagnons.

CANTO DECIMO

Guardando nel suo Figlio con l'Amore,
Che l'uno e l'altro eternalmente spira,
Lo primo ed ineffabile Valore,

Quanto per mente, o per occhio si gira,
Con tanto ordine fe', ch' esser non puote,
Senza gustar di lui, chi ciò rimira.

Leva dunque, Lettore, all' alte ruote
Meco la vista dritto a quella parte,
Dove l'un moto all' altro si percuote:

E lì comincia a vagheggiar nell' arte
Di quel Maestro, che dentro a sè l'ama
Tanto, che mai da lei l'occhio non parte.

Vedi come da indi si dirama
L'obblico cerchio, che i pianeti porta
Per soddisfare al mondo, che gli chiama:

E se la strada lor non fosse torta,
Molta virtù nel Ciel sarebbe invano,
E quasi ogni potenzia quaggiù morta.

E se dal dritto più o men lontano
Fosse 'l partire, assai sarebbe manco
E giù e su dell' ordine mondano.

CHANT DIXIÈME

Se mirant dans son Fils avec l'Amour sublime
Qui dans l'éternité tous les deux les anime,
La première Valeur, l'ineffable Moteur

A si bien ordonné, dans le cercle du monde,
Tout ce qu'embrasse l'œil, tout ce que l'esprit sonde,
Qu'on n'en peut voir l'effet sans admirer l'auteur.

De concert avec moi, relève donc ta face
Vers les sphères d'en haut, ô lecteur ! à la place
Où viennent se heurter les orbites du Ciel [1].

Et là, contemple l'art de ce Maître suprême,
Art qu'avec tant d'amour il nourrit en lui-même
Qu'il n'en peut détacher son regard éternel !

Vois comme de ce point sur une ligne oblique,
Se déroule le cercle éclatant, magnifique [2],
Qui verse à l'univers les astres qu'il attend.

Et si leur route à tous n'était ainsi tortue,
Beaucoup de force au Ciel demeurerait perdue,
En bas tout girait mort dans un monde impotent.

Et si du cercle droit, qu'ils viennent là rejoindre [3],
Ils s'éloignaient d'un angle ou plus grand ou bien moindre,
Soudain serait rompu l'ordre du monde entier.

Or ti riman, Lettor, sovra 'l tuo banco,
Dietro pensando a ciò, che si preliba,
S' esser vuoi lieto assai prima, che stanco.

Messo t' ho innanzi : oma' per te ti cibai :
Che a sè ritorce tutta la mia cura
Quella materia, ond' io son fatto scriba.

Lo ministro maggior della Natura,
Che del valor del Cielo il mondo imprenta,
E col suo lume il tempo ne misura,

Con quella parte, che su si rammenta,
Congiunto si girava per le spire,
In che più tosto ogni ora s' appresenta ;

Ed io era con lui : ma del salire
Non m' accors' io, se non com' uom s' accorge
Anzi 'l primo pensier, del suo venire :

O Beatrice, quella, che si scorge
Di bene in meglio sì subitamente,
Che l' atto suo per tempo non si sporge,

Quant' esser convenia da sè lucente !
Quel, ch' era dentro al Sol, dov' io entrámi,
Non per color, ma per lume parvente,

Perch' io lo 'ngegno, e l' arte, e l' uso chiami,
Sì nol direi, che mai s' immaginasse :
Ma creder puossi, e di veder si brami.

E se le fantasie nostre son basse
A tanto altezza, non è maraviglia :
Chè sovra 'l Sol non fu occhio, ch' andasse.

CHANT X.

Çà lecteur, sur ton banc reste assis à cette heure
Et repasse en esprit les pensers que j'effleure !
Tu pourras en jouir sans te rassasier.

Je t'ai servi le mets; nourris-t'en par toi-même.
Moi, je suis rappelé par le soin du poëme
Que j'ai charge d'écrire et qui prend tout mon cœur.

Le premier des agents puissants de la Nature [4],
Qui du cachet du Ciel empreint la terre obscure
Et mesure le temps avecque sa splendeur,

A ce signe du Ciel que je viens de décrire
S'unissait, et tournait dans le céleste empire
Vers ce point où plus tôt on voit le jour lever.

Et j'étais dans son sein, sans avoir eu conscience
De mon ascension, plus qu'un homme d'avance
De sa pensée, avant qu'il la sente arriver.

O Béatrice, alors ! cette glorieuse âme,
Du bien au mieux si prompte à monter, sainte dame !
Qu'elle passe le temps dans son vol sans pareil,

Comme elle rayonnait, elle déjà si belle !
Ce n'était pas l'effet d'une couleur nouvelle,
Mais un éclat plus grand dans l'éclat du Soleil !

Pour le représenter par quelque juste image,
J'appellerais en vain l'esprit, l'art et l'usage.
On peut me croire au moins et brûler de le voir.

Il n'est pas étonnant que l'imaginative
A de telles hauteurs par nul effort n'arrive.
Au-dessus du Soleil qui peut rien concevoir?

Tal era quivi la quarta famiglia
Dell' alto Padre, che sempre la sazia
Mostrando come spira, e come figlia.

E Beatrice cominciò: Ringrazia,
Ringrazia il Sol degli Angeli, ch' a questo
Sensibil t' ha levato per sua grazia.

Cuor di mortal non fu mai sì digesto
A divozion, ed a rendersi a Dio,
Con tutto 'l suo gradir cotanto presto,

Com' a quelle parole mi fec' io:
E sì tutto 'l mio amore in lui si mise,
Che Beatrice eclissò nell' obblio.

Non le dispiacque: ma sì se ne rise,
Che lo splendor degli occhi suoi ridenti
Mia mente unita in più cose divise.

Io vidi più fulgor vivi e vincenti
Far di noi centro, e di sè far corona,
Più dolci in voce, che 'n vista lucenti:

Così cinger la figlia di Latona
Vedém tal volta, quando l' aere è pregno,
Sì che ritenga il fil, che fa la zona.

Nella corte del Ciel, dond' io rivegno,
Si truovan molte gioie care e belle
Tanto, che non si posson trar del regno.

E 'l canto di que' lumi era di quelle:
Chi non s'impenna sì, che lassù voli,
Dal muto aspetti quindi le novelle.

CHANT X.

Ici resplendissait, près du Père suprême,
Le quatrième chœur qu'il nourrit de lui-même,
Leur montrant dans son sein et le Fils et l'Esprit.

Et Béatrix alors : « Rends à Dieu tes louanges,
Me dit-elle, rends grâce à Dieu, soleil des anges,
Qui jusqu'en ce soleil visible t'a conduit. »

Jamais âme ne fut à pieuse pensée
Mieux disposée, et plus saintement empressée
A rendre au Tout-Puissant le plus fervent merci,

Que je ne me sentis à ces mots de ma Dame,
Et dans le sein de Dieu l'amour plongea mon âme,
Si fort que Béatrix s'éclipsa dans l'oubli.

Elle n'en fut blessée et se prit à sourire.
Et si divinement ce souris fit reluire
Ses yeux qu'à leur extase il arracha mes sens.

Alors je vois des feux dont l'éclat m'environne,
Faisant de nous un centre et d'eux une couronne,
Et plus harmonieux encor qu'éblouissants.

Ainsi l'on voit parfois la fille de Latone, -
Lorsque dans l'air humide autour d'elle rayonne
Une ceinture d'or, reflet de son beau corps [5].

Dans le Ciel d'où je viens, chez les âmes heureuses
Sont de si beaux joyaux, pierres si précieuses
Qu'on ne peut les tirer de leur mine au dehors :

Telles de ces splendeurs les voix surnaturelles.
Qui pour voler là-haut ne se sent point des ailes
Interroge un muet sur ces célestes voix !

Poi sì catando quegli ardenti Soli
Si fur girati intorno a noi tre volte,
Come stelle vicine a fermi poli:

Donne mi parver non da ballo sciolte,
Ma che s' arrestin tacite, ascoltando,
Fin che le nuove note hanno ricolte :

E dentro all' un sentii cominciar : Quando
Lo raggio della grazia, onde s' accende
Verace amore, e che poi cresce, amando,

Multiplicato in te tanto risplende,
Che ti conduce su per quella scala,
U' senza risalir nessun discende :

Qual ti negasse 'l vin della sua fiála
Per la tua sete, in libertà non fora,
Se non com' acqua, ch' al mar non si cala.

Tu vuoi saper di quai piante s' infiora
Questa ghirlanda, che 'ntorno vagheggia
La bella Donna, ch' al Ciel t' avvalora :

O fui degli agni della santa greggia,
Che Domenico mena per cammino,
Du' ben s' impingua, se non si vaneggia.

Questi, che m' è a destra più vicino,
Frate e Maestro fummi; ed esso Alberto
È di Cologna, ed io Tomas d' Aquino.

Se tu di tutti gli altri esser vuoi certo,
Dirctro al mio parlar ten' vien col viso,
Girando su per lo beato serto.

CHANT X.

Lorsque, chantant ainsi, ces purs Soleils, semblables
Aux astres à l'entour des pôles immuables,
Tout à l'entour de nous eurent tourné trois fois,

On eût dit à les voir de joyeuses danseuses,
Sans se quitter les mains restant silencieuses,
Et d'une autre mesure attendant le retour.

Et du sein de l'un d'eux une voix est sortie :
« Dès lors que le rayon de la grâce infinie
Où l'amour vrai s'allume et qui croît par l'amour,

Avec tant de splendeur en toi se manifeste
Que par lui tu gravis cette échelle céleste
Où qui monte une fois est sûr de remonter,

Pour ne pas à ta soif donner le vin, mon frère,
Il faudrait n'être pas plus libre de le faire
Que le flot de courir, si l'on vient l'arrêter.

Tu désires savoir quelles fleurs en couronne
Se tressent à l'entour de la belle Madone
Qui jusqu'au Paradis t'a conduit dans ses bras ?

Je fus un des agneaux du saint troupeau que mène
Dominique à travers un chemin, où, sans peine,
S'il n'erre follement, chaque agneau devient gras.

Celui-là qu'à ma droite ici tu vois paraître,
Le plus voisin de moi, fut mon frère et mon maître.
Il fut Albert le Grand, et moi Thomas d'Aquin.

Des autres si tu veux connaître l'origine,
Nous allons parcourir la couronne divine.
Je vais te les nommer. Du regard suis-moi bien !

Quell' altro fiammeggiare esce del riso
Di Grazïan, che l' uno e l' altro foro
Aiutò sì, che piacque in Paradiso.

L' altro, ch' appresso adorna il nostro coro,
Quel Pietro fu, che, con la poverella
Offerse a santa Chiesa il suo tesoro.

La quinta luce, ch' è tra noi più bella,
Spira di tale amor, che tutto 'l mondo
Laggiù n' ha gola di saper novella.

Entro v' è l' alta luce, u' sì profondo
Saver fu messo, che, se 'l vero è vero,
A veder tanto non surse 'l secondo.

Appresso vedi 'l lume di quel cero,
Che giuso in carne più addentro vide
L' angelica natura, e 'l ministero.

Nell' altra piccioletta luce ride
Quell' avvocato de' templi cristiani,
Del cui latino Agostin si provvide.

Or se tu l' occhio della mente trani
Di luce in luce dietro alle mie lode,
Già dell' ottava con sete rimani:

Per vedere ogni ben dentro vi gode
L' anima santa, che 'l mondo fallace
Fa manifesto a chi di lei ben ode;

Lo corpo, ond' ella fu cacciata, giace
Giuso in Cieldauro, ed essa da martiro,
E da esilio, venne a questa pace.

Gratien te sourit dans ce feu-là qui tremble.
Par lui deux droits divins s'accordèrent ensemble,
Et c'est ce qui l'a fait agréer dans le Ciel [6].

Après lui, l'ornement de notre chœur, c'est Pierre [7],
Celui qu'on vit offrir à l'Église sa mère,
Comme un denier de pauvre, un trésor immortel.

La cinquième lumière, et de nous la plus belle,
Brûle de tant d'amour, qu'en bas, inquiet d'elle,
Le monde avidement s'enquiert de son bonheur.

Elle recèle une âme et sublime et profonde,
S'élevant en sagesse et savoir sans seconde,
Si le livre du Vrai n'a rien dit de menteur [8].

Cette flamme à côté, c'est celui qui sur terre
Des Anges a le mieux compris le ministère
Et percé la nature avec des yeux de chair [9].

Et cette autre lumière à côté, plus petite,
C'est l'avocat chrétien, le pieux acolyte
A qui saint Augustin a pris plus d'un éclair [10].

Ores si tu suis bien mes louanges, mon frère,
Avec les yeux du cœur, de lumière en lumière,
C'est ici la huitième où je dois m'arrêter.

En elle s'éjouit, voyant le bien céleste,
L'âme sainte qui sait rendre si manifeste
La fausseté du monde à qui veut l'écouter.

Le corps dont elle fut cruellement chassée,
A Cieldauro repose, et l'âme trépassée
De l'exil, du martyre a monté vers la paix [11].

8.

Vedri oltre fiammeggiar l' ardente spiro
D' Isidoro, di Beda, e di Riccardo,
Che a considerar fu più che viro.

Questi, onde a me ritorna il tuo riguardo,
È il lume d' uno spirto, che 'n pensieri
Gravi a morire gli parve esser tardo.

Essa è la luce eterna di Sigieri,
Che, leggendo nel vico degli Strami,
Sillogizzò invidïosi veri.

Indi come orologio, che ne chiami
Nell' ora, che la sposa di Dio surge
A mattinar lo sposo, perchè l' ami:

Che l' una parte e l' altra tira ed urge,
Tin tin sonando con sì dolce nota,
Che 'l ben disposto spirto d' amor turge:

Così vid' io la glorïosa ruota
Muoversi, e render voce a voce in tempra,
Ed in dolcezza, ch' esser non può nota,

Se non colà, dove 'l gioir s' insempra.

CHANT X.

Plus loin vois flamboyer Bède le Vénérable,
Isidore, et Richard, le mystique admirable
Pour qui la vérité n'eut pas de voile épais [12].

Et ce dernier enfin, sur qui ton œil se porte
En revenant vers moi, c'était une âme forte
Et grave, qui trouvait la mort lente à venir.

De l'immortel Siger c'est la flamme : esprit rare
Et qui syllogisa, dans la rue au Fouare,
De pures vérités qu'on a voulu noircir [13]. »

Alors, comme une horloge aux notes argentines,
Quand, par elle invitée à chanter les matines,
L'Épouse du Seigneur se lève au point du jour,

Mettant en mouvement ressort et sonnerie,
Carillonne un din-din si plein de mélodie
Que le cœur se dilate et se gonfle d'amour :

Ainsi je vis la roue heureuse et glorieuse
Se mouvoir, et s'épandre en voix harmonieuse
Avec une douceur que l'on n'ouït jamais

Qu'au séjour bienheureux de l'éternelle paix.

NOTES DU CHANT X

¹ C'est-à-dire, regarde aux signes de la Balance et du Bélier, points où le zodiaque se croise avec l'équateur.

² Le zodiaque.

³ L'équateur.

⁴ Le soleil.

⁵ Le halo de la lune.

⁶ Gratien, bénédictin bolonais, auteur de la *Concorde des canons discordants*.

⁷ Pierre Lombard, surnommé *le Maître des sentences*.

⁸ Salomon. — Si le vrai est vrai, dit le texte, *se 'l vero è vero*.

⁹ Denys l'Aréopagite, auteur du *Cœlestis Hierarchia*.

¹⁰ On suppose qu'il veut parler de Paul Orose ou de saint Ambroise.

¹¹ Boèce, ministre de Théodoric, plus tard disgracié et livré au supplice, est l'auteur du livre de la *Consolation philosophique*. *Cieldauro* est le nom d'une église de Pavie dont la nef était d'or, et où il fut enseveli.

¹² L'illustre Bède, dit *le Vénérable*, une des lumières de son temps. — Saint Isidore, savant évêque espagnol. — Richard, chanoine de Saint-Victor près Paris, un des grands mystiques du moyen âge.

¹³ Siger de Brabant, fameux théologien et professeur à l'Université de Paris. Il fut accusé d'hérésie.

ARGUMENT DU CHANT XI

Le chœur des âmes bienheureuses s'est arrêté. Saint Thomas d'Aquin reprend la parole. Deux points de son discours avaient laissé Dante dans l'incertitude; il entreprend de résoudre ces doutes en lui racontant la vie de saint François.

CANTO UNDECIMO

O insensata cura de' mortali
Quanto son difettivi sillogismi
Quei, che ti fanno in basso batter l' ali!

Chi dietro a *jura*, e chi ad aforismi
Sen' giva, e chi seguendo sacerdozio,
E chi regnar per forza, e per sofismi:

E chi rubare, e chi civil negozio,
Chi nel diletto della carne involto,
S' affaticava, e chi si dava all' ozio:

Quand' io da tutte queste cose sciolto,
Con Beatrice m' era suso in Cielo,
Cotanto glorïosamente accolto.

Poichè ciascuno fu tornato ne lo
Punto del cerchio, in che avanti s' era,
Fermossi come a candellier candelo.

Ed io senti' dentro a quella lumiera
Che pria m' avea parlato, sorridendo,
Incominciar, facendosi più mera:

Così com' io del suo raggio m' accendo,
Sì riguardando nella luce eterna
Li tuo' pensier, onde cagioni, apprendo;

CHANT ONZIÈME

O mortels insensés ! séduits par de vains prismes !
Qu'ils sont étrangement construits, les syllogismes
Qui retiennent en bas le vol de vos désirs !

Tel suit le droit ou bien s'adonne aux aphorismes,
Tel s'applique à régner par force ou par sophismes,
Tel prend le sacerdoce ou cherche autres loisirs.

L'un court au vol, un autre aux fonctions civiles,
L'un s'énerve enfoncé dans les débauches viles,
Et celui-là s'endort dans un repos oiseux,

Quand moi, libre, affranchi de toute servitude,
Au sublime séjour de la béatitude,
Conduit par Béatrix, je monte glorieux.

A son point de départ chaque âme illuminée
Revint et s'arrêta, la ronde terminée,
Comme un cierge fixé coi sur son chandelier.

Lors une douce voix sortit de la lumière
Qui m'avait adressé quelques mots la première
Et projetait alors un éclat singulier :

« Allumée aux rayons de la flamme éternelle,
Je vois clair dans ton cœur en regardant en elle
J'y perçois tes pensers à leur enfantement.

Tu dubbi, ed hai voler, che si ricerna
In sì aperta, e sì distesa lingua
Lo dicer mio, ch' al tuo sentir si sterna:

Ove dinanzi dissi: U' ben s' impingua,
E là, u' dissi: Non surse il secondo:
E qui è uopo che ben si distingua.

La providenza, che governa 'l mondo
Con quel consiglio, nel quale ogni aspetto
Creato è vinto, pria che vada al fondo:

Perocchè andasse ver lo suo diletto
La Sposa di colui, ch' ad alte grida
Disposò lei col sangue benedetto,

In sè sicura e anche a lui più fida;
Duo principi ordinò in suo favore,
Che quinci e quindi le fosser per guida.

L' un fu tutto Serafico in ardore,
L' altro per sapïenza in terra fue
Di Cherubica luce uno splendore.

Dell' un dirò, perocchè d' amendue
Si dice l' un pregiando, qual ch' uom prende,
Perchè ad un fine fur l' opere sue.

Intra Tupino e l' acqua, che discende
Del colle eletto dal beato Ubaldo,
Fertile costa d' alto monte pende,

Onde Perugia sente freddo e caldo
Da Porta Sole, e dirietro le piange
Per greve giogo Nocera con Gualdo.

Tu doutes, et tu veux qu'en moins obscur langage
J'explique mon discours en un certain passage ;
Tu veux que je mesure à ton entendement

Cette route où j'ai dit que l'ouaille *s'engraisse*
Et ce mot : *s'élevant sans second en sagesse.*
Or il faut distinguer ; la chose importe ici.

La Providence qui d'en haut régit le monde
D'un conseil si profond que l'œil, quand on le sonde,
Avant d'atteindre au fond, de vertige est saisi,

Afin de diriger dans sa marche tremblante,
L'Épouse de Celui qui, sur la croix sanglante,
En poussant un grand cri, consomma son hymen,

Pour la rendre à la fois plus forte et plus fidèle,
La dota de deux chefs animés d'un saint zèle
Qui pussent la guider à travers le chemin.

L'un des deux en ardeur parut tout séraphique,
L'autre comme un rayon de splendeur chérubique,
Tant fut grand le savoir qu'à la terre il montra [1].

D'un seul je parlerai ; car quelque bien qu'on dise
De l'un d'eux, c'est aussi l'autre qu'on préconise ;
Pour une même fin leur œuvre conspira.

Entre l'eau du Tupin' et le ruisseau qui tombe
Des collines où saint Ubald choisit sa tombe,
Un fertile coteau pend d'un mont sourcilleux

Qui souffle aux Pérugins, par la porte *del Sole*,
Et le froid et le chaud : derrière se désole
Gualde avec Nocera sous un joug odieux.

9

Di quella costa là, dov' ella frange
Più sua rattezza, nacque al mondo un Sole,
Come fa questo tal volta di Gange.

Però chi d' esso loco fa parole,
Non dica Ascesi, che direbbe corto,
Ma Oriente, se proprio dir vuole.

Non era ancor molto lontan dall' orto,
Ch' e' cominciò a far sentir la terra
Della sua gran virtude alcun conforto.

Chè per tal donna giovinetto in guerra
Del padre corse, a cui, com' alla morte,
La porta del piacer nessun disserra:

E dinanzi alla sua spirital Corte,
Et coram Patre le si fece unito,
Poscia di dì in dì l' amò più forte.

Questa, privata del primo marito,
Mille e cent' anni, e più dispetta e scura
Fino a costui si stette senza invito:

Nè valse udir, che la trovò sicura
Con Amiclate, al suon della sua voce,
Colui ch' a tutto 'l mondo fe' paura:

Nè valse esser costante, nè feroce,
Sì che dove Maria rimase giuso,
Ella con Cristo salse in su la croce.

Ma perch' io non proceda troppo chiuso;
Francesco e Povertà per questi amanti
Prendi oramai nel mio parlar diffuso.

CHANT XI.

Au point où du coteau la pente est moins rapide
Un soleil se leva, soleil aussi splendide
Que celui qui surgit du Gange en souriant.

Cet endroit d'où jaillit le soleil de l'Église,
C'est donc mal le nommer que l'appeler Assise :
Il faut plus proprement l'appeler Orient.

Ce soleil commençait à peine sa carrière
Qu'il avait déjà fait éprouver à la terre
De sa grande vertu le merveilleux confort.

Car tout jeune il osa lutter contre son père
Pour une dame à qui tout homme d'ordinaire
N'ouvre pas avec plus de plaisir qu'à la mort.

C'est alors que devant sa cour spirituelle,
En face de son père il s'unit avec elle,
Et puis de jour en jour l'aima plus tendrement.

Mille et cent ans et plus, obscure et méprisée,
Et veuve du premier qui l'avait épousée,
Elle avait jusqu'à lui vécu sans autre amant.

En vain on racontait que cet homme de guerre,
Qui faisait à sa voix trembler toute la terre,
Au foyer d'Amyclas paisible la trouva [2].

En vain, jusqu'à la mort et fidèle et hardie,
Quand au pied de la croix se désolait Marie,
Elle sur la croix même avec le Christ monta.

Mais en termes plus clairs, pour mieux me faire entendre,
Sache que ces amants sur qui je vais m'étendre,
Se nommaient, l'un : François ; l'autre : la Pauvreté.

La lor concordia, e i lor lieti sembianti
Amore e maraviglia, e dolce sguardo
Faceano esser cagion de' pensier santi:

Tanto che 'l venerabile Bernardo
Si scalzò prima, e dietro a tanta pace
Corse, e correndo gli parv' esser tardo.

O ignota ricchezza, o ben verace!
Scalzasi Egidio, e scalzasi Silvestro
Dietro allo sposo, sì la sposa piace.

Indi sen' va quel padre, e quel maestro
Con la sua donna, e con quella famiglia,
Che già legava l' umile capestro:

Nè gli gravò viltà di cuor le ciglia,
Per esser fi' di Pietro Bernardone,
Nè per parer dispetto a maraviglia.

Ma regalmente sua dura intenzione
Ad Innocenzio aperse, e da lui ebbe
Primo sigillo a sua religione.

Poi che la gente poverella crebbe
Dietro a costui, la cui mirabil vita
Meglio in gloria del Ciel si canterebbe;

Di seconda corona redimita
Fu, per Onorio, dall' eterno Spiro
La santa voglia d'esto archimandrita:

E poi che per la sete del martiro,
Nella presenza del Soldan superba
Predicò Cristo, e gli altri, che 'l seguiro:

CHANT XI.

Leur parfaite concorde et leur air d'allégresse,
Leur merveilleux amour, leurs regards de tendresse,
A ceux qui les voyaient soufflaient la piété.

Si bien que, le premier, Bernard le vénérable
Se déchausse et s'élance à la paix ineffable ;
Il court en regrettant d'être si tard venu.

O richesse incomprise ! ô seul bien véritable !
Égidius, par amour pour l'épouse adorable,
Et Sylvestre après lui, suivent l'époux, pied nu.

Lors il s'en va ce père et ce maître, sans crainte,
Avec sa dame, avec cette famille sainte
Qui déjà sur son froc nouait l'humble cordon ;

Et loin de porter bas lâchement le visage,
Quoiqu'il eût à subir le dédain et l'outrage
Et qu'il ne fût que fils de Pierre Bernardon,

Il vint loyalement dire son but austère
Au pape Innocent III, et reçut du saint Père
Pour son ordre pieux le sceau spirituel.

Plus tard, lorsque s'accrut la pauvre gent ravie
Sur les pas de celui dont l'admirable vie
Se chanterait bien mieux dans la gloire du Ciel,

La sainte volonté de cet archimandrite,
Par les mains d'Honorius, que l'Esprit-Saint habite,
Recevra sa couronne une seconde fois.

Bientôt après, brûlé de la soif du martyre,
Du superbe Soudan le royaume l'attire ;
C'est là qu'il va prêcher et le Christ et ses lois.

E per trovare a conversione acerba
Troppo la gente, e per non stare indarno,
Reddissi al frutto dell' Italica erba.

Nel crudo sasso intra Tevere ed Arno
Da Cristo prese l' ultimo sigillo,
Che le sue membra du' anni portarno.

Quando a Colui, ch' ha tanto ben sortillo,
Piacque di trarlo suso alla mercede,
Ch' ei meritò nel suo farsi pusillo;

A i frati suoi, sì com' a giuste erede,
Raccomandò la sua donna più cara,
E comandò che l' amassero a fede:

E del suo grembo l' anima preclara
Muover si volle, tornando al suo regno:
Ed al suo corpo non volle altra bara.

Pensa oramai qual fu colui, che degno
Collega fu a mantener la barca
Di Pietro in alto mar per dritto segno:

E questi fu il nostro Patriarca:
Per che qual segue lui, com' ei comanda,
Discerner puoi, che buona merce carca.

Ma il suo peculio di nuova vivanda
È fatto ghiotto sì, ch' esser non puote,
Che per diversi salti non si spanda:

E quanto le sue pecore rimote,
E vagabonde più da esso vanno,
Più tornano all' ovil di latte vote.

CHANT XI.

A la conversion ce peuple étant rebelle,
Pour ne pas consumer sans profit son saint zèle,
De ses plants d'Italie il va cueillir les fruits.

Et c'est là sur un roc, entre le Tibre même
Et l'Arno, que le Christ lui donne un sceau suprême :
Stigmate écrit deux ans sur ses membres meurtris ³.

Quand il plut à Celui qui pour cette œuvre immense
L'avait choisi, de lui donner la récompense
Conquise justement par son humilité,

A ses frères, ainsi qu'à des hoirs légitimes,
Il confia l'épouse, objet de feux sublimes,
En la recommandant à leur fidélité ;

Et ce fut de son sein que l'âme glorieuse
Voulut prendre son vol vers sa patrie heureuse ;
C'est elle qu'il voulut pour linceul à sa chair.

Ores tu peux juger ce que fut l'homme digne
Après lui de guider au but en droite ligne
La barque de saint Pierre au milieu de la mer !

Cette lumière-ci fut notre Patriarche ⁴ ;
Et quiconque sur lui règle avec soin sa marche
Se charge, tu le sais, d'un trésor abondant.

Mais le petit troupeau réuni par son zèle
Est devenu gourmand de pâture nouvelle.
En mille champs divers il va se répandant.

Et plus, s'abandonnant aux vains appâts du monde,
S'égare loin de lui la brebis vagabonde,
Plus vide est sa mamelle en rentrant au bercail.

Ben son di quelle, che temono 'l danno,
E stringonsi al pastor : ma son sì poche,
Che le cappe fornisce poco panno.

Or se le mie parole non son fioche,
Se la tua audienza è stata attenta,
Se ciò, ch' ho detto, alla mente rivoche,

In parte fia la tua voglia contenta :
Perchè vedrai la pianta onde si scheggia
E vedra' il corregger, ch' argomenta

U' ben s' impingua, se non si vaneggia.

CHANT XI.

Sans doute il en est bien qui, craignant l'enfer sombre,
Se serrent au pasteur, mais en si petit nombre
Qu'il faut bien peu de fil pour broder leur camail.

Maintenant, si ma voix n'a pas été perdue,
Si ton attention s'est assez soutenue,
Et si tu te souviens de mon raisonnement,

Voici que sur un point déjà ta soif s'étanche ;
Car tu vois l'arbre saint d'où part mauvaise branche,
Et de ce correctif tu comprends l'argument :

Où l'agneau devient gras, — s'il n'erre follement.

NOTES DU CHANT XI

¹ Saint François d'Assise et saint Dominique.

² Amyclas, le pauvre pêcheur à la porte duquel vint frapper César.

³ « François descendit de l'Alvernia portant avec lui l'image du Dieu crucifié, non tracée par la main d'un artiste sur des tables de pierre ou de bois, mais gravée sur sa propre chair par le doigt du Dieu vivant. » (V. Bonaventure, *Vie de saint François*.)

⁴ Saint Dominique.

ARGUMENT DU CHANT XII

Un autre cercle de bienheureux se forme en couronne autour du cercle de saint Thomas. Un esprit de ce second cercle prend la parole : c'est saint Bonaventure. Il raconte la vie de saint Dominique dont saint Thomas n'a dit qu'un mot dans l'éloge de saint François, et fait connaître les autres esprits qui composent avec lui la seconde couronne de bienheureux.

CANTO DUODECIMO

Sì tosto come l' ultima parola
La benedetta fiamma, per dir, tolse,
A rotar cominciò la santa mola:

E nel suo giro tutta non si volse
Prima ch' un' altra d' un cerchio la chiuse,
E moto a moto, e canto a canto colse:

Canto che tanto vince nostre Muse,
Nostre Sirene in quelle dolci tube,
Quanto primo splendor quel che rifuse.

Come si volgon per tenera nube
Du' archi paralleli e concolori,
Quando Giunone a sua ancella iube,

Nascendo di quel d' entro quel di fuori,
A guisa del parlar di quella vaga,
Ch' Amor consunse, come sol vapori:

E fanno qui la gente esser presaga
Per lo patto, che Dio con Noè pose
Del mondo, che giammai più non s' allaga:

Così di quelle sempiterne rose
Volgeansi circa noi le due ghirlande,
E sì l' estrema all' intima rispose.

CHANT DOUZIÈME

Aussitôt qu'exhalant sa dernière parole
La flamme eut achevé, la sainte girandole
Recommença sa ronde ainsi que tout d'abord,

Et n'avait pas encor fait un tour, tout entière,
Qu'une autre l'enfermait d'un cercle par derrière,
Et mouvement et voix allaient d'un même accord.

Et le chant de ces voix, aux douceurs souveraines,
Dépassait d'aussi loin nos muses, nos sirènes,
Que les reflets sont loin des rayons éclatants.

Comme on voit s'arrondir sur l'humide nuage,
Alors que de Junon Iris porte un message,
Semblables de couleur, deux arcs équidistants,

L'un de l'autre tirant sa forme vaporeuse,
Naissant comme la voix d'Écho, la malheureuse
Que consuma l'Amour, ce soleil dévorant !

Et tous deux, ces beaux arcs, nous offrant un emblème
De la promesse faite à Noé par Dieu même,
Qu'à jamais du déluge est séché le torrent :

Telles autour de nous, roses spirituelles,
Se déroulaient ces deux guirlandes éternelles,
N'ayant qu'un même centre, et brillantes aux yeux !

Poichè 'l tripudio e l' altra festa grande,
Sì del cantare, e sì del fiammeggiarsi,
Luce con luce gaudïose e blande,

Insieme appunto, e a voler quietarsi;
Pur come gli occhi, ch' al piacer che i muove,
Conviene insieme chiudere e levarsi;

Del cuor dell' una delle luci nuove
Si mosse voce, che l' ago alla stella
Parer mi fece in volgermi al suo dove :

E cominciò : L' amor, che mi fa bella,
Mi tragge a ragionar dell' altro duca,
Per cui del mio sì ben ci si favella.

Degno è, che dov' è l' un, l' altro s' induca
Sì, che com' elli ad una militâro,
Così la gloria loro insieme luca.

L' esercito di Cristo, che sì caro
Costò a riarmar, dietro alla 'nsegna
Si movea tardo, sospeccioso e raro ;

Quando lo 'mperador, che sempre regna,
Provvide alla milizia, ch' era in forse,
Per sola grazia, non per esser degna :

E, com' è detto, a sua sposa soccorse
Con duo campioni, al cui fare, al cui dire
Lo popol disviato si raccorse.

In quella parte, ove surge ad aprire
Zeffiro dolce le novelle fronde,
Di che si vede Europa rivestire;

Lorsque la danse et quand toute la grande fête,
Chants et rayonnements de la belle planète,
Quand flambeaux et flambeaux au feu tendre et joyeux,

D'un même mouvement quand, ces doubles lumières,
Je les vis s'arrêter, telles que deux paupières
Ensemble à notre gré s'ouvrant et se fermant,

De l'une des clartés de la deuxième bande,
Une voix s'exhala qui me fit d'ardeur grande
Vers elle me tourner comme au nord va l'aimant;

Et prononça ces mots : « L'amour qui me pénètre
M'entraîne à te parler du frère de ce maître
Qu'on a loué si bien et qui m'eut pour soldat.

Où l'un paraît il faut mettre l'autre en lumière.
Comme ils ont combattu sous la même bannière,
Leur gloire doit aussi briller du même éclat.

La milice du Christ, à grands frais réarmée,
Suivait son étendard, chancelante, alarmée,
A pas lents, et ses rangs allaient se clair-semant,

Quand l'Empereur qui règne au sein de l'Empyrée
Montra sa providence à l'armée égarée.
C'était grâce, et non pas justice assurément.

Et comme on te l'a dit, il secourut son temple
Avec deux champions dont la voix et l'exemple
Rallièrent le peuple en son pressant péril.

Au pays d'où Zéphyr vient sur ses douces ailes
Déplier les bourgeons des frondaisons nouvelles
Dont l'Europe se voit revêtir en avril,

Non molto lungi al percuoter dell' onde,
Dietro alle quali per la lunga foga
Lo sol tal volta ad ogni uom si nasconde,

Siede la fortunata Callaroga,
Sotto la protezion del grande scudo,
In che soggiace il Leone, e soggioga.

Dentro vi nacque l' amoroso drudo
Della fede cristiana, il santo atleta,
Benigno a' suoi, ed a' nimici crudo :

E, come fu creata, fu repleta
Sì la sua mente di viva virtute,
Che nella madre lei fece profeta.

Poichè le sponsalizie fur compiute
Al sacro fonte intra lui e la fede,
U' si dotâr di mutua salute ;

La donna, che per lui l' assenso diede,
Vide nel sonno il mirabile frutto,
Ch' uscir dovea di lui, e delle rede :

E perchè fosse quale era in costrutto,
Quinci si mosse Spirito a nomarlo
Del possessivo, di cui era tutto :

Domenico fu detto : ed io ne parlo,
Sì come dell' agricola, che CRISTO
Elesse all' orto suo, per aiutarlo.

Ben parve messo e famigliar di CRISTO,
Che 'l primo amor, che 'n lui fu manifesto,
Fu al primo consiglio, che diè CRISTO.

Et non loin de ces bords que frappe l'onde amère,
Où l'on voit, terminant sa lointaine carrière,
Le soleil disparaître aux yeux de l'univers,

Sise est Callaroga, ville heureuse ! Elle brille
Sous la protection de l'écu de Castille
Qui porte deux lions, une barre en travers.

C'est là que vit le jour l'athlète apostolique,
L'amoureux champion de la foi catholique,
Tendre aux siens, et cruel contre ses ennemis.

De si vive vertu son âme fut remplie,
Que sa mère y puisait le don de prophétie
Quand, encor dans son sein, il n'était que promis.

Entre l'homme et la foi, sitôt que l'alliance
Fut consacrée aux fonts baptismaux, où d'avance
Tous les deux comme dot le salut apportaient,

La dame qui de lui répondait à sa place,
Vit en songe les fruits de merveilleuse grâce
Qui de ses héritiers et de lui sortiraient.

Et pour faire éclater cette grâce suprême
Un ange vint d'ici lui donner en baptême
Un nom qui disait bien qu'il était au Seigneur.

Il eut nom Dominique : et moi, je te le donne
Comme un bon laboureur que le CHRIST en personne
A choisi pour sa vigne et fait son serviteur.

On voit bien qu'il portait le CHRIST dedans son âme,
Qu'il était son servant, car sa première flamme
Fut au premier conseil que le CHRIST nous donna [1].

Spesse fiate fu, tacito e desto,
Trovato in terra dalla sua nutrice,
Come dicesse: Io son venuto a questo.

O padre suo veramente Felice!
O madre sua veramente Giovanna,
Se 'nterpretata val come si dice!

Non per lo mondo, per cui mo s' affanna
Diretro ad Ostïense ed a Taddeo,
Ma per amor della verace manna,

In picciol tempo gran dottor si feo,
Tal che si mise a circuir la vigna,
Che tosto imbianca, se 'l vignaio è reo:

Ed alla sedia che fu già benigna
Più a' poveri giusti, non per lei,
Ma per colui che siede, e che traligna,

Non dispensare o due o tre per sei,
Non la fortuna di primo vacante,
Non decimas quæ sunt pauperum Dei,

Addimandò, ma contra 'l mondo errante
Licenzia di combatter per lo seme,
Del qual ti fascian ventiquattro piante.

Poi con dottrina, e con volere insieme,
Con l' uficio apostolico si mosse,
Quasi torrente, ch' alta vena preme:

E negli sterpi eretici percosse
L' impeto suo più vivamente quivi,
Dove le resistenze eran più grosse.

CHANT XII.

Souvent il fut trouvé dans la nuit par sa mère
Les yeux ouverts, muet, prosterné contre terre,
Comme s'il disait : Dieu m'envoya pour cela.

Oh ! qu'il fut bien nommé Félix, son heureux père !
Et bien nommée aussi Jeanne qui fut sa mère,
Si ce doux nom de Jeanne a le sens que l'on dit !

Ce n'est pas pour le monde à qui l'on sacrifie
En séchant sur Taddée et les livres d'Ostie [2],
Mais par un saint amour pour le pain de l'Esprit,

Qu'il fut en peu de temps des docteurs le plus digne,
Et se mit à tailler en tous les sens la vigne
Qui blanchit vite aux mains d'un mauvais vigneron.

Quand il se présenta devant le siége auguste,
Plus miséricordieux alors au pauvre juste
Qu'il ne l'est aujourd'hui sous un prêtre félon [3],

Il ne demanda pas la première vacance,
Ni d'injustes profits moyennant redevance,
Non decimas quæ sunt pauperum Domini :

Mais il sollicita contre un monde en démence
La faveur de lutter pour la sainte semence
Dont tu vois en bouquet vingt-quatre fleurs ici.

Alors, comme un torrent gonflé près de sa source,
Pour l'œuvre apostolique il commença sa course,
Fort et de sa science et de sa volonté.

Il tombe impétueux dans le champ hérétique,
Et plus la résistance est ardente, énergique,
Plus terrible le choc du torrent emporté.

Di lui si fecer poi diversi rivi,
Onde l' orto cattolico si riga,
Sì che i suoi arbuscelli stan più vivi.

Se tal fu l' una ruota della biga,
In che la santa Chiesa si difese,
E vinse in campo la sua civil briga,

Ben ti doverebbe assai esser palese
L' excellenza dell' altra, di cui Tomma
Dinanzi al mio venir fu sì cortese.

Ma l' orbita, che fe' la parte somma
Di sua circonferenza, è derelitta,
Sì ch' è la muffa, dov' era la gromma.

La sua famiglia, che si mosse dritta,
Co' piedi alle su' orme, è tanto volta,
Che quel dinanzi a quel dirietro gitta:

E tosto s' avvedrà della ricolta
Della mala coltura, quando 'l loglio
Si lagnerà, che l' arca gli sia tolta.

Ben dico, chi cercasse a foglio a foglio,
Nostro volume, ancor troveria carta,
Du' leggerebbe: I' mi son quel, ch' io soglio.

Ma non fia da Casal, nè d' Acqua Sparta,
Là onde vegnon tali alla Scrittura,
Ch' uno la fugge, e l' altro la coarta.

Io son la vita di Buonaventura
Da Bagnoregio, che ne' grandi ufici
Sempre posposi la sinistra cura.

Puis de ce torrent-là plusieurs ruisseaux naquirent,
Dans le champ catholique ensemble s'épandirent,
Et par eux d'humbles plants ont été ravivés.

Si tel fut un appui, telle une roue unique
De ce char sur lequel l'Église catholique
Sut dompter en champ clos ses enfants soulevés,

Tu dois comprendre assez quelle fut l'excellence
De l'autre, de celui dont, pendant mon absence,
Saint Thomas te parlait avec tant de chaleur [4].

Mais le sillon creusé par l'orbe de la roue
Demeure à l'abandon, et l'on ne voit que boue
Croupissant à la place où se levait la fleur.

La famille jadis suivant la bonne ornière,
Loin des pas de son chef s'est jetée en arrière ;
Elle recule au lieu de marcher en avant.

Bientôt à la moisson la mauvaise culture
Se fera reconnaître ; alors l'ivraie impure,
Au lieu d'être au grenier, sera jetée au vent.

Qui feuillet à feuillet parcourrait notre histoire,
En trouverait encore un, je veux bien le croire,
Dont l'exergue serait : J'ai gardé ma blancheur.

Mais il ne viendrait pas, celui-là, d'Acqua Sparte
Ou Casal : là toujours de la règle on s'écarte
Ou par trop d'indulgence, ou par trop de rigueur [5].

Je suis l'esprit vivant de saint Bonaventure
De Bagnoregio, qui dans ma grande cure
Ai toujours dédaigné tout soin inférieur.

Illuminato ed Agostin son quici,
Che fur de' primi scalzipoverelli,
Che nel capestro a Dio si fero amici.

Ugo da Sanvittore è qui con elli,
E Pietro Mangiadore, e Pietro Ispano,
Lo qual giù luce in dodici libelli :

Natan profeta, e 'l Metropolitano
Crisostomo, ed Anselmo, e quel Donato,
Ch' alla prim' arte degnò poner mano ;

Rabano è quivi, e lucemi dallato
Il Calavrese abate Giovacchino
Di spirito profetico dotato.

Ad inveggiar cotanto paladino
Mi mosse la infiammata cortesia
Di fra Tommaso, e 'l discreto latino,

E mosse meco questa compagnia.

Ici brille Augustin auprès de l'âme pure
D'Illuminat, premiers pauvres qui, sans chaussure,
Ont été sous le froc les amis du Seigneur.

Hugues de Saint-Victor de près les accompagne.
Là Pierre Mangiadore et là Pierre d'Espagne :
Douze livres sur terre ont conservé son nom [6];

Le prophète Nathan, l'évêque Chrysostome,
Le philosophe Anselme et Donat, ce grand homme
Qui dans le premier art sut se faire un renom [7];

Là Raban Maur, et là, dans la même famille,
C'est l'abbé Joachim de Calabre qui brille [8]:
Du prophétique esprit celui qui s'inspirait.

Si j'ai loué ce grand paladin Dominique,
C'est que j'y fus poussé par l'ardeur angélique
De frère saint Thomas, et son parler discret,

Et cette compagnie aussi le désirait.

NOTES DU CHANT XII

¹ L'amour de la pauvreté, premier conseil donné par Jésus-Christ. « *Si vis perfectus esse, vade, vende quæ habes et da pauperibus* » (Matth., c. xix). Cet amour fut le premier qui se manifesta dans saint Dominique, dit Landino, parce qu'on le vit, étant encore écolier, vendre ses livres pour en distribuer le produit aux pauvres.

² Taddée, célèbre médecin de Florence. — Les livres d'Ostie, c'est-à-dire de Henri de Suse, cardinal d'Ostie, commentateur des Décrétales. Le droit et la médecine offraient à cette époque des moyens assurés de fortune.

³ Boniface VIII, qui occupait le siége pontifical en 1300.

⁴ De l'autre, dont a parlé saint Thomas, c'est-à-dire de saint François d'Assise.

⁵ Épigramme contre deux chefs franciscains, le cardinal Mathieu d'Acqua Sparta, douzième général des franciscains, et frère Ubertin de Casal.

⁶ Hugues, chanoine de l'abbaye de Saint-Victor, théologien comme Augustin et Illuminat. — Pierre l'Espagnol, auteur d'une dialectique en douze livres.

⁷ Donat, grammairien célèbre du quatrième siècle. La grammaire était le premier des quatre arts libéraux.

⁸ Raban Maur, disciple d'Alcuin, théologien allemand du huitième siècle. Joachim de Calabre, moine du douzième siècle.

ARGUMENT DU CHANT XIII

Le poëte emprunte aux astres une image pour peindre cette double guirlande d'âmes radieuses qu'il voyait danser et chanter autour de lui. Saint Thomas résout la seconde des difficultés soulevées par son récit (chant X). Il explique cette phrase où il disait que Salomon fut sans second en sagesse. Après l'avoir accordée avec ce que l'Écriture nous enseigne sur Adam doué, en sortant des mains de Dieu, de toutes les perfections humaines, et sur Jésus-Christ, la sagesse incarnée, le Docteur angélique termine sa thèse en exhortant le poëte à ne pas précipiter ses opinions.

CANTO DECIMOTERZO

Immagini chi bene intender cupe,
Quel ch' io or vidi, e ritegna l' image
Mentre ch' io dico, come ferma rupe,

Quindici stelle, che in diverse plage
Lo Cielo avvivan di tanto sereno,
Che soverchia dell' aere ogni compage;

Immagini quel Carro, a cui il seno
Basta del nostro Cielo, e notte e giorno,
Sì che al volger del temo non vien meno;

Immagini la bocca di quel corno,
Che si comincia in punta dello stelo,
A cui la prima ruota va d' intorno,

Aver fatto di sè duo segni in Cielo
Qual fece la figliuola di Minoi
Allora che sentì di morte il gielo:

E l' un nell' altro aver gli raggi suoi,
E amenduo girarsi per maniera,
Che l' uno andasse al primo, e l' altro al poi:

Ed avrà quasi l' ombra della vera
Costellazione, e della doppia danza,
Che circulava il puncto dov' io era:

CHANT TREIZIÈME

Ce que j'ai vu là-haut, si tu veux sans nuage
Le comprendre, imagine (et retiens bien l'image
Gravée en ton esprit comme un trait sur du fer)

Ces quinze astres d'abord dont les clartés sereines
Brillent de tous côtés dans les célestes plaines,
Traversant à la fois tous les bandeaux de l'air !

Imagine de plus ce grand Char qui demeure
Sous notre Ciel, la nuit et le jour, à toute heure,
Sans jamais le franchir dans son cours éternel,

Imagine avec eux deux étoiles, la bouche
De cette corne d'or dont l'extrémité touche
A l'axe autour duquel tourne le premier Ciel ;

Qu'ils forment tous ensemble une double couronne,
Semblable à ce bandeau qui dans le Ciel rayonne
Depuis l'heure où mourut la fille de Minos :

Les deux cercles mêlant l'éclat de leur lumière
Et roulant sur des plans opposés, de manière
A tournoyer ensemble en se tournant le dos ;

Et tu pourras avoir comme une ombre, à distance,
De ces astres divins et de leur double danse
Autour du point où moi je m'étais arrêté [1] :

Poi ch' è tanto di là da nostra usanza,
Quanto di là dal muover della Chiana,
Si muove 'l Ciel, che tutti gli altri avanza.

Là si canto non Bacco, non Peana,
Ma tre Persone in divina natura,
Ed in una sustangia essa, e l' umana.

Compiè 'l cantare, e 'l volger sua misura,
E attesersi a noi quei santi lumi,
Felicitando sè di cura in cura.

Ruppe 'l silenzio ne' concordi numi
Poscia la luce, in che mirabil vita
Del poverel di Dio narrata fùmi :

E disse : Quando l' una paglia è trita,
Quando la sua semenza è già risposta,
A batter l' altra dolce amor m' invita.

Tu credi, che nel petto, onde la costa
Si trasse, per formar la bella guancia,
Il cui palato a tutto 'l mondo costa,

Ed in quel che, forato dalla lancia,
E poscia e prima tanto soddisfece,
Che d' ogni colpa vinse la bilancia,

Quantunque alla natura umana lece
Aver di lume, tutto fosse infuso
Da quel valor, che l' uno e l' altro fece :

E però ammiri ciò, ch' io dissi suso,
Quando narrai, che non ebbe secondo
Lo ben, che nella quinta luce è chiuso.

L'ombre! car ces splendeurs de là-haut sont aux nôtres
Ce que le premier Ciel, qui dépasse les autres,
Est à la Chiana, pour la rapidité.

Ils chantaient, non Bacchus ou le fils de Latone,
Mais la divine Essence et la triple Personne,
Et dans une personne un homme ensemble et Dieu.

Cependant chants et danse à la fois s'arrêtèrent,
Et vers nous les flambeaux célestes s'inclinèrent,
Passant d'un soin à l'autre avec un tendre feu.

Dans l'accord des esprits soudain rompt le silence
Le grand saint qui m'avait raconté l'existence
Où brilla la vertu du mendiant divin,

Et dit : « Quand du froment la paille est séparée,
Qu'une part de récolte au grenier est serrée,
Un doux amour m'invite à battre l'autre grain.

Tu crois que dans le flanc d'où fut prise une côte
Pour former cette bouche aimable dont la faute
Au monde tout entier devait coûter si cher,

Comme aussi dans celui que transperça la lance,
Dont la vie et la mort firent dans la balance
Pencher le plateau noir qui menait à l'enfer,

Tout le savoir permis à la nature humaine
En eux dut être infus par la main souveraine
Qui les fit tous les deux, par le divin pouvoir.

Pour lors, je t'ai surpris en te disant que l'âme
Du bienheureux caché dans la cinquième flamme
N'eut jamais sa seconde en sagesse, en savoir.

10.

Ora apri gli occhi a quel, ch' io ti rispondo,
E vedrai il tuo credere, e 'l mio dire
Nel vero farsi, come centro in tondo.

Ciò che non muore, e ciò che può morire,
Non è se non splendor di quella idea,
Che partorisce, amando, il nostro Sire:

Chè quella viva Luce, che si mea
Dal suo lucente, che non si disuna
Da lui, nè dall' Amor, che 'n lor s' intrea;

Per sua bontate il suo raggiare aduna,
Quasi specchiato in nuove sussistenze,
Eternalmente rimanendosi una.

Quindi discende all' ultime potenze
Giù d' atto in atto tanto divenendo,
Che più non fa, che brevi contingenze:

E queste contingenze essere intendo
Le cose generate, che produce
Con seme e senza seme il Ciel movendo.

La cera di costoro, e chi la duce,
Non sta d' un modo, e però sotto 'l segno
Ideale poi più e men traluce:

Ond' egli avvien, ch' un medesimo legno,
Secondo spezie, meglio e peggio frutta,
E voi nascete con diverso ingegno.

Se fosse appunto la cera dedutta,
E fosse 'l Cielo in sua virtù suprema,
La luce del suggel parrebbe tutta.

Or donc, écoute bien ce que je vais répondre,
Et tu verras mon dire et ta foi se confondre
Tous deux dans le vrai, comme, en un rond, le milieu.

Tout être corruptible ou bien impérissable
N'est rien que la splendeur de ce Verbe ineffable
Émané de l'amour de Notre Sire Dieu.

Cette vive Clarté, qui d'un foyer sans tache
Découle, et qui de lui jamais ne se détache,
Non plus que de l'Amour d'où naît leur trinité,

Daigne dans sa bonté concentrer sur neuf sphères,
Comme dans un miroir, ses rayons de lumières,
Sans perdre sa suprême éternelle unité.

Et de là, d'acte en acte, aux dernières puissances,
Jusqu'à ne plus créer que brèves contingences,
Elle descend toujours et va s'affaiblissant.

J'entends par *contingents* toutes les existences
Des êtres engendrés avec ou sans semences,
Qu'a pouvoir d'enfanter le Ciel en se mouvant.

L'art qui les a formés, leur substance elle-même,
Sont de plus d'une sorte : aussi le sceau suprême
S'imprime et transparaît plus ou moins au travers.

Pour ce, sur le même arbre, et dans la même espèce,
Pousse le fruit qu'on aime et le fruit qu'on délaisse,
Et pour ce vous naissez avec des goûts divers.

Si la substance était toujours de même sorte,
Que le Ciel eût toujours sa vertu la plus forte,
L'éclat du sceau divin paraîtrait tout entier.

Ma la Natura la dà sempre scema,
Similemente operando all' artista,
Ch' ha l' abito dell' arte, e man, che trema.

Però se 'l caldo amor la chiara vista
Della prima virtù dispone e segna,
Tutta la perfezïon quivi s' acquista.

Così fu fatta già la terra degna
Di tutta l' animal perfezïone:
Così fu fatta la vergine pregna.

Sì ch' io commendo tua opinïone:
Che l' umana natura mai non fue,
Nè fia, qual fu in quelle duo persone.

Or s' io non procedessi avanti piùe,
Dunque come costui fu senza pare?
Comincierebber le parole tue.

Ma, perchè paia ben quel che non pare,
Pensa chi era, e la cagion che 'l mosse,
Quando fu detto, *Chiedi,* a dimandare.

Non ho parlato sì, che tu non posse
Ben veder, ch' ei fu re, che chiese senno,
Acciocchè re sufficïente fosse:

Non per saper lo numero, in che enno
Li motor di quassù, o se *necesse*
Con contingente mai *necesse* fenno:

Non si est dare primum motum esse,
O se del mezzo cerchio far si puote
Triangol, sì ch' un retto non avesse.

Mais la nature en donne une épreuve lointaine ;
Elle est l'humble ouvrier dont la main incertaine
Tremble, quoique pourtant il sache son métier.

Que si l'amour brûlant grave sur la matière
Les traits éblouissants de la vertu première,
Alors d'aucun défaut l'ouvrage n'est taché.

C'est ainsi qu'en Adam la terre naquit pure,
Parfaite autant que peut l'être une créature,
Ainsi que fut conçu l'enfant né sans péché.

Donc ton opinion en un point je la loue :
Car jamais la nature humaine, je l'avoue,
Ne fut ni ne sera telle qu'en ces deux-là.

Or, qu'ici je m'arrête, et toi, dans ta logique :
« Comment donc Salomon fut-il un sage unique ? »
D'avance je t'entends me répliquer cela.

Mais pour qu'un jour plus clair sur tes yeux se répande,
Songe à ce qu'il était quand Dieu lui dit : « Demande ! »
Et quel pieux motif détermina son choix [2].

Suis-je encor trop obscur ? Et n'as-tu pas l'adresse
De voir qu'il fut un roi demandant la sagesse,
Afin qu'il pût suffire à la tâche des rois ?

Non pour savoir combien de moteurs le Ciel compte,
Ou si le *necesse* peut jamais, en bon compte,
Avec le contingent former le *necesse* ;

Ou si d'un demi-cercle on peut faire un triangle
Lequel n'offrirait pas à l'œil un seul droit angle,
Ou bien si *dare sit primum motum esse.*

Onde se ciò ch' io dissi, e questo note,
Regal prudenza è quel vedere impari,
In che lo stral di mia 'ntenzion percuote.

E se al *Surse* drizzi gli occhi chiari,
Vedrai aver solamente rispetto
Ai Regi, che son molti, e i buon son rari.

Con questa distinzion prendi 'l mio detto:
E così puote star con quel, che credi
Del primo padre, e del nostro Diletto.

E questo ti fia sempre piombo a' piedi,
Per farti muover lento, com' uom lasso,
Ed al sì, ed al no, che tu non vedi:

Chè quegli è tra gli stolti bene abbasso,
Che senza distinzione afferma, o niega,
Così nell' un, come nell' altro passo:

Perch' egl' incontra, che più volte piega
L' opinïon corrente in falsa parte,
E poi l' affetto lo 'ntelletto lega.

Vie più che 'ndarno da riva si parte,
Perchè non torna tal qual ei si muove,
Chi pesca per lo vero, e non ha l' arte:

E di ciò sono al mondo aperte pruove
Parmenide, Melisso, Brisso, e molti,
I quali andavano, e non sapean dove.

Sì fe' Sabellio, ed Arrio, e quegli stolti,
Che furon come spade alle Scritture,
In render torti li diritti volti.

Ce savoir sans pareil qui t'avait mis en doute
Sur ce que je t'ai dit et sur ce que j'ajoute,
Connais-le maintenant : c'est le Savoir royal.

J'ai dit (pèse ce mot) : « *S'élevant* en sagesse, »
Tu dois bien voir que c'est aux rois seuls qu'il s'adresse.
Ils sont nombreux, mais peu qui ne gouvernent mal [3].

Cette distinction posée ainsi d'avance,
Mon dire à moi n'est plus contraire à ta croyance
Sur notre premier père et notre Rédempteur.

Mets désormais ce plomb à ton pied pour qu'il tarde.
Quand tu vas dire non ou bien oui, prends bien garde,
Et si tu ne vois clair, avance avec lenteur.

En vérité, des sots c'est le plus ridicule,
Celui qui nie ou bien affirme sans scrupule,
Et sans bien distinguer tranche un cas hasardeux.

Car du mauvais côté d'abord il n'est pas rare
De voir que le commun jugement nous égare,
Et puis la passion nous bande aussi les yeux.

Plus qu'inutilement il quitte le rivage,
Car il ne revient pas sain et sauf à la plage,
Celui qui va pêcher le vrai, sans avoir l'art.

Le monde en a bien eu la preuve manifeste
Dans Brissus, Mélissus, Parménide et le reste,
Qui tous, sans savoir où, s'en allaient au hasard [4].

Tels on vit Sabellius, Arius et leurs élèves [5],
Qui pour les Livres saints furent comme des glaives,
Tordant et torturant le texte le plus pur.

Non sien le genti ancor troppo sicure
A giudicar, sì come quei, che stima
Le biade in campo pria, che sien mature:

Ch' io ho veduto tutto il verno prima
Il prun mostrarsi rigido e feroce,
Poscia portar la rosa in su la cima:

E legno vidi già dritto e veloce
Correr lo mar per tutto suo cammino,
Perire al fine all' entrar della foce.

Non creda donna Berta, e ser Martino,
Per vedere un furare, altro offerere,
Vedergli dentro al consiglio divino:

Che quel può surgere, e quel può cadere.

Et bien fol est encor celui qui trop s'assure
Au jugement qu'il fait. De la moisson future
Il ne faut pas juger, que le blé ne soit mûr.

Car j'ai vu dans l'hiver, avant les aubépines,
Le buisson effrayant et hérissé d'épines :
La rose y fleurissait quand vint le renouveau.

Et j'ai vu le vaisseau courant la plaine humide,
Pendant tout le trajet aller droit et rapide ;
En entrant dans le port il trouvait le tombeau.

Ne s'imaginent pas maître Jean, dame Berthe,
Parce qu'ils ont vu l'un voler, l'autre à l'offerte,
Connaître quel sera le jugement divin !

L'un peut se relever et l'autre choir demain.

NOTES DU CHANT XIII

¹ Imagine d'abord quinze étoiles de première grandeur, ensuite les sept étoiles du Chariot ou de la Grande-Ourse, et enfin les deux étoiles qui terminent la Petite-Ourse, en tout vingt-quatre étoiles. Imagine que ces vingt-quatre étoiles réunies ont formé deux couronnes semblables à la couronne d'Ariane changée en constellation, et tu auras une idée de ces deux guirlandes d'âmes, dansant et chantant autour de moi.

² Dieu dit à Salomon : *Postula quod vis*. Salomon répondit : *Dabis servo tuo cor docile ut populum tuum judicare possit*.

³ Tout cela revient à dire que c'est en tant que roi que Salomon fut, suivant l'expression de saint Thomas, un sage sans égal, et qu'il ne faut pas entendre autrement sa proposition.

⁴ Sophistes anciens.

⁵ Hérésiarques.

ARGUMENT DU CHANT XIV

Dernière difficulté dont Béatrice provoque l'explication. Troisième couronne de bienheureux qui vient entourer les deux autres. Un regard jeté sur Béatrice fortifie Dante aveuglé par ces nouvelles splendeurs. Ascension au cinquième Ciel qui est celui de Mars. Sur deux rayons, disposés en forme de croix, volent dans tous les sens, en faisant entendre des hymnes mélodieuses, les âmes radieuses des croisés qui ont combattu pour la vraie Foi.

CANTO DECIMOQUARTO

Dal centro al cerchio, e sì dal cerchio al centro
Muovesi l' acqua in un ritondo vaso,
Secondo ch' è percossa fuori o dentro.

Nella mia mente fe' subito caso
Questo, ch' io dico, sì come si tacque
La glorïosa vita di Tommaso,

Per la similitudine, che nacque
Del suo parlare e di quel di Beatrice,
A cui si cominciar, dopo lui, piacque.

A costui fa mestieri, e nol vi dice,
Nè colla voce, nè pensando ancora,
D' un altro vero andare alla radice.

Ditegli se la luce, onde s' infiora
Vostra sustanzia, rimarrà con voi
Eternamente, sì com' ella è ora:

E se rimane: dite come poi,
Che sarete visibili rifatti,
Esser potrà ch' al veder non vi noi.

Come da più letizia pinti e tratti
Alcuna fiata quei, che vanno a ruota,
Levan la voce, e rallegrano gli atti:

CHANT QUATORZIÈME

Dans un vase arrondi, le liquide mobile
Du centre au bord et puis du bord au centre oscille,
En dedans, par dehors, tour à tour agité.

Or, il se fit soudain en mon intelligence
Un mouvement pareil, alors qu'eut fait silence
Le glorieux esprit de Thomas, d'un côté

Sa voix venant à moi de l'ardente auréole,
Et Béatrix prenant après lui la parole
Dans le centre du cercle où j'étais arrêté :

« Cet homme-ci, malgré qu'il se taise, et qu'encore
Sa pensée où je lis elle-même s'ignore,
Voudrait aller au fond d'une autre vérité.

Parlez ! apprenez-lui si la splendeur divine,
Et dont votre substance aujourd'hui s'illumine,
Doit rester avec vous de toute éternité ;

Et s'il doit vous rester cet éclat, dites comme,
Lorsque chacun de vous reprendra son corps d'homme [1],
Vos yeux pourront souffrir une telle clarté. »

Comme on voit s'animer la ronde, quand la joie
Au milieu des danseurs plus vive se déploie ;
On se presse, on s'entraîne avec des cris joyeux :

Così all' orazion pronta e devota
Li santi cerchi mostrâr nuova gioia,
Nel tornearc, e nella mira nota.

Qual si lamenta, perchè qui si muoia,
Per viver colassù, non vide quive
Lo refrigerio dell' eterna ploia.

Quell' uno e due e tre, che sempre vive,
E regna sempre in tre e due ed uno,
Non circonscritto, e tutto circonscrive,

Tre volte era cantato da ciascuno
Di quelli spirti con tal melodìa,
Ch' ad ogni merto saria giusto muno:

Ed io udii nella luce più dia
Del minor cerchio una voce modesta,
Forse qual fu dell' Angelo a Maria,

Risponder: Quanto fia lunga la festa
Di Paradiso, tanto il nostro amore
Si raggerà dintorno cotal vesta.

La sua chiarezza seguita l' ardore,
L' ardore la visione, e quella è tanta,
Quanta ha di grazia sovra suo valore.

Come la carne gloriosa e santa
Fia rivestita, la nostra persona
Più grata fia per esser tuttaquanta:

Per che s' accrescerà ciò che ne dona
Di gratuito lume il Sommo Bene;
Lume ch' a lui veder ne condiziona:

Tels à cette requête empressée et pieuse,
De plus belle se mit la ronde bienheureuse
A tourner, en chantant ses hymnes merveilleux.

Ah! celui qui gémit de ce qu'il faut qu'on meure
Pour revivre là-haut dans une autre demeure,
De la céleste pluie ignore tout le bien !

Cet Être qui vit un, double et triple, et qui dure,
Qui règne en trois, en deux, en un, sur la nature,
Et circonscrivant tout n'est circonscrit par rien,

Trois fois il fut chanté par la ronde bénie,
Avec une si pure et si douce harmonie
Qu'il n'est pas de vertu que ne paye un tel prix.

Du moindre cercle alors une voix sort, modeste
Comme celle de l'Ange à la vierge céleste,
La voix du plus brillant de ces divins esprits [2] :

« La fête au Paradis doit durer éternelle,
Dit la voix; notre amour, aussi durable qu'elle,
D'un manteau de rayons doit rester revêtu.

L'éclat vient de l'ardeur; l'ardeur, du bien suprême
Qui consiste à voir Dieu; cette vision même,
De la Grâce ajoutée à notre humble vertu.

Lorsque plus tard la chair, bénie et glorieuse,
Recouvrira notre âme alors victorieuse,
Nous serons plus complets et partant plus heureux.

Par ainsi s'accroîtra ce que l'Être suprême
Nous donne de clartés gratuites ici même,
Pour que sa gloire soit accessible à nos yeux.

Onde la visïon crescer conviene,
Crescer l'ardor, che di quella s'accende,
Crescer lo raggio, che da esso viene.

Ma sì come carbon, che fiamma rende,
E per vivo candor quella soverchia,
Sì che la sua parvenza si difende,

Così questo fulgor, che già ne cerchia,
Fia vinto in apparenza dalla carne,
Che tutto dì la terra ricoperchia :

Nè potrà tanta luce affaticarne,
Chè gli organi del corpo saran forti
A tutto ciò, che potrà dilettarne.

Tanto mi parver subiti ed accorti
E l'uno e l'altro coro a dicere Amme,
Che ben mostrâr disio de' corpi morti :

Forse non pur per lor, ma per le mamme,
Per li padri, e per gli altri, che fur cari
Anzi che fosser sempiterne fiamme.

Ed ecco intorno di chiarezza pari
Nascere un lustro sopra quel, che v'era,
A guisa d'orizzonte, che rischiari.

E sì come al salir di prima sera
Comincian per lo Ciel nuove parvenze,
Sì che la cosa pare e non par vera;

Parvemi lì novelle sussistenze
Cominciare a vedere, e fare un giro
Di fuor dall'altre due circonferenze.

Alors la vision percera toute brume,
Et l'ardeur grandira que cette vue allume,
Et grandira l'éclat qui vient de cette ardeur.

Mais comme le charbon d'où la flamme s'élance,
Et qu'il surpasse encor par son incandescence,
Sous la langue enflammée apparaît sa rougeur :

Ainsi cette splendeur, qui jà nous environne,
Laissera transparaître à travers sa couronne
Notre corps recouvert de terre en ce moment,

Et nul ne souffrira d'une telle lumière.
Les organes du corps tiré de la poussière
Seront forts, à l'égal de tout contentement [3]. »

Un *Amen* s'échappa de la troupe céleste,
Et sa ferveur m'était un gage manifeste
Du désir qu'ils avaient de leurs habits charnels :

Non peut-être pour eux tout seuls, mais pour un père,
Une mère, et tous ceux qu'ils aimaient sur la terre,
Avant de devenir des flambeaux éternels.

Et voici que, brillant d'une égale lumière,
Une splendeur parut par delà la première,
Ainsi qu'un horizon qui s'éclaire soudain ;

Et comme, quand le soir étend ses premiers voiles,
On voit confusément poindre au Ciel les étoiles,
Si vagues que d'abord l'œil hésite incertain ;

Telles, de là les deux autres circonférences,
Je crus apercevoir de nouvelles substances,
Comme elles se mouvant, et tournant tout autour.

11.

O vero sfavillar del Santo Spiro,
Come si fece subito e candente
Agli occhi miei, che vinti nol soffriro!

Ma Beatrice sì bella e ridente
Mi si mostrò, che tra l' altre vedute
Si vuol lasciar, che non seguir la mente

Quindi ripreser gli occhi miei virtute
A rilevarsi, e vidimi translato
Sol con mia Donna a più alta salute.

Ben m' accors' io, ch' i' era più levato,
Per l' affocato riso della stella,
Che mi parea più roggio che l' usato.

Con tutto 'l cuore, e con quella favella,
Ch' è una in tutti, a Dio feci olocausto,
Qual conveniasi alla grazia novella :

E non er' anco del mio petto esausto
L' ardor del sacrificio, ch' io conobbi
Esso litare stato accetto e fausto :

Che con tanto lucore, e tanto robbi
M' apparvero splendor dentro a' duo raggi,
Ch' io dissi : O Eliòs, che sì gli addobbi!

Come distinta da minori e maggi
Lumi biancheggia tra i poli del mondo
Galassia sì, che fa dubbiar ben saggi,

Sì costellati facean nel profondo
Marte quei raggi il venerabil segno,
Che fan giunture di quadranti in tondo.

Rayons du Saint-Esprit! Lumière étincelante!
Flamme qui m'apparut soudaine et si brûlante
Que mon œil put à peine en supporter le jour!

Mais Béatrice alors s'embellit d'un sourire
Tel qu'il faut le laisser, ne pouvant le décrire,
Parmi les visions que l'esprit n'atteint pas.

En ce souris mes yeux reprirent de la force,
Et je vis, les levant à cette douce amorce,
Qu'en un cercle plus haut avaient monté nos pas.

De mon ascension j'eus la preuve assurée
Au souris enflammé de l'étoile pourprée
Dont l'éclat l'emportait sur l'éclat précédent.

Dans cette langue alors qui partout est la même,
Du plus profond du cœur, j'offris au Dieu suprême,
Pour sa grâce nouvelle, un holocauste ardent.

Et devant que l'ardeur du pieux sacrifice
Eût de mon cœur trop plein épuisé le calice,
Je connus qu'il avait été reçu par Dieu.

Entre deux rayons d'or, remplissant l'intervalle,
Des splendeurs, où luttaient le rubis et l'opale,
M'arrachèrent ce cri : Hélios! c'est ton feu!

D'un pôle à l'autre, au Ciel, telle sous ses blancs voiles
Galassia portant toutes sortes d'étoiles
Qui donnent à penser aux plus doctes cerveaux [4] :

Constellés dedans Mars d'une façon semblable,
Ces deux rayons formaient le signe vénérable
Que font, en se croisant, deux diamètres égaux [5].

Qui vince la memoria mia lo ingegno :
Chè 'n quella Croce lampeggiava CRISTO;
Sì ch' io non so trovare esemplo degno.

Ma chi prende sua Croce, e segue CRISTO,
Ancor mi scuserà di quel, ch' io lasso,
Vedendo in quell' albor balenar CRISTO.

Di corno in corno, e tra la cima e 'l basso,
Si movean lumi, scintillando forte
Nel congiungersi insieme, e nel trapasso.

Così si veggion qui diritte e torte,
Veloci e tarde, rinnovando vista,
Le minuzie de' corpi lunghe e corte, .

Muoversi per lo raggio, onde si lista
Tal volta l' ombra che, per sua difesa,
La gente con ingegno ed arte acquista.

E come giga ed arpa in tempra tesa
Di molte corde, fan dolce tintinno
A tal, da cui la nota non è intesa :

Così da' lumi, che lì m' apparinno,
S' accogliea per la Croce una melòde,
Che mi rapiva senza intender l' inno.

Ben m' accors' io, ch' ella era d' alte lode,
Perocchè a me venia : Risurgi, e vinci,
Com' a colui, che non intende, ed ode.

Io m' innamorava tanto quinci,
Che 'n fino a lì non fu alcuna cosa,
Che mi legasse con sì dolci vinci.

CHANT XIV.

Ici mes souvenirs écrasent mon génie :
Et comment trouverais-je une image assortie ?
Sur ces rayons en croix flamboyait JÉSUS-CHRIST.

Mais celui-là qui prend sa croix et CHRIST pour maître,
Quand il verra le CHRIST sur cet arbre apparaître,
Celui-là m'absoudra de ne l'avoir décrit.

Mille étoiles, jetant des milliers d'étincelles
Lorsqu'elles se joignaient et se croisaient entre elles,
Parcouraient en tous sens l'éblouissante croix.

Ainsi légers ou lents, crochus, droits ou difformes,
Grands, petits, et changeant et d'aspect et de formes,
Les atomes des corps voltigent quelquefois

Au sein d'un long rayon qui, par une fissure,
Filtre tout doucement dans une chambre obscure
Où l'on se défendait de la chaleur de l'air;

Et tels la harpe ensemble et le luth font entendre,
Touchés à l'unisson, un *tin-tin* doux et tendre,
Sans qu'on distingue bien chaque note de l'air :

De même de ces feux dont l'éclair se marie,
S'épanchait sur la croix un flot de mélodie
Vague, et qui me plongeait dans le ravissement.

Je compris seulement que c'étaient des louanges
A ces mots : *Ressuscite et règne, Roi des anges!*
Que, sans entendre bien, j'ouïs confusément.

Ces rayons, ces accents enchantaient mon oreille
Si fort, que jusqu'ici pas une autre merveille
Ne m'avait enchaîné par un si doux lien.

Forse la mia parola par tropp' osa,
Posponendo 'l piacer degli occhi belli,
Ne' quai mirando, mio disio ha posa.

Ma chi s' avvede, che i vivi suggelli
D' ogni bellezza più fanno più suso,
E ch' io non m' era lì rivolto a quelli;

Escusar puommi di quel, ch' io m' accuso
Per iscusarmi, e vedermi dir vero:
Chè 'l piacer santo non è qui dischiuso,

Perchè si fa, montando, più sincero.

CHANT XIV.

Mon dire peut sembler téméraire, quand j'ose
Mettre ce charme avant le plaisir que me cause
L'aspect des deux beaux yeux, mon amour, mon seul bien!

Mais si l'on réfléchit que plus haut on s'élève,
Plus chaque sceau vivant de la beauté s'achève,
Et que vers les beaux yeux je ne me tournais pas,

On me pardonnera du tort dont je me blâme
Afin de m'excuser. Je dis vrai ; de ma Dame
Je n'exclus pas ici les célestes appas ;

En montant, eux aussi croissaient à chaque pas.

NOTES DU CHANT XIV

¹ Au jour du jugement dernier.

² Salomon, sans doute, suivant la plupart des commentateurs.

³ Après le jugement dernier félicité et souffrances seront plus grandes pour les âmes revêtues de leurs corps (v. *Enfer*, ch. VI et XIII), et les bienheureux attendent avec impatience ce moment, non-seulement pour eux-mêmes, mais pour leurs parents et leurs amis.

⁴ Galassia, nom donné par quelques auteurs à la Voie lactée. On sait que les corps qui la composent ne sont pas encore aujourd'hui bien connus.

⁵ Le signe de la croix, par conséquent.

ARGUMENT DU CHANT XV

Cacciaguida, trisaïeul de Dante, s'offre à lui dans le Ciel de Mars. Il lui fait la généalogie de leur maison, lui raconte la pureté et la simplicité des mœurs de Florence au temps de sa naissance, ses exploits et la mort glorieuse qu'il trouva en combattant contre les Sarrasins.

CANTO DECIMOQUINTO

Benigna voluntade, in cui si liqua
Semper l' amor, che drittamente spira,
Come cupidità fa nell' iniqua,

Silenzio pose a quella dolce lira,
E fece quietar le sante corde
Che la destra del Ciel allenta e tira.

Come saranno a' giusti prieghi sorde
Quelle sustanzie che, per darmi voglia
Ch' io le pregassi, a tacer fur concorde?

Ben è che senza termine si doglia
Chi, per amor di cosa che non duri
Eternalmente, quell' amor si spoglia.

Quali per li seren tranquilli e puri
Discorre ad ora ad or subito fuoco,
Movendo gli occhi, che stavan sicuri,

E pare stella, che tramuti loco,
Se non che dalla parte, onde s' accende,
Nulla sen' perde, ed esso dura poco;

Tal dal corno, che 'n destro si stende,
Al piè di quella Croce corse un astro
Della costellazion, che li risplende :

CHANT QUINZIÈME

Un vouloir bienveillant (cet infaillible indice
De l'amour qui s'inspire aux sources de justice,
Comme un vouloir mauvais, de l'amour criminel)

Suspendit tout à coup la lyre aux doux murmures,
Et fit taire à la fois toutes ces cordes pures
Que tend et que détend là-haut la main du Ciel.

Comment n'eussent-ils pas écouté ma prière
Ces esprits empressés, tous d'accord à se taire
Exprès pour me donner désir de les prier ?

Ah ! sans trêve et sans terme, il est juste qu'il pleure
Celui qui par amour pour ce qui dure une heure
De cet amour divin a pu se dépouiller !

Comme en un temps serein brille un éclair fugace,
Étincelle qui va courant de place en place :
Le regard incertain suit le mobile feu ;

On dirait à le voir une étoile en voyage,
N'était qu'au point du Ciel d'où part ce feu volage
Nulle étoile ne manque, et que lui dure peu ;

Du bras droit de la Croix jusqu'au pied, il me semble
Voir de même courir un des astres qu'assemble
La constellation qui resplendit ici.

Nè si partì la gemma dal suo nastro:
Ma per la lista radial trascorse,
Che parve fuoco dietro ad·alabastro.

Sì pia l' ombra d' Anchise si porse,
(Se fede merta nostra maggior Musa)
Quando in Elisio del figliuol s' accorse.

*O sanguis meus, ô super infusa
Gratia Dei: sicut tibi, cui
Bis unquam cœli janua reclusa?*

Così quel lume; ond' io m' attesi a lui:
Poscia rivolsi alla mia donna il viso,
E quinci e quindi stupefatto fui:

Che dentro agli occhi suoi ardeva un riso
Tal, ch' io pensai co' miei toccar lo fondo
Della mia grazia e del mio Paradiso.

Indi, ad udire e a veder giocundo
Giunse lo spirto al suo principio cose,
Ch' io non intesi, sì parlò profondo:

Nè per elezïon mi si nascose,
Ma per necessità, che 'l suo concetto
Al segno de' mortai si sopprapose.

E quando l' arco dell' ardente affetto
Fu sì sfogato, che 'l parlar discese
Inver to segno del nostro 'ntelleto;

La prima cosa, che per me s' intese,
Benedetto sie tu, tu, trino ed uno
Che nel mio seme se' tanto cortese:

La perle reste au fil qui la tient prisonnière,
Mais glisse tout le long du ruban de lumière
Comme un feu vacillant sous l'albâtre poli.

Telle courut jadis l'ombre sainte d'Anchise
(S'il faut croire à ce que Virgile catéchise)
Lorsque dans l'Élysée il aperçut son fils.

O tu, sanguis meus, o super infusa
Gratia Domini! Cui cœli janua
Unquàm sicut tibi fuit reclusa bis [1] ?

Ainsi dit la lumière : attentif je m'arrête
Et puis vers Béatrix je détourne la tête.
D'ici comme de là j'eus les sens étourdis.

Un si tendre souris brillait dans sa prunelle
Que je pensai toucher, les yeux fixés sur elle,
Le fond de mon bonheur et de mon Paradis.

Alors l'harmonieuse et brillante topaze
Ajouta quelques mots à sa première phrase,
Dans un parler profond que j'écoutais en vain.

Non qu'elle eût le dessein de s'entourer d'un voile,
Mais par nécessité ; le verbe de l'étoile
Dépassant l'horizon de l'intellect humain.

Quand l'arc d'où s'échappait vers moi la tendre flamme
Fut assez détendu pour que la voix de l'âme
Descendît au niveau de ma faible raison,

Voici les premiers mots qu'enfin je pus comprendre :
« Dieu triple en un seul Dieu, béni sois-tu, Dieu tendre,
Pour ma postérité qui te montres si bon ! »

E seguitò: Grato e lontan digiuno
Tratto, leggendo nel maggior volume
U' non si muta mai bianco, nè bruno,

Soluto hai, figlio, dentro a questo lume,
In ch' io ti parlo, mercè di colei
C' all' alto volo ti vestì le piume.

Tu credi, che a me tuo pensier mei
Da quel ch' è primo, così come raia
Dell' un, se si conosce, il cinque e 'l sei.

E però ch' io mi sia, e perch' io paia
Più gaudioso a te, non mi dimandi,
Che alcun altro in questa turba gaia.

Tu credi 'l vero, che i minori e i grandi
Di questa vita miran nello speglio,
In che, prima che pensi, il pensier pandi.

Ma perchè 'l sacro amore, in che io veglio
Con perpetua vista, e che m' asseta
Di dolce disiar, s' adempia meglio,

La voce tua sicura, balda e lieta
Suoni la volontà, suoni 'l desio,
A che la mia riposta è gia decreta.

Io mi volsi a Beatrice: e quella udìo
Pria ch' io parlassi, e arrisemi un cenno
Che fece crescer l' ali al voler mio:

E cominciai così: L' affetto e il senno
Come la prima Egualità v' apparse,
D' un peso per ciascun di voi si fenno:

CHANT XV.

Et poursuivant : « Ma longue et ma plus chère envie,
Depuis que j'ai pu lire au grand livre de vie
Où ne changent jamais ni le blanc ni le noir,

Tu l'exauces, mon fils, en la sphère éternelle
Où je te parle enfin, et j'en rends grâce à celle
Qui pour un vol si haut d'ailes t'a su pourvoir.

Tu crois que tes pensers, dans ce lieu de lumière,
Dérivent jusqu'à moi de la source première
Comme on voit cinq et six sortir de l'unité;

Pour ce tu ne t'enquiers, sûr que je te devine,
Qui je suis et pourquoi mon ivresse divine
Entre toutes rayonne en ce Ciel enchanté.

Tu ne te trompes point : dans la céleste vie
La pensée est avant de naître réfléchie
En un miroir où lit chacun des bienheureux.

Mais afin que l'amour qui me tient en extase
Les yeux ouverts, et qui d'un doux désir m'embrase,
Pour que ce saint amour s'assouvisse encor mieux,

Que ta voix assurée et joyeuse proclame
Tout haut ta volonté! Dis le vœu de ton âme :
Ce que je dois répondre est résolu déjà. »

Vers ma Dame, à ces mots, moi je tournai la tête.
Sans que j'eusse rien dit, entendant ma requête,
D'un clin d'œil souriant elle m'encouragea.

« L'intellect et l'amour, dis-je, esprit de lumière !
Lorsque vous apparut l'Égalité première,
Vous furent mesurés en même quantité,

Perocchè al Sol, che v' allumò ed arse
Col caldo e con la luce, en sì iguali
Che tutte simiglianze sono scarse.

Ma voglia e argomento ne' mortali,
Per la cagion, ch' a voi è manifesta,
Diversamente son pennuti in ali.

Ond' io, che son mortal, mi sento in questa
Disaggualianza, e però non ringrazio,
Se non col cuore, alla paterna festa.

Ben supplico io a te, vivo topazio
Che questa gioia preziosa ingemmi
Perche mi facci del tuo nome sazio.

O fronda mia, in che io compiacemmi
Pure aspettando, io fui la tua radice :
Cotal principio, rispondendo, femmi.

Poscia mi disse : Quel da cui si dice
Tua cognazione, e che cent' anni e piue
Girato ha 'l monte in la prima cornici,

Mio figlio fu, e fu e tuo bisavo fue :
Ben si convien, che la lunga fatica
Tu gli raccorci con l' opere tue.

Fiorenza dentro dalla cerchia antica,
Ond' ella toglie ancora e Terza e Nona,
Si stava in pace sobria e pudica.

Non avea catenella, non corona,
Non donne contigiate, non cintura,
Che fosse a veder più che la persona.

CHANT XV.

Parce qu'en ce soleil, qui pour vous étincelle
Et brûle, ils sont tous deux en égalité telle
Qu'il n'est rien de semblable à cette égalité.

Mais *vouloir et savoir* dans les âmes mortelles
N'ont point pour s'envoler toujours les mêmes ailes,
Et je n'ai pas besoin de vous dire pourquoi.

Ce partage inégal de lumière et de flamme,
Moi mortel, je le sens, et ne puis, que de l'âme,
Répondre au tendre accueil que je reçois de toi.

Je t'en prie humblement, ô topaze vivante!
Joyau pur enchâssé dans cette croix brillante!
En me disant ton nom, calme un désir ardent! »

« Rejeton bien-aimé, qu'avec impatience
J'attendais! O ma fleur, je suis, moi, ta semence! »
Ainsi fit tout d'abord l'esprit me répondant.

« Le premier de ton nom, ajouta-t-il ensuite,
Qui, cent ans bien passés, au mont sacré gravite
Sans en avoir tourné le premier échelon [2],

Il fut mon fils, et fut père de ton grand-père.
Il est bon que pour lui tes œuvres sur la terre
Abrégent la longueur de l'expiation.

Florence en ses vieux murs, dans cette enceinte antique
Où l'heure sonne encore au grand cadran gothique,
Vivait en paix, pudique, avec simplicité.

Elle n'avait alors ni colliers ni parures,
Point de femme attifée en de riches ceintures
Attirant les regards bien plus que sa beauté.

Non faceva nascendo ancor paura
La figlia al padre, chè 'l tempo e la dote
Non fuggian quinci e quindi la misura.

Non avea case di famiglia vote,
Non v' era giunto ancor Sardanapalo,
A mostrar ciò che 'n camera si puote.

Non era vinto ancora Montemalo
Dal vostro Uccellatoio, che com' è vinto
Nel montar su, così sarà nel calo.

Bellincion Berti vid' io andar cinto
Di cuoio e d' osso, e venir dallo specchio
La donna sua, senza 'l viso dipinto :

E vidi quel de' Nerli, e quel del Vecchio
Esser contenti alla pelle scoverta,
E le sue donne al fuso, ed al pennecchio.

O fortunate ! e ciascuna era certa
Della sua sepoltura, ed ancor nulla
Era per Francia nel letto deserta.

L' una vegghiava a studio della culla,
E consolando usava l' idioma,
Che pria li padri e le madri trastulla :

L' altra traendo alla rocca la chioma,
Favoleggiava con la sua famiglia
De' Troiani, e di Fiesole, e di Roma.

Saria tenuta allor tal maraviglia
Una Cianghella, un Lapo Salterello,
Qual or saria Cincinnato, e Corniglia.

CHANT XV. 207

Une fille, en naissant, n'effrayait point son père.
Car l'hymen arrivait en son temps ordinaire ;
Hors de toute raison la dot ne croissait pas.

On restait au foyer de la maison natale,
On n'avait pas encor vu de Sardanapale
Montrer ce qu'un huis clos peut couvrir d'attentats.

Le mont Malus offrait moins de magnificence
Que l'Uccellatoio de l'altière Florence,
Dont la chute sera semblable à la hauteur [3].

En ce temps-là j'ai vu Berti Bellincione
S'en aller ceint de cuir, bouclé d'os, et sa donne
Revenir du miroir sans vermillon menteur.

J'ai vu des Vecchio, des Nerli, pour parures
Contents d'une peau nue, et leurs compagnes pures
Heureuses du rouet et de l'humble fuseau.

Sort bienheureux ! Aucune avec désespérance
N'attendait un époux enlevé par la France,
Et chacune était sûre au moins de son tombeau.

L'une aux soins du berceau veillait, mère attentive,
Et consolait l'enfant dans la langue naïve
Qui des parents ravis fait tressauter le cœur.

L'autre, de son fuseau tirant la chevelure,
Aux enfants rassemblés, contait quelque aventure
Sur Fiesole ou sur Troie, ou le Romain vainqueur.

Cianghella, Saltarel, dans cette ère bénie,
Auraient émerveillé, comme une Cornélie,
Comme un Cincinnatus dans le temps actuel [4].

A così riposato, a così bello
Viver di cittadini, a così fida
Cittadinanza, a così dolce ostello

Maria mi diè, chiamata in alte grida;
E nell' antico vostro Batisteo
Insieme fui Cristiano e Cacciaguida.

Moronto fu mio frate, ed Eliseo:
Mia donna venne a me di Val di Pado,
E quindi 'l soprannome tuo si feo.

Poi seguitai lo 'mperador Currado,
Ed ei mi cinse della sua milizia,
Tanto per bene oprar gli venni in grado.

Dietro gli andai incontro alla nequizia
Di quella legge, il cui popolo usurpa,
Per colpa del pastor, vostra giustizia.

Quivi fu' io da quella gente turpa
Disviluppato dal mondo fallace,
Il cui amor molte anime deturpa,

E venni dal martirio a questa pace.

C'est dans ce calme heureux d'une cité tranquille,
Dans cette belle vie, en cet honnête asile,
Sous ce doux reposoir favorisé du Ciel,

Que me donna Marie aux grands cris de ma mère;
Et je reçus dans votre antique baptistère
Les deux noms de chrétien et de Cacciaguida.

J'eus pour frères Moronte ainsi qu'Éliséie :
Du val du Pô me vint une épouse chérie ;
Le second de tes noms tu le tires de là [5].

Sous l'empereur Conrad je pris lors du service,
Et lui-même il m'arma soldat dans sa milice,
Tant je lui devins cher par plus d'un grand exploit.

A sa suite j'allai combattre l'infidèle,
Le mécréant qui, grâce à vos pasteurs sans zèle,
Attente insolemment à votre juste droit.

Un coup parti du sein de cette race immonde
Me délivra là-bas des nœuds trompeurs du monde,
Dont l'amour avilit tant d'âmes pour jamais,

Et je vins du martyre à cette douce paix.

NOTES DU CHANT XV

¹ O mon sang! ô grâce surabondante de Dieu! A qui fut jamais deux fois ouverte comme à toi la porte du Ciel?

² C'est-à-dire qui depuis plus de cent ans erre au Purgatoire dans le premier cercle, celui des orgueilleux.

³ Du Monte Mario, qu'on appelait peut-être aussi, ou que le poëte de son chef appelle Monte Malo, on aperçoit les principaux édifices de Rome comme de l'Uccellatoio ceux de Florence.

⁴ Cianghella, veuve d'un noble d'Imola, une Messaline florentine. Lapo Salterello, jurisconsulte de Florence décrié pour ses mœurs, et l'ennemi personnel du poëte.

⁵ Le nom d'Alighieri, nom de la femme de Cacciaguida, et que leur fils, bisaïeul de Dante, ajouta au sien.

ARGUMENT DU CHANT XVI

Cacciaguida précise l'époque de sa naissance. Il passe en revue les plus illustres familles qui habitaient de son temps la vieille Florence, aujourd'hui agrandie et plus populeuse, mais dégénérée et déchirée par la discorde.

CANTO DECIMOSESTO

O poca nostra nobiltà di sangue,
Se gloriar di te la gente fai
Quaggiù, dove l' affetto nostro langue,

Mirabil cosa non mi sarà mai:
Che là, dove appetito non si torce,
Dico nel Cielo, io me ne gloriai.

Ben se' tu manto, che tosto raccorce,
Sì che, se non s' appon di die in die,
Lo tempo va dintorno con le force.

Dal *voi*, che prima Roma sofferie,
In che la sua famiglia men persevra,
Ricominciaron le parole mie:

Onde Beatrice, ch' era un poco scevra,
Ridendo, parve quella, che tossìo
Al primo fallo scritto di Ginevra.

Io cominciai: Voi siete 'l padre mio:
Voi mi date a parlar tutta baldezza:
Voi mi levate sì, ch' io son più ch' io:

Per tanti rivi s' empie d' allegrezza
La mente mia, che di sè fa letizia,
Perchè può sostener, che non si spezza.

CHANT SEIZIÈME

O noblesse du sang ! ô chétif avantage !
Si l'homme est glorieux de t'avoir en partage
Dans ce monde où le cœur languit encor mauvais,

Cet orgueil ne peut plus désormais me surprendre,
Puisque moi-même ici je ne pus m'en défendre
Au ciel, où nos désirs ne s'égarent jamais.

Tu n'es rien qu'un manteau bien vite hors d'usage,
Et, si l'on n'y fait pas chaque jour quelque ouvrage,
Le temps, de ses ciseaux, va rognant tout autour.

« Vous, » dis-je, répondant à l'esprit de lumière ;
A ce mot *vous* que Rome employa la première [1],
Et dont l'us s'est perdu dans le parler du jour,

A quelques pas de nous, Béatrix souriante
Sembla m'encourager, comme cette suivante
Qui toussait au premier péché de Ginevra [2].

« Vous êtes, fis-je donc, le père de ma race ;
De parler librement vous me donnez l'audace ;
Vous m'élevez plus haut que moi-même ; déjà

L'allégresse entre à flots dans mon cœur et le noie,
Et mon âme n'est plus qu'une source de joie
Pour ne pas se briser sous ce torrent d'amour.

Ditemi dunque, cara mia primizia,
Quai fur gli vostri antichi, e quai fur gli anni
Che si segnaro in vostra puerizia?

Ditemi dell' ovil di san Giovanni,
Quant' era allora, e chi eran le genti
Tra esso degne di più alti scanni?

Come s' avviva allo spirar de' venti
Carbone in fiamma, così vidi quella
Luce risplendere a' miei blandimenti:

E come agli occhi miei si fe' più bella,
Così con voce più dolce e soave,
Ma non con questa moderna favella,

Dissemi: Da quel dì, che fu detto AVE
Al parto, in che mia madre, ch' è or santa,
S' alleviò di me, ond' era grave,

Al suo Leon cinquecento cinquanta
E tre fiate venne questo fuoco
A rinfiammarsi sotto la sua pianta.

Gli antichi miei ed io nacqui nel loco,
Dove si truova pria l' ultimo sesto
Da quel, che corre il vostro annual giuoco.

Basti de' miei maggiori udirne questo:
Chi ei si furo, e onde venner quivi,
Più è tacer, che ragionare, onesto.

Tutti color, ch' a quel tempo eran' ivi
Da portar arme tra Marte e 'l Batista,
Erano 'l quinto di quei, che son vivi:

Dites-moi donc, de grâce, ô ma tige chérie !
Quels furent vos aïeux au sein de ma patrie,
Et quels ans on marquait quand vous naissiez au jour?

Dites-moi ce qu'était alors, ô mon ancêtre !
Le bercail de Saint-Jean ³, et faites-moi connaître
Les justes qui siégeaient alors au premier rang? »

Comme un charbon, au vent qui souffle sur sa flamme,
Étincelle et pétille, ainsi la brillante âme
A ces mots caressants jette un éclat plus grand.

Et comme à mes regards elle se fit plus belle,
De même d'une voix plus douce, l'immortelle,
Dans le parler latin ainsi qu'au temps jadis,

Me répondit : « Du jour où l'archange à Marie
Dit : AVE, jusqu'à l'heure où ma mère chérie
M'enfanta de son sein et me nomma son fils,

Cinq cent quatre-vingts fois, ayant fourni sa course,
Mars était revenu rallumer à sa source,
Aux pieds de son Lion, ses flambeaux éternels ⁴.

Mes ancêtres et moi reçûmes l'existence
Dans le dernier *sestier* de la vieille Florence,
Où le coureur s'arrête en vos jeux annuels ⁵.

Sur mes nobles aïeux que ce mot te suffise ;
Car il ne sied pas bien que moi-même je dise
Jusqu'où dans le passé remontait mon berceau.

Le nombre, en ce temps-là, d'hommes bons à la guerre,
Entre le pont de Mars et le grand baptistère,
Était moindre cinq fois que dans l'âge nouveau.

Ma la cittadinanza, ch' è or mista
Di Campi, e di Certaldo, e di Figghine,
Pura vedeasi nell' ultimo artista.

O quanto fora meglio esser vicine
Quelle genti, ch' io dico, ed al Galluzzo,
Ed a Trespiano aver vostro confine,

Che averle dentro, e sostener lo puzzo
Del villan d' Aguglion, di quel da Signa,
Che già per barattare ha l' occhio aguzzo!

Se la gente, ch' al mondo più traligna,
Non fosse stata a Cesare noverca,
Ma come madre a suo figliuol benigna,

Tal fatto è Fiorentino, e cambia, e merca,
Che si sarebbe volto a Simifonti,
Là, dove andava l' avolo alla cerca.

Sariesi Montemurlo ancor de' Conti:
Sariensi i Cerchi nel pivier d' Acone,
E forse in Valdigrieve i Buondelmonti.

Sempre la confusion delle persone
Principio fu del mal della cittade,
Come del corpo il cibo che s' appone.

E cieco toro più avaccio cade,
Che cieco agnello: e molte volte taglia
Più e meglio una, che le cinque spade.

Se tu riguardi Luni, ed Urbisaglia,
Come son ite, e come se ne vanno
Diretro ad esse Chiusi, e Sinigaglia:

Mais dans ce nombre accru de la fange voisine,
Des hommes de Certald, de Campi, de Figghine,
Tout était pur alors, jusqu'à l'humble artisan.

Oh! combien mieux vaudrait avoir hors de vos portes
Les hommes que je dis, et leurs viles cohortes,
Et garder vos confins à Galluz et Trespian,

Que dans vos propres murs humer l'air qu'empoisonne
Le manant de Signa, le rustre d'Aguiglione,
L'œil toujours aux aguets pour escroquer autrui.

Si la gent qui le plus dans le monde forligne
Eût été pour César une mère bénigne,
Au lieu de se montrer si marâtre pour lui,

Tel s'est fait Florentin et vend, achète, escompte,
Qui serait retourné bien vite à Simifonte,
Où son aïeul jadis allait tendant la main.

Montemurlo serait encore aux anciens comtes,
Valdigrève verrait encor ses Bundelmontes,
Agone aurait gardé les Cerchi dans son sein.

Un ramas d'habitants, confusion funeste,
Comme l'est dans le corps une masse indigeste,
Des cités, en tout temps, a creusé le tombeau.

Un lourd taureau, les yeux privés de la lumière,
Plus vite qu'un agneau choit et mord la poussière.
Un seul fer, qui l'ignore? en vaut cinq en faisceau.

Regarde Urbisaglia, Luni; vois! ces deux villes
Ont croulé sous le feu des discordes civiles,
Et comme elles s'en vont Chiusi, Sinigaglia.

Udir, come le schiatte si disfanno,
Non ti parrà nuova cosa, nè forte,
Poscia che le cittadi termine hanno.

Le vostre cose tutte hanno lor morte,
Sì come voi; ma celasi in alcuna,
Che dura molto, e le vite son corte.

E come 'l volger del Ciel della luna
Cuopre ed iscuopre i liti senza posa,
Così fa di Fiorenza la fortuna:

Per che non dee parer mirabil cosa
Ciò ch'io dirò degli alti Fiorentini,
Onde la fama nel tempo è nascosa.

Io vidi gli Ughi, e vidi i Catellini,
Filippi, Greci, Ormanni, e Alberichi,
Già nel calare, illustri cittadini:

E vidi così grandi, come antichi,
Con quel della Sannella quel dell' Arca,
E Soldanieri, e Ardinghi, e Bostichi.

Sovra la porta, che al presente è carca
Di nuova fellonia di tanto peso,
Che tosto fia giattura della barca,

Erano i Ravignani, ond' è disceso
Il conte Guido, e qualunque del nome
Dell' alto Bellincione ha poscia preso.

Quel della Pressa sapeva già come
Regger si vuole, ed avea Galigaio
Dorata in casa sua già l'elsa e 'l pome.

Et puisque les cités elles-mêmes s'écroulent,
Des familles aussi, dont les gloires s'écoulent,
La dissolution point ne t'étonnera.

Toute chose périt, comme vous, sur la terre,
Mais comme l'existence humaine est éphémère,
Beaucoup meurent dont vous ne voyez point la mort.

Comme la lune va tour à tour et sans trèves
Couvrant et découvrant les maritimes grèves,
Ainsi s'est exercé sur Florence le sort.

Ne sois donc pas surpris si je te dis la gloire
Des anciens Florentins dont l'illustre mémoire
Se cache dans la nuit des siècles disparus.

J'ai vu sur leur déclin, mais dans leur noble type,
Les Ughi, les Catels, les Greci, les Philippe,
Les Ormann, les Albert; oui tous, je les ai vus.

J'ai vu dans tout l'éclat de leur grandeur antique
Les della Sannella, Soldanieri, Bostique,
J'ai vu les Ardinghi, j'ai vu les dell' Arca.

A la porte Saint-Pierre, au temps présent honnie
Et surchargée, hélas! de tant de félonie
Que bientôt votre nef sous le poids sombrera,

Étaient les Ravignan qui donnèrent naissance
Au comte Guide, et dont plus tard la descendance
Prit de Bellincion le nom encor plus beau.

Della Pressa montrait déjà comme on gouverne;
Et de sa noble épée, au temps présent si terne,
Galigaio dorait la garde et le pommeau.

Grande era già la Colonna del Vaio,
Sacchetti, Giuochi, Sifanti, e Barucci,
E Galli, e quei, ch' arrossan per lo staio.

Lo ceppo, di che nacquero i Calfucci,
Era già grande, e già erano tratti
Alle curule Sizii, ed Arrigucci.

Oh quali vidi quei che son disfatti
Per lor superbia! e le palle dell' oro
Fiorian Fiorenza in tutti suoi gran fatti.

Così facean li padri di coloro,
Che, sempre che la vostra chiesa vaca,
Si fanno grassi, stando a consistoro.

L' oltracotata schiatta, che s' indraca
Dietro a chi fugge, e a chi mostra 'l dente,
O ver la borsa, com' agnel si placa,

Già venía su, ma di piccola gente,
Sì che non piacque ad Ubertin Donato,
Che 'l suocero il facesse lor parente.

Già era 'l Caponsacco nel mercato
Disceso giù da Fiesole, e già era
Buon cittadino Giuda, ed Infangato.

Io dirò cosa incredibile e vera:
Nel picciol cerchio s' entrava per porta,
Che si nomava da quei della Pera.

Ciascun, che della bella insegna porta
Del gran Barone, il cui nome, e 'l cui pregio
Le festa di Tommaso riconforta,

La Colonne de Vair [6] grandissait triomphante
Avec les Sacchetti, les Giocchi, les Sifante,
Les Baruc, les Galli, les Chiaramonteci [7].

Le cep des Calfucci gonflait ses vignes mûres ;
Aux siéges les plus hauts de nos magistratures
Les Sizeï montaient, et les Arrigucci.

Dans quel lustre j'ai vu ceux que leur insolence
A perdus aujourd'hui ! Nul haut fait à Florence
Sans que les *Boules d'or* eussent part à l'éclat [8] ;

Et les aïeux aussi de ceux-là dont la gloire
Est de bien s'engraisser, siégeant en consistoire,
Chaque fois que chez vous vaque l'épiscopat [9].

Alors jà surgissait la race outrecuidante,
Dragon contre celui que sa rage épouvante,
Doux agneau pour qui montre ou la bourse ou la dent.

Pourtant elle sortait d'une si pauvre terre,
Qu'Ubertin Donato rougit que son beau-père
L'alliât par sa sœur à si petite gent [10].

Déjà Caponsacco, descendu de Fiésole,
Vivait au Marché-Vieux ; une noble auréole
Illustrait les deux noms d'Infangat et Giuda.

Chose étrange et qui fut comme je le rapporte :
Dans l'étroite cité conduisait une porte
Qui se nommait d'un nom pris aux della Pera [11].

Tout noble Florentin, qui porte l'armoirie
De ce fameux Baron dont le nom et la vie
Le jour de saint Thomas se célèbrent encor [12],

Da esso ebbe milizia e privilegio;
Avvegna che col popol si rauni
Oggi colui che la fascia col fregio.

Già eran Gualterotti ed Importuni :
E ancor saria Borgô più quïeto,
Se di nuovi vicin fosser digiuni.

La casa, di che nacque il vostro fleto,
Per lo giusto disdegno, che v' ha morti,
E posto fine al vostro viver lieto,

Era onorata essa, e suoi consorti.
O Buondelmonte, quanto mal fuggisti
Le nozze sue per gli altrui conforti!

Molti sarebber lieti, che son tristi,
Se Dio t' avesse conceduto ad Ema
La prima-volta, ch' a città venisti.

Ma conveniasi a quella pietra scema,
Che guarda 'l ponte, che Fiorenza fesse
Vittima nella sua pace postrema.

Con queste genti, e con altre con esse,
Vid' io Fiorenza in sì fatto riposo,
Che non avea cagione, onde piangesse.

Con queste genti vid' io glorïoso,
E giusto 'l popol suo tanto, che 'l giglio
Non era ad asta mai posto a ritroso,

Nè per divisïon fatto vermiglio.

En ce temps prit de lui son lustre séculaire,
Bien qu'aujourd'hui se range au parti populaire
Tel qui sur son blason ajoute un filet d'or.

Galterot, Importun étaient déjà des nôtres,
Et la paix eût duré dans le bourg des Apôtres
Si de nouveau-venus n'étaient pas arrivés.

La maison d'où provient toute votre misère,
Qui vous a fait périr dans sa juste colère,
Par qui vos jours heureux furent vite achevés,

Elle était honorée en tout son parentage.
O Buondelmonté! Par quel conseil peu sage
As-tu répudié l'hymen qui s'offrait là [13] !

Plus d'un serait joyeux au lieu d'être en souffrance,
Si la première fois que tu vins à Florence
Dieu t'avait fait présent aux ondes de l'Emma.

Mais, hélas! il fallait qu'à la pierre brisée
Sur le Ponte Vecchio [14], Florence divisée
Offrît un holocauste au terme de sa paix.

Avec ces citoyens et d'autres que j'oublie
J'ai vu Florence en paix au sein de l'Italie,
Et n'ayant de pleurer encore aucuns sujets.

Avec ces citoyens j'ai vu son peuple juste,
Glorieux, vertueux; alors le lys auguste
Sur la hampe à rebours n'était pas outragé,

Ni par les factions en lys rouge changé [15]. »

NOTES DU CHANT XVI

[1] Formule respectueuse que Rome substitua au tutoiement républicain à l'époque de la dictature de César.

[2] Lancelot du Lac fut enhardi à embrasser Ginèvre par une petite toux encourageante de sa camérière.

[3] Le bercail de Saint-Jean dans Florence, placé sous l'invocation de saint Jean-Baptiste.

[4] C'est-à-dire que depuis la naissance du Christ, annoncée par la salutation angélique, jusqu'à celle de Cacciaguida, il s'était écoulé cinq cent quatre-vingts révolutions de la planète de Mars; et comme les années de Mars sont presque le double des années solaires (2 ans moins 43 jours), la naissance de Cacciaguida doit être portée à la fin du onzième siècle.

[5] Florence était divisée en *sestiers*, comme nos villes modernes en quartiers. Le sixième *sestier*, près la porte Saint-Pierre, était celui où venaient s'arrêter les coureurs à la fête de saint Jean (v. *Enfer*, ch. XV).

[6] Armes de la famille Pigli ou Billi.

[7] Le texte porte : « et ceux qui rougissent à cause du boisseau. » Un Chiaramontesi, préposé à la vente des grains de l'État, avait frauduleusement rétréci le boisseau légal. Ses concussions découvertes, il fut décapité.

[8] Armoiries de quelque autre illustre famille florentine, sur laquelle les commentateurs ne sont pas d'accord.

[9] Les Visdomini, les Tosinghi et les Cortigiani. Fondateurs de l'évêché de Florence, lorsqu'il vaquait, ils se rassemblaient en consistoire et vivaient largement des revenus de l'évêché, en attendant la nomination du nouveau prélat.

[10] Ubertin Donato avait épousé l'une des filles de Bellincion Berti, qui donna la seconde à un Adimari. Cette alliance brouilla Ubertin Donato avec son beau-père.

[11] Chose étrange! car maintenant les jalousies s'opposaient à ce que le nom d'un particulier fût donné à une porte. Il s'agit ici de la porte Peruza.

[12] Plusieurs familles écartelaient leurs armes avec celles du baron Hugues, vicaire d'Othon III en Italie, dont on célébrait l'anniversaire le jour de saint Thomas.

[13] La mort de Buondelmont, qui avait refusé d'épouser une jeune fille de la famille des Amidei, fut l'origine des troubles de Florence.

[14] A la statue de Mars.

[15] Le lys blanc, bannière de Florence, avait été changé par les Guelfes vainqueurs en lys rouge.

ARGUMENT DU CHANT XVII

Cacciaguida lève le voile des prédictions qui déjà en Enfer et au Purgatoire avaient, à mots couverts, annoncé à Dante son futur exil. Il lui révèle les douleurs qu'aura pour lui cet exil; il lui annonce les refuges qu'il trouvera. En finissant, Cacciaguida exhorte le poëte à publier hardiment son voyage surnaturel et sa vision tout entière.

CANTO DECIMOSETTIMO

Qual venne a Climenè per accertarsi
Di ciò, ch' aveva incontro a sè udito,
Quei, ch' ancor fa li padri ai figli scarsi,

Tale era io, e tale era sentito
E da Beatrice, e dalla santa lampa
Che pria per me avea mutato sito.

Per che mia donna : Manda fuor la vampa
Del tuo disio, mi disse, sì ch' ell' esca
Segnata bene dell' interna stampa :

Non perchè nostra conoscenza cresca
Per tuo parlare, ma perchè t' aúsi
A dir la sete, sì che l' uom ti mesca.

O cara pianta mia, che sì t' insusi,
Che, come veggion le terrene menti
Non capere in triangol due ottusi,

Così vedi le cose contingenti.
Anzi che sieno in sè, mirando 'l punto,
A cui tutti li tempi son presenti.

Mentre ch' io era a Virgilio congiunto
Su per lo monte, che l' anime cura,
E discendendo nel mondo defunto,

CHANT DIX-SEPTIÈME

Tel ce fils dont la chute instruisit plus d'un père,
Allant demander compte à Climène, sa mère,
Des bruits que l'on avait répandus sur son sang [1] :

Tel j'étais, tel aussi semblais-je à Béatrice,
Ainsi qu'à ce flambeau de la sainte milice
Qui pour m'entretenir avait quitté son rang.

« Exhale librement, me dit alors ma Dame,
Le feu de ton désir, et que soit cette flamme
Empreinte exactement du cachet de ton cœur !

Non que ton dire ici puisse rien nous apprendre,
Mais il faut déclarer ta soif sans t'en défendre
Afin qu'à cette soif on verse la liqueur. »

— « O ma tige chérie en la gloire exhaussée !
Tout aussi clairement qu'en l'humaine pensée
Un triangle répugne à deux angles obtus,

O toi qui vois devant que dans le temps il entre
Tout futur contingent, en contemplant le Centre
Pour qui sont tous les temps présents et confondus !

Comme Virgile et moi nous gravissions les pentes
Du saint mont qui guérit les âmes pénitentes,
Et quand nous descendions au royaume de mort,

Dette mi fur di mia vita futura
Parole gravi; avvegna ch' io mi senta
Ben tetragono ai colpi di ventura.

Perchè la voglia mia saria contenta
D' intender qual fortuna mi s' appressa;
Chè saetta previsa vien più lenta.

Così diss' io a quella luce stessa,
Che pria m' avea parlato, e come volle
Beatrice, fu la mia voglia confessa.

Nè per ambage, in che la gente folle
Già s' invescava pria che fosse anciso
L' Agnel di Dio, che le peccata tolle,

Ma per chiare parole, e con preciso
Latin rispose quell' amor paterno,
Chiuso, e parvente del suo proprio riso:

La contingenza, che fuor del quaderno
Della vostra materia non si stende,
Tutta è dipinta nel cospetto eterno.

Necessità però quindi non prende
Se non come dal viso, in che si specchia
Nave, che per corrente giù discende.

Da indi, sì come viene ad orecchia
Dolce armonia da organo, mi viene
A vista 'l tempo, che ti s' apparecchia.

Qual si partì Ippolito d' Atene
Per la spietata e perfida noverca,
Tal di Fiorenza partir ti conviene.

Plusieurs voix dans mon cœur ont jeté l'épouvante
Sur ma vie à venir, encor que je me vante
D'être bien équarri contre les coups du sort ;

Et ce serait la paix pour mon âme inquiète
De savoir quels revers la fortune m'apprête ;
Quand on le voit venir, moins perçant est le trait. »

Ainsi dis-je, parlant à l'esprit bénévole
Qui m'avait, le premier, adressé la parole,
Ouvrant mon cœur, ainsi que Béatrix voulait.

Aussitôt, sans user de ces détours d'oracle
Où s'engluait le monde, avant le grand miracle
De la Rédemption par l'Agneau du Seigneur,

Mais en latin précis, et sans nulle équivoque,
Me répondit l'amour paternel que j'invoque,
Transparent et voilé sous sa propre splendeur :

« Les divers contingents, qui pour cadre et frontière
Ont l'horizon borné de votre humble matière,
Sont tous peints dans les yeux de l'éternel Voyant.

Non que ce qu'il prévoit fatalement arrive.
Le regard qui contemple une nef en dérive
N'oblige pas l'esquif à suivre le courant.

De ce divin miroir, comme d'une orgue pie
Arrive à notre oreille une douce harmonie,
Se réfléchit vers moi ton destin à venir.

Tel sortit autrefois Hippolyte d'Athène,
Lorsque l'en fit chasser sa marâtre inhumaine,
Tel de Florence un jour il te faudra partir !

Questo si vuole, e questo già si cerca;
E tosto verrà fatto a chi ciò pensa
Là dove Cristo tutto dì si merca.

La colpa seguirà la parte offensa
In grido, come suol : ma la vendetta
Fia testimonio al ver, che la dispensa.

Tu lascerai ogni cosa diletta
Più caramente : e questo è quello strale
Che l' arco dell' esilio pria saetta.

Tu proverai sì come sa di sale
Lo pane altrui, e com' è duro calle
Lo scendere, e 'l salir per l' altrui scale.

E quel, che più ti graverà le spalle,
Sarà la compagnia malvagia e scempia,
Con la qual tu cadrai in questa valle :

Chè tutta ingrata, tutta matta ed empia
Si farà contra te : ma poco appresso
Ella, non tu, n' avrà rossa la tempia.

Di sua bestialitate il suo processo
Farà la pruova, sì ch' a te fia bello
Averti fatta parte per te stesso.

Lo primo tuo rifugio, e 'l primo ostello
Sarà la cortesia del gran Lombardo,
Che 'n su la Scala porta il santo uccello :

Ch' avrà in te sì benigno riguardo,
Che del fare e del chieder tra voi due
Fia primo quel, che tra gli altri è più tardo.

Voilà ce que l'on veut, ce que l'on te destine.
Bientôt réussira la trame qu'on machine
Là-bas où tout le jour on trafique du Christ [2].

Comme toujours, le monde à qui subit l'offense
Imputera les torts ; mais prenant ta défense,
Le Ciel vengeur sera le témoin du proscrit.

Il te faudra laisser toute chose chérie
Et le plus tendrement : en quittant la patrie,
C'est là le premier dard de l'exil ennemi.

Tu sentiras alors quel sel amer on goûte
Au pain de l'étranger, et quelle dure route
De descendre et monter par l'escalier d'autrui !

Ce qui rendra la peine encore plus pesante,
C'est la société stupide et malfaisante
Qui dans ce val d'exil avec toi tombera.

Contre toi tout entière, ingrate, folle, impie,
Elle se tournera ! mais comme tout s'expie,
C'est leur front, non le tien, qui bientôt rougira.

Les faits condamneront leur méchanceté noire
Et leur stupidité. Toi, ce sera ta gloire
D'avoir fait de toi-même, à toi seul, un parti [3].

Le grand seigneur Lombard qui porte en armoirie,
Sur une échelle d'or, l'aigle de Germanie,
T'offrira le premier un généreux abri [4].

Il te regardera de l'œil tendre d'un frère.
Entre vous, au rebours de ce qu'on voit sur terre,
Le don arrivera plus pressé que le vœu.

Con lui vedrai colui, che impresso fue
Nascendo, sì da questa stella forte,
Che notabili fien l' opere sue.

Non se ne sono ancor le genti accorte
Per la novella età, che pur nove anni
Son queste ruote intorno di lui torte.

Ma pria che 'l Guasco l' alto Arrigo inganni,
Parran faville della sua virtute,
In non curar d' argento, nè d' affanni.

Le sue magnificenze conosciute
Saranno ancora, sì che i suoi nemici
Non ne potran tener le lingue mute.

A lui t' aspetta ed a suoi benefici:
Per lui fia trasmutata molta gente,
Cambiando condizion ricchi e mendici:

E porteràne scritto nella mente
Di lui, ma nol dirai: e disse cose
Incredibili a quei, che fia presente.

Poi giunse: Figlio, queste son le chiose
Di quel, che ti fu detto, ecco le 'nsidie,
Che dietro a pochi giri son nascose.

Non vo' però, ch' a' tuoi vicini invidie,
Poscia che s' infutura la tua vita,
Via più là, che 'l punir di lor perfidie.

Poi che tacendo si mostrò spedita
L' anima santa di metter la trama
In quella tela, ch' io le porsi ordita,

Avec lui tu verras celui dont la naissance
De cet astre guerrier a subi l'influence,
Et que de beaux exploits illustreront dans peu.

Les hommes n'ont pas pu le saluer encore.
C'est encore un enfant. Sur son front qu'on ignore
Les orbites du Ciel n'ont que neuf fois tourné [5];

Mais avant qu'en sous-main n'ait le Gascon perfide
Trompé le grand Henri [6], son ardeur intrépide
Et son mépris de l'or auront jà rayonné.

Si grand sera l'éclat de ses magnificences
Que ses ennemis même à ses munificences
Ne pourront refuser leur admiration.

Tu peux compter sur lui, sur ses mains secourables.
Par lui nombre de gens, puissants ou misérables,
Changeront de fortune et de condition.

Retiens encor ceci de lui dans ta mémoire,
Mais sans le publier :... » Lors il dit à sa gloire
Ce qu'on ne croira pas, en fût-on le témoin.

Puis ajouta : « Mon fils, voilà le commentaire
De ce qui te fut dit : et voilà ce calvaire,
Ces piéges que te cache un temps qui n'est pas loin.

A tes voisins pourtant ne porte pas envie.
Tu pourras prolonger assez longtemps ta vie
Pour voir leur perfidie infâme s'expier. »

Après qu'en se taisant eut montré la sainte âme
Qu'elle avait achevé de parfiler la trame
De la toile que moi j'avais mise au métier,

Io cominciai, come colui, che brama,
Dubitando, consiglio da persona,
Che vede, e vuol dirittamente, ed ama:

Ben veggio, padre mio, sì come sprona
Lo tempo verso me per colpo darmi
Tal, ch' è più grave a chi più s' abbandona:

Per che di provedenza è buon, ch' io m' armi,
Sì che se luogo m' è tolto più caro,
Io non perdessi gli altri per miei carmi.

Giù per lo mondo senza fine amaro;
E per lo monte, del cui bel cacume
Gli occhi della mia donna mi levaro,

E poscia per lo Ciel di lume in lume,
Ho io appreso quel, che s' io ridico,
A molti fia savor di forte agrume:

E, s' io al vero son timido amico,
Temo di perder vita tra coloro,
Che questo tempo chiameranno antico.

La luce, in che rideva il mio tesoro,
Ch' io trovai lì, si fe' prima corrusca,
Quale a raggio di Sole specchio d' oro:

Indi rispose: Coscïenza fusca,
O della propria, o dell' altrui vergogna,
Pur sentirà la tua parola brusca.

Ma nondimen, rimossa ogni menzogna,
Tutta tua visïon fa manifesta
E lascia pur grattar dov' è la rogna:

CHANT XVII.

Je commençai du ton d'un homme qui conjure,
Dans un cas difficile, une âme droite et pure,
Un esprit clairvoyant, un cœur affectueux :

« Je vois bien qu'au galop vers moi le temps s'élance,
Père ! pour me frapper d'un de ces coups de lance
D'autant plus renversants qu'on lutte moins contre eux ;

Aussi de prévoyance est-il bon que je m'arme,
Pour qu'arraché du lieu natal, mon plus doux charme,
Je ne me ferme pas les autres par mes vers.

En bas, au monde plein d'amertume éternelle,
Par la montagne aussi, du sommet de laquelle
M'ont emporté plus haut les yeux qui me sont chers,

Puis enfin dans le Ciel, de lumière en lumière,
J'appris d'amers secrets qui pour beaucoup, mon père,
Seront d'âcre saveur, si je les leur redis.

Et pourtant, si du vrai je suis un ami lâche,
J'ai peur de ne pas vivre, ayant mal fait ma tâche,
Parmi ceux qui diront de ce temps-ci : « jadis ! »

La lumière où riait le trésor adorable
Que j'avais trouvé là, luit plus vive, semblable
Aux rayons du soleil miroitant sur de l'or,

Puis elle répondit : « Conscience assombrie
'Ou par sa propre honte ou par autre infamie,
En toi trouvera certe un brusque et dur mentor.

Mais nonobstant, mon fils, écarte tout mensonge,
Et laissant se gratter ceux que la rogne ronge,
Toute ta vision, redis-la hardiment !

Chè se la voce tua sarà molesta
Nel primo gusto, vital nutrimento
Lascerà poi quando sarà digesta.

Questo tuo grido farà come vento,
Che le più alte cime più percuote:
E ciò non fia d' onor poco argomento.

Però ti son mostrate in queste ruote,
Nel monte, e nella valle dolorosa
Pur l' anime, che son di fama note:

Chè l' animo di quel, ch' ode, non posa,
Nè ferma fede per esempio ch' haia
La sua radice incognita e nascosa,

Nè per altro argomento che non paia.

Au premier goût pourra ta parole être amère,
Mais elle laissera, quoique rude et sévère,
Une fois digérée, un vital aliment.

Ta voix, comme le vent frappant les hautes cimes,
Tonnera hardiment contre les plus grands crimes,
Ce qui ne fera pas peu d'honneur à ton nom.

Aussi bien l'on ne t'a désigné dans ces sphères,
Dans la montagne sainte et le val des misères,
Que les âmes sur terre ayant quelque renom.

Car l'esprit de celui qui nous prête l'oreille
Affermit mal sa foi si notre voix conseille
Par un exemple obscur, quelque nom peu frappant,

Ou tout autre argument qui ne soit éclatant. »

NOTES DU CHANT XVII

¹ Phaéton alla trouver sa mère Climène pour lui demander s'il était en effet fils du Soleil, ce qu'Épaphus avait nié. Le texte désigne Phaéton par ces mots : « celui qui rend les pères plus sévères à leurs fils, » parce que la faiblesse d'Apollon, qui accéda au désir téméraire de Phaéton en lui laissant conduire le char du soleil, fut punie par la chute et la mort de son fils.

² A Rome où les Guelfes, avec Boniface VIII, appelaient secrètement Charles de Valois à Florence pour en chasser les Gibelins.

³ Dante fut en butte à la haine de ses compagnons d'exil, parce que, dit Lombardi, il ne voulut pas consentir à essayer de s'emparer de Florence ; ils le tentèrent malgré lui et furent écrasés.

⁴ Un des Scaliger, seigneurs de Vérone, qui avaient pour armoiries une échelle surmontée d'un aigle.

⁵ Can le Grand, âgé seulement de neuf ans au moment où le poëte est censé faire son voyage.

⁶ Trait à l'adresse de Clément V, né en Gascogne. Dante l'accuse de perfidie à l'endroit de Henri VII.

ARGUMENT DU CHANT XVIII

Cacciaguida nomme encore à Dante un certain nombre de pieux guerriers qui brillent dans la Croix. Ascension au sixième Ciel, Ciel de Jupiter, séjour de ceux qui ont distribué avec droiture la justice dans le monde. Les âmes des bienheureux, disposées en lettres mobiles et lumineuses, figurent les versets de la Bible qui prêchent la Justice. D'autres scintillations naissent des premières et dessinent l'Aigle impérial. Dans ce Ciel de la justice, le poëte s'emporte avec amertume contre la simonie pontificale.

CANTO DECIMOOTTAVO

Già si godeva solo del suo verbo
Quello spirto beato, ed io gustava
Lo mio, temprando 'l dolce con l' acerbo :

E quella donna, ch' a Dio mi menava,
Disse : Muta pensier, pensa ch' io sono
Presso a colui ch' ogni torto disgrava.

Io mi rivolsi all' amoroso suono
Del mio conforto : e quale io allor vidi
Negli occhi santi amor, qui l' abbandono :

Non perch' io pur del mio parlar diffidi,
Ma per la mente, che non può redire
Sovra sè tanto, s' altri non la guidi.

Tanto poss' io di quel punto ridire,
Che, rimirando lei, lo mio affetto
Libero fu da ogni altro disire,

Fin che 'l piacer eterno, che diretto
Raggiava in Beatrice, dal bel viso
Mi contentava col secondo aspetto,

Vincendome col lume d' un sorriso,
Ella mi disse : Volgiti, ed ascolta,
Che non pur ne' mie' occhi è Paradiso.

CHANT DIX-HUITIÈME

En silence déjà cette âme heureuse et sainte
Jouissait de son verbe, et moi, goûtant l'absinthe
Mêlée avec le miel, je recueillais le mien.

Et celle qui vers Dieu me menait, de me dire :
« Laisse là ces pensers, songe que je t'attire
Près de Celui par qui tout mal se change en bien. »

Au doux son de la voix de mon enchanteresse
Je retournai la tête, et quel feu de tendresse
Luisait dans ses yeux saints, je ne le décris pas.

Non que ma langue soit toute seule impuissante :
D'aussi loin, c'est aussi la substance pensante
Qui ne peut, sans secours, revenir sur ses pas.

Tout ce que sur ce point il m'est permis de dire,
C'est que, l'œil absorbé devant ce point de mire,
Je me sentais exempt de tout autre désir.

Comme je m'enivrais de l'éternel délice
Qui, rayonnant tout droit au cœur de Béatrice,
De son beau front sur moi venait se réfléchir,

Me subjuguant par un souris plein de lumière :
« Tourne-toi, me dit-elle, écoute encor ton père !
Le Paradis n'est pas seulement dans mes yeux. »

Come si vede qui alcuna volta
L' affetto nella vista, s' ello è tanto,
Che da lui sia tutta l' anima tolta;

Così nel fiammeggiar del fulgor santo,
A cui mi volsi, conobbi la voglia
In lui di ragionarmi ancora alquanto.

E cominciò: In questa quinta soglia
Dell' albero che vive della cima,
E frutta sempre, e mai non perde foglia,

Spiriti son beati che giù, prima
Che venissero al Ciel, fur di gran voce,
Sì ch' ogni Musa ne sarebbe opima.

Però mira ne' corni della Croce:
Quel ch' io or nomerò, lì farà l' atto,
Che fa in nube in suo fuoco veloce.

Io vidi per la Croce un lume tratto,
Dal nomar Josuè: com' ei si feo:
Nè mi fu noto il dir, prima che il fatto.

Ed al nome dell' alto Maccabeo
Vidi muoversi un altro roteando:
E letizia era ferza del palèo.

Così per Carlo Magno, e per Orlando.
Duo ne seguì lo mio attento sguardo,
Com' occhio segue suo falcon volando.

Poscia trassè Guglielmo, e Rinoardo,
E 'l duca Gottifredi la mia vista,
Per quella Croce, e Roberto Guiscardo.

Comme ici-bas parfois les sentiments de l'âme
Brillent dans nos regards, quand si vive est leur flamme
Que l'être tout entier est emporté par eux,

De même au flamboîment de la splendeur bénie
Vers qui je me tournai, je reconnus l'envie
Qu'elle avait d'ajouter à ce qu'elle avait dit.

Elle commence ainsi : « Dans ce cinquième étage
De l'arbre que nourrit sa cime, dont l'ombrage
Ne s'effeuille jamais, ni le fruit ne périt,

Habitent des esprits bienheureux, qui sur terre
Ont, avant d'arriver à la céleste sphère,
Offert à toute muse un texte merveilleux.

Sur les bras de la croix porte un moment ta vue :
Ceux que je vais nommer vont, comme dans la nue
De fugitifs éclairs, passer devant tes yeux. »

Au nom de Josué, qu'appela Cacciaguide,
Je vis, fendant la croix, un trait de feu rapide :
L'âme était arrivée aussitôt que le mot.

Il appela le grand Machabée : un deuxième
Sillonna la croix sainte en tournant sur soi-même ;
La joie était le fouet du céleste sabot.

Puis c'est Roland, et puis Charlemagne qui passe ;
Tous les deux, attentif, je les suis dans l'espace,
Comme un chasseur qui suit son faucon du regard.

Où Guillaume a brillé, Rinoard étincelle,
Et Godefroy, le duc, à la voix qui l'appelle,
Traverse aussi la Croix avec Robert Guiscard.

Indi tra l' altre luci *mota* e mista
Mostrommi l' alma, che m' avea parlato,
Qual' era tra i cantor del Cielo artista.

Io mi rivolsi dal mio destro lato,
Per vedere in Beatrice il mio dovere,
O per parole, o per atto segnato:

E vidi le sue luci tanto mere,
Tanto gioconde, che la sua sembianza
Vinceva gli altri, e l' ultimo solere.

E come, per sentir più dilettanza,
Bene operando l' uom, di giorno in giorno
S' accorge, che la sua virtute avanza;

Sì m' accors' io, che il mio girare intorno
Col Cielo 'nsieme, avea cresciuto l' arco,
Veggendo quel miracolo più adorno.

E quale è il trasmutare in picciol varco
Di tempo in bianca donna, quando 'l volto
Suo si discarchi di vergogna il carco;

Tal fu negli occhi miei, quando fu vôlto
Per lo candor della temprata stella
Sesta, che dentro a sè m' avea ricolto.

Io vidi in quella Gioviäl facella
Lo sfavillar dell' amor, che lì era,
Segnare agli occhi miei nostra favella.

E come augelli surti di riviera,
Quasi congratulando a lor pasture,
Fanno di sè or tonda, or lunga schiera,

CHANT XVIII.

Mon noble aïeul alors dans les autres lumières
Prit rang, et me fit voir, se mêlant à ses frères,
Quel artiste il était dans le concert divin.

Moi, je me retournai devers ma Béatrice
A ma droite, attendant que mon institutrice
D'un mot ou d'un regard m'indiquât mon chemin.

Ses yeux purs rayonnaient d'une ardeur si joyeuse
Qu'elle semblait, dans sa beauté victorieuse,
Effacer d'un seul coup tout ce que j'avais vu.

Et tel, faisant le bien, l'homme, au fond de son âme,
Au surcroît qu'il ressent et de joie et de flamme,
Voit chaque jour les pas qu'il fait dans la vertu ;

De même à cet éclat plus extraordinaire
Je sentis que mon vol rapide et circulaire
Élargissait son arc avec le Ciel tournant.

Et comme, en un clin d'œil, quand la pudeur céleste
Peint le visage blanc d'une vierge modeste,
La neige reparaît sur son front rayonnant,

Aussi vite à mes yeux se dégagea sans voile
La limpide blancheur de la sixième étoile
Qui m'avait accueilli dans son paisible sein.

Je vis dans Jupiter (c'était son feu sublime)
Les scintillations de l'amour qui l'anime
Figurer à mes yeux notre langage humain.

Et comme des oiseaux au bord d'une rivière,
Allongeant ou serrant leur bande irrégulière,
Volent en se jouant vers la pâture : ainsi

Sì dentro a' lumi sante creature
Volitando cantavano, e faciensi
Or D or I or L in sue figure.

Prima cantando a sua nota moviénsi:
Poi, diventando l' un di questi segni,
Un poco s' arrestavano, e taciensi.

O diva Pegaséa, che gl' ingegni
Fai gloriosi, e rendigli longevi,
Ed essi teco le cittadi e i regni,

Illustrami di te, sì ch' io rilevi
Le lor figure, com' io l' ho concette:
Paia tua possa in questi versi brevi.

Mostrârsi dunque in cinque volte sette
Vocali e consonanti, ed io notai
Le parti sì come mi parver dette.

Diligite Justitiam, primai
Fur verbo e nome di tutto 'l dipinto:
Qui judicatis Terram, fur sezzai.

Poscia nell' M del vocabol quinto
Rimasero ordinate, sì che Giove
Pareva argento lì d' oro distinto.

E vidi scender altre luci, dove
Era 'l colmo del M, e lì quetarsi
Cantando, credo, il ben, ch' a sè le muove.

Poi come nel percuoter de' ciocchi arsi
Surgono innumerabili faville,
Onde gli stolti sogliono agurarsi,

CHANT XVIII. 247

Dans leur réseau de feu les saintes créatures,
Chantant, volant, formaient différentes figures,
Dessinant tour à tour un D, un L, un I.

D'abord elles chantaient et volaient en mesure;
Puis, dès qu'elles avaient formé quelque figure,
Elles faisaient silence et cessaient leurs ébats.

Muse divine! ô toi qui donnes au génie
La gloire! ô toi qui peux éterniser sa vie
En immortalisant avec lui les États!

Brille en moi, que je puisse épeler sur ma lyre
Leurs signes saints ainsi que je les vis écrire!
Que dans ce peu de vers éclate ton pouvoir!

Je vis donc cinq fois sept consonnes et voyelles
En file se ranger, notant chacune d'elles
A mesure qu'à l'œil elles se faisaient voir.

Je lus : *Diligite Justitiam*, premier verbe
Et premier substantif que dessina la gerbe,
Et *qui judicatis terram* était la fin.

Puis dans l'M de ce mot *terram*, chaque lumière
S'arrêta disposée en ordre, de manière
Que Jupiter semblait d'argent, semé d'or fin [1].

Et sur le haut de l'M, d'autres splendeurs ensemble
Se posent en chantant, et leur chant, ce me semble,
Était un hymne au bien qui les attire à lui.

Puis, comme de charbons brûlants heurtés dans l'ombre,
Il jaillit un torrent d'étincelles sans nombre
Où la crédulité cherche un présage : ainsi

Risurger parver quindi più di mille
Luci, e salir quali assai, e qua' poco,
Sì come 'l Sol, che l' accende, sortille:

E quïetata ciascuna in suo loco,
La testa e 'l collo d' un' Aquila vidi
Rappresentare a quel distinto foco.

Quei, che dipinge lì, non ha chi 'l guidi;
Ma esso guida, e da lui si rammenta
Quella virtù, ch' è forma per li nidi.

L' altra beatitudo, che contenta
Pareva in prima d' ingigliarsi all' emme,
Con poco moto seguitò la 'mprenta.

O dolce stella, quali e quante gemme
Mi dimostraron, che nostra giustizia
Effetto sia del Ciel, che tu ingemme!

Per ch' io prego la Mente in che s' inizia
Tuo moto e tua virtute, che rimiri
Ond' esce 'l fummo, che 'l tuo raggio vizia;

Sì ch' un' altra fïata omai s' adiri
Del comperare e vender dentro al templo,
Che si murò di segni, e di martìri.

O milizia del Ciel, cu' io contemplo,
Adora per color che sono in terra
Tutti sviati dietro al malo esemplo.

Già si solea con le spade far guerra:
Ma or si fa togliendo or qui, or quivi
Lo pan, che 'l pio Padre a nessun serra.

Mille autres feux de là surgirent dans l'espace,
S'élevant plus ou moins, chacun suivant la place
Qu'assigne à chacun d'eux leur maître, le Soleil.

Et quand chacun eut pris son rang, suivant la règle,
Alors je vis le col et la tête d'un aigle
Se former et sortir de ce foyer vermeil.

L'artiste qui peignait ainsi n'a point de maître ;
Le maître, c'est lui seul : donnant forme à tout être,
Il est de tous les nids le moule et le ciseau.

Les autres bienheureux qui, sur l'M en guirlande,
Avaient fixé d'abord leur lumineuse bande,
N'eurent qu'à se mouvoir pour compléter l'oiseau [2].

Douce étoile ! à combien de pierres précieuses
Vis-je que la justice, en nos âmes boiteuses,
Est du Ciel, où tu luis, une émanation !

C'est pourquoi, je le lui demande avec prière,
Que Dieu, ton pur foyer, ta force, considère
D'où sort le noir brouillard qui souille ton rayon ;

Et qu'une fois encore éclate sa colère,
En voyant qu'on achète et vend au sanctuaire,
Dont le sang des martyrs a scellé les parois !

O milice du Ciel, que mon regard contemple !
Priez Dieu pour tous ceux que le mauvais exemple
Sur terre a dévoyés si loin du Roi des rois !

La guerre jusqu'ici se faisait par le glaive ;
Maintenant on la fait autrement : on enlève
Le pain que donne à tous notre Dieu paternel [3].

Ma tu, che sol per cancellare scrivi,
Pensa che Pietro e Paolo, che moriro
Per la vigna che guasti, ancor son vivi.

Ben puoi ti dire : Io ho fermo 'l disiro
Sì a colui che volle viver solo,
E che per salti fu tratto a martíro,

Ch' io non conosco il Pescator, nè Polo.

CHANT XVIII.

Toi qui n'écris que pour trafiquer, prêtre indigne [4] !
Songe que Pierre et Paul, tous deux morts pour la vigne
Que dégradent tes mains, vivent encore au Ciel !

Tu peux dire, il est vrai : « Moi, le saint qui m'attire,
C'est l'homme du désert, qui paya du martyre
La danse d'Hérodiade ; il tient si fort mon cœur

Que je ne connais plus, ni Paul, ni le Pêcheur [5].

NOTES DU CHANT XVIII

¹ Les lumières scintillantes se posent, dit le texte, sur la dernière lettre du cinquième mot : *terram*, sans doute parce que l'*M* est la première lettre du mot *Monarchia* ; car c'est de cette lettre lumineuse que va sortir tout à l'heure l'aigle impérial, modèle de la monarchie, et culte du poëte.

² L'aigle.

³ On enlève le pain eucharistique, on excommunie au hasard. C'est de cette manière que les papes font la guerre.

⁴ Toi, Boniface, qui n'écris ces bulles d'excommunication que pour les raturer, les révoquer ensuite à prix d'or !

⁵ Tu peux dire, il est vrai : Je ne connais ni saint Paul, ni saint Pierre le pêcheur, je n'aime et ne désire que saint Jean-Baptiste, c'est-à-dire les florins d'or frappés à l'effigie de ce saint.

ARGUMENT DU CHANT XIX

L'Aigle apprend à Dante que c'est la piété et la justice qui l'ont élevé au Ciel glorieux de Jupiter. Puis il répond à un doute du poëte, sur la question de savoir si quelqu'un peut être sauvé sans baptême. Il résout la question par la négative; mais il ajoute que beaucoup qui sont chrétiens de nom se verront au jour du jugement plus loin de Dieu que les païens, et il désigne une foule de souverains qui seront dans ce cas.

CANTO DECIMONONO

Parea dinanzi a me, con l' ale aperte,
La bella image, che, nel dolce frui
Liete faceva l' anime conserte.

Parea ciascuna rubinetto, in cui
Raggio di Sole ardesse sì acceso,
Che ne' miei occhi rifrangesse lui.

E quel che mi convien ritrar testeso,
Non portò voce mai, nè scrisse inchiostro,
Nè fu per fantasia giammai compreso;

Ch' io vidi, ed anche udii parlar lo rostro,
E sonar nella voce ed *io*, e *mio*,
Quand' era nel concetto *noi* e *nostro*.

E cominciò : Per esser giusto e pio,
Son' io qui esaltato a quella gloria,
Che non si lascia vincere a disio :

Ed in terra lasciai la mia memoria
Sì fatta, che le genti lì malvage
Commendan lei, ma non seguon la storia.

Così un sol calor di molte brage
Si fa sentir, come di molti amori
Usciva solo un suon di quella image.

CHANT DIX-NEUVIÈME

A mes regards s'offrait, ouvrant ses larges ailes,
L'impériale image où les âmes fidèles
S'entrelaçaient ensemble et qu'elle ravissait.

Chacune paraissait comme un rubis magique
Où dardait un rayon de soleil magnifique
Qui jusque dans mes yeux tout vif rejaillissait.

Et ce que maintenant il me faut vous décrire,
Nul ne l'a raconté, ni tenté de l'écrire.
L'imagination même reste au-dessous.

Une voix sort du bec de l'aigle hérissée ;
Et la voix disait *mon* et *moi*, mais la pensée
Demeurait collective et disait *nôtre* et *nous*.

La voix dit : « Parce que je fus pieux et juste,
Je me vois exalté jusqu'en ce Ciel auguste,
Dans un degré d'honneur qui passe tous mes vœux.

J'ai laissé sur la terre une grande mémoire ;
L'humanité perverse admire mon histoire,
Mais sans continuer son éclat glorieux. »

D'un amas de tisons il ne sort qu'une flamme :
Ainsi ces mille amours ne formant tous qu'une âme,
Il ne sortait qu'un son de toutes leurs splendeurs.

Ond' io appresso : O perpetui fiori
Dell' eterna letizia, che pur uno
Sentir mi fate tutti i vostri odori,

Solvetemi, spirando, il gran digiuno,
Che lungamente m' ha tenuto in fame,
Non trovandoli in terra cibo alcuno.

Ben so io che, se in Cielo altro reame
La divina giustizia fa suo specchio,
Che il vostro non l' apprende con velame.

Sapete, come attento io m' apparecchio
Ad ascoltar : sapete quale è quello
Dubbio, che m' è digiun cotanto vecchio.

Quasi falcone, ch' esce del cappello,
Muove la testa, e con l' ale s' applaude,
Voglia mostrando, e facendosi bello,

Vid' io farsi quel segno, che di laude
Della divina grazia era contesto,
Con canti, quai si sa chi lassù gaude.

Poi cominciò : Colui, che volse il sesto
Allo stremo del mondo, e dentro ad esso
Distinse tanto occulto, e manifesto,

Non potèo suo valor sì fare impresso
In tutto l' universo, che 'l suo Verbo
Non rimanesse in infinito eccesso.

E ciò fa certo, che 'l primo superbo,
Che fu la somma d' ogni creatura,
Per non aspettar lume, cadde acerbo.

Et je dis à mon tour : « O fleurs perpétuelles
De l'éternelle joie ! ô roses fraternelles
Qui faites un parfum de toutes vos odeurs !

Soufflez pour mettre fin à la soif qui m'altère,
Au long jeûne dont j'ai tant souffert sur la terre
Où ma faim n'a jamais pu trouver d'aliment !

Je sais, encore bien que dans une autre zone
La Justice divine ait élevé son trône,
Qu'on la perçoit sans voile en votre firmament.

Vous savez avec quelle ardeur je vous écoute !
Et vous savez aussi quel est en moi ce doute
Dans lequel je languis depuis de si longs jours. »

Tel un faucon, sitôt qu'il sort dessous sa chape,
Bat des ailes, joyeux, et devant qu'il s'échappe
Enfle son col et semble étaler ses atours :

Tel tressaillit l'oiseau qui dans son sein enchâsse
Les glorieux joyaux de la divine Grâce,
En exhalant un chant ici-bas inouï,

Puis il me répondit : « La Sagesse profonde
Qui, d'un tour de compas ayant tracé le monde,
De germes apparents ou cachés l'a rempli,

Ne put si fortement imprimer sa substance
Dessus tout l'univers, que ne fût l'existence
Au-dessous mille fois du Verbe créateur.

Ce qui le prouve bien, c'est cet Ange superbe
Qui fut le plus parfait des êtres nés du Verbe,
Et chut pour n'avoir pas attendu le Seigneur.

E quinci appar, ch' ogni minor natura
È corto recettacolo a quel bene,
Che non ha fine, e sè in sè misura.

Dunque vostra veduta, che conviene
Essere alcun de' raggi della mente,
Di che tutte le cose son ripiene,

Non può di sua natura esser possente
Tanto, che suo principio non discerna
Molto di là, da quel ch' egli è, parvente.

Però nella giustizia sempiterna
La vista che riceve il vostro mondo,
Com' occhio per lo mare, entro s' interna:

Chè, benchè dalla proda veggia il fondo,
In pelago nol vede : e nondimeno
Egli è, ma cela lui l' esser profondo.

Lume non è, se non vien dal sereno,
Che non si turba mai, anzi è tenébra,
Od ombra della carne, o suo veneno.

Assai t' è mo aperta la latébra,
Che t' ascondeva la giustizia viva,
Di che facei quistion cotanto crebra,

Chè tu dicevi : Un uom nasce alla riva
Dell' Indo, e quivi non è chi ragioni
Di Cristo, nè chi legga, nè chi scriva :

E tutti suoi voleri e atti buoni
Sono, quanto ragione umana vede,
Senza peccato in vita od in sermoni :

CHANT XIX.

A plus forte raison toute moindre nature
Ne saurait contenir cet Être sans mesure,
Ce grand Bien, défiant toute comparaison.

Ainsi donc, votre vue et votre sapience,
A peine humbles rayons de cette intelligence
Qui remplit toute chose en la création,

N'ont pas évidemment assez de clairvoyance
Pour pouvoir discerner autrement qu'à distance,
Et bien diminué, leur principe divin.

La faculté de voir donnée à votre monde
Plonge dans la Justice éternelle et profonde
Comme un œil qui regarde en l'abîme marin.

On aperçoit le fond quand on est au rivage,
Non au large; il est là pourtant comme à la plage,
Mais c'est sa profondeur qui le cache en la mer.

Tout ce qui ne vient pas de la clarté sans ombre,
Du Ciel pur, ce n'est pas lumière, mais nuit sombre,
Ce ne sont que brouillards ou poisons de la chair.

D'assez vives clartés à présent s'illumine
La nuit qui, te cachant la Justice divine,
De questions sans nombre assiégeait ton esprit.

Sur le bord de l'Indus un homme vient à naître,
Disais-tu; là du Christ, notre Seigneur et Maître,
Jamais on n'a rien dit, rien lu, ni rien écrit.

Et tous les mouvements de son âme sans haine
Sont purs, au jugement de la raison humaine;
Par acte ou par discours, nul ne l'a vu pécher.

Muore non battezzato e senza fede;
Ov' è questa giustizia, che 'l condanna?
Ov' è la colpa sua, sed ei non crede?

Or tu chi se', che vuoi sedere a scranna,
Per giudicar da lungi mille miglia
Con la veduta corta d' una spanna?

Certo a colui, che meco s' assottiglia,
Se la Scrittura sovra voi non fosse,
Da dubitar sarebbe a maraviglia.

O terreni animali, o menti grosse,
La prima volontà, ch' è per sè buona,
Da sè, ch' è sommo ben, mai non si mosse.

Cotanto è giusto, quanto a lei consuona:
Nullo creato bene a sè la tira,
Ma essa, radïando, lui cagiona.

Quale sovr' esso 'l nido si rigira,
Poi che ha pasciuto la cicogna i figli,
E come quei, ch' è pasto, la rimira,

Cotal si fece, e sì levai li cigli,
La benedetta immagine, che l' ali
Movea sospinta da tanti consigli.

Roteando cantava, e dicea: Quali
Son le mie note a te che non le 'ntendi,
Tal' è il giudicio eterno a voi mortali.

Poi seguitaron quei lucenti incendi
Dello Spirito Santo ancor nel segno,
Che fe' i Romani al mondo reverendi.

Qu'il meure sans le don de la foi, sans baptême :
Où donc est la justice à lui dire anathème ?
Et qui, s'il ne croit pas, peut le lui reprocher ?

Et moi, je dis : Qui donc êtes-vous, les habiles
Qui prétendez juger à des millions de milles,
Lorsque pour un empan votre œil est en défaut ?

Sans doute ce serait un merveilleux problème.
Et qu'on aurait du mal à résoudre ici même,
Si le saint Testament ne l'éclairait d'en haut.

Terrestres vermisseaux ! Bornés et sans lumière !
Bonne et parfaite en soi, la Volonté première
Jamais ne se départ de soi, Bien souverain.

Rien n'est juste qu'autant qu'elle sert de modèle ;
Nul bien créé ne peut lui rien prendre : c'est elle
Qui rayonne et produit tout bien, proche ou lointain. »

Telle quand la becquée est donnée, avec joie
Au-dessus de son nid la cigogne tournoie,
Et les petits repus regardent bec levé,

Tel vers l'oiseau béni je levai les prunelles,
Et l'aigle impérial, joyeux, battait des ailes,
Par mille volontés tendrement soulevé.

Et de chanter, faisant la roue, et de me dire :
« Tu ne le comprends pas, ce chant que je soupire :
Tel est pour vous, mortels, le jugement divin. »

Les feux du Saint-Esprit, éblouissante gerbe,
S'arrêtèrent alors dans le signe superbe
Qui faisait révérer partout le nom Romain.

Esso ricominciò : A questo regno
Non salì mai chi non credette in CRISTO
Nè pria, nè poi che 'l si chiavasse al legno.

Ma vedi, molti gridan CRISTO CRISTO,
Che saranno in giudicio assai men *prope*
A lui, che tal che non conobbe CRISTO :

E tai Cristiani dannerà l' Etiópe,
Quando si partiranno i duo collegi,
L' uno in eterno ricco, e l' altro inópe.

Che potran dir li Persi ai vostri regi,
Com' e' vedranno quel volume aperto,
Nel qual si scrivon tutti suoi dispregi ?

Lì si vedrà tra l' opere d' Alberto
Quella che tosto moverà la penna,
Per che 'l regno di Praga fia deserto.

Lì si vedrà il duol, che sopra Senna
Induce, falseggiando la moneta,
Quei che morrà di colpo di cotenna.

Lì si vedrà la superbia, ch' asseta,
Che fa lo Scotto, e l' Inghilese folle,
Sì, che non può soffrir dentro a sua meta.

Vedrassi la lussuria, e 'l viver molle
Di quel di Spagna, e di quel di Buemme,
Che mai valor non conobbe, nè volle.

Vedrassi al Ciotto di Gerusalemme
Segnata con un I la sua bontate,
Quando 'l contrario segnerà un' emme.

Et l'aigle saint reprit : « De ce lieu de délice
Quiconque, soit avant, soit depuis son supplice,
N'a pas connu le Christ, est pour jamais exclu.

Mais plus d'un va clamant Christ! ô Christ! qui peut-être
Au jour du jugement sera moins près du Maître,
Que tel infortuné qui ne l'a pas connu.

L'Éthiopien confondra ces chrétiens sacriléges,
Quand Dieu partagera le monde en deux colléges,
L'un riche à tout jamais, l'autre à jeun pour toujours.

A vos princes chrétiens que ne diront les Perses
Devant le livre ouvert où leurs œuvres perverses,
Où leurs honteux méfaits sont écrits tous les jours!

Là, parmi ceux d'Albert, on lira (car la plume
Va de cet attentat enrichir le volume)
L'exploit qui changera la Bohême en déserts [1].

Là se verra le deuil que causa sur la Seine
Le roi faux-monnayeur dont la mort est prochaine
Et dont un sanglier purgera l'univers [2].

On y verra l'orgueil avide, l'insolence
Qui jette l'Écossais et l'Anglais en démence,
Et qui leur fait trouver leurs confins trop étroits [3].

On verra la luxure et la mollesse extrême
Du monarque d'Espagne et du roi de Bohême
Qui n'a jamais connu rien des devoirs des rois [4].

Du boiteux de Sion l'histoire s'y consigne [5];
De ce qu'il fit de bien un I sera le signe,
Un M figurera ses actes malfaisants.

Vedrassi l' avarizia, e la viltate
Di quel, che guarda l' isola del fuoco,
Dove Anchise finì la lunga etate :

E a dare ad intender quanto è poco,
La sua scrittura fien lettere mozze,
Che noteranno molto in parvo loco.

E parranno a ciascun l' opere sozze
Del Barba, e del Fratel, che tanto egregia
Nazione e duo corone han fatto bozze.

E quel di Portogallo e di Norvegia
Lì si conosceranno, e quel di Rascia,
Che male aggiustò 'l conio di Vinegia.

O beata Ungheria, se non si lascia
Più malmenare! E beata Navarra,
Se s' armasse del monte, che la fascia!

E creder dee ciascun, che già per arra
Di questo, Nicosia, e Famagosta,
Per la lor bestia si lamenti e garra,

Che dal fianco dell' altre non si scosta.

On y verra la honte et l'avarice vile
De celui qui gouverne en l'île de Sicile
Où le pieux Anchise a fini ses vieux ans [6].

Et pour se mesurer à son peu de mérite,
En chiffres abrégés son histoire est écrite ;
Tous ses hauts faits seront dans un coin résumés.

Et de l'oncle et du frère on pourra lire encore
L'infamante conduite, hélas! qui déshonore
Une illustre famille et deux sceptres aimés [7].

Du roi de Portugal s'y verra l'infamie,
Et du roi de Norvége et du duc de Rascie,
Celui qui contrefit les coins vénitiens [8].

Hongrie heureuse, au jour où l'on mettrait la barre
Entre de bonnes mains! Heureuse la Navarre
Lorsqu'elle s'armera des monts Pyrénéens [9].

Ailleurs, croyez-le bien, la délivrance est sûre.
Nicosia se plaint, Famagouste murmure [10] :
Arrhes du châtiment qui menace un brutal

Qu'il faut mettre à côté de ceux qui régnent mal. »

NOTES DU CHANT XIX

¹ Albert, empereur d'Autriche, dont il a déjà parlé (*Purgatoire*, ch. VI, v. 97). L'invasion de la Bohême eut lieu quelques années après le voyage que Dante est censé faire en 1300.

² Philippe-le-Bel qui mourut d'une chute de cheval ; mais, au dire des commentateurs, par le fait d'un sanglier qui s'était jeté dans les jambes de sa monture.

³ Allusion aux rivalités d'Édouard Ier, roi d'Angleterre, et de Robert, roi d'Écosse.

⁴ Alphonse, roi d'Espagne, et Wenceslas, roi de Bohême, à qui il a déjà (*Purgatoire*, ch. VII, v. 34) reproché ses mœurs efféminées.

⁵ Charles, roi de Jérusalem, fils de Charles Ier, roi de Pouille, surnommé le Boiteux. Il aura à la page du bien un I, chiffre de l'unité, à celle du mal il aura un M, le chiffre de mille.

⁶ Frédéric, fils de Pierre d'Aragon, qui lui succéda dans le royaume de Sicile, appelée dans le texte *isola del fuoco*, île de feu, à cause de l'Etna.

⁷ Jacques, roi des îles Baléares, et Jacques, roi d'Aragon ; le premier, oncle, et le second, frère de Frédéric, roi de Sicile.

⁸ La Rascie, contrée de la Dalmatie et de la Servie, avant d'être conquise par les Turcs, avait ses ducs nationaux. Le prince qui y régnait au temps de Dante était accusé d'avoir altéré les monnaies de Venise.

⁹ Contre Philippe-le-Bel.

¹⁰ Nicosie et Famagouste, les deux villes principales de l'île de Chypre. Chose étrange ! Dans cette satire virulente, aucun monarque de l'Europe n'est épargné par le poëte gibelin, doctrinaire de la monarchie. C'est que pour lui, si leurs droits venaient de Dieu, leurs devoirs étaient à cause de cela plus sacrés. Et c'est de la même manière qu'il a pu attaquer les papes et les abus de leur pouvoir temporel, sans être pour cela un hérétique, comme il a paru à M. Aroux, après Rossetti et quelques autres visionnaires, mais en restant au contraire catholique et orthodoxe.

ARGUMENT DU CHANT XX

L'Aigle montre à Dante les âmes de princes justes par excellence qui resplendissent dans son sein. Le poëte s'étonne de voir dans le nombre deux personnages qu'il avait crus païens. L'Aigle lui explique comment tous deux étaient morts dans la foi de Jésus-Christ.

CANTO VENTESIMO

Quando colui, che tutto 'l mondo alluma,
Dell' emisperio nostro si discende,
E 'l giorno d' ogni parte si consuma,

Lo Ciel, che sol di lui prima s' accende,
Subitamente si rifà parvente
Per molte luci, in che una risplende.

E questo atto del Ciel mi venne a mente,
Come 'l segno del mondo, e de' suoi duci,
Nel benedetto rostro fu tacente:

Però che tutte quelle vive luci,
Vie più lucendo, cominciaron canti
Da mia memoria labili e caduci.

O dolce Amor, che di riso t' ammanti,
Quanto parevi ardente in que' favilli,
Che aveano spirto sol di pensier santi!

Poscia che i cari e lucidi lapilli,
Ond' io vidi 'ngemmato il sesto lume,
Poser silenzio agli angelici squilli,

Udir mi parve un mormorar di fiume,
Che scende chiaro giù di pietra in pietra,
Mostrando l' ubertà del suo cacume.

CHANT VINGTIÈME

Lorsque l'astre qui donne au monde la lumière
Descend à l'horizon dessous notre hémisphère
Et que de toutes parts le jour s'éteint et fuit,

A la place où brillait seul le flambeau solaire
De mille astres nouveaux le firmament s'éclaire,
Et dans ces feux encor c'est lui seul qui reluit.

Cette phase du ciel me vint à la pensée
Quand cessa de parler l'aigle au ciel exhaussée,
Des monarques du monde insigne glorieux,

Et que ces feux vivants, plus vifs, plus magnifiques,
Éclatèrent soudain en sublimes cantiques
Dont j'ai perdu mémoire en descendant des Cieux.

O doux amour, toi qui sous tes rayons te voiles,
Que tu semblais brûlant dans ces millions d'étoiles
N'ayant toutes qu'un souffle, un seul penser pieux !

Quand chaque précieuse étincelante pierre,
Dont s'ornait à mes yeux la sixième Lumière, [1]
Quand chaque ange eut fini son chant mélodieux,

Il me parut ouïr comme le bruit d'un fleuve
Qu'une source abondante à gros bouillons abreuve,
Et qui court transparent de rocher en rocher.

E come suono al collo della cetra
Prende sua forma, e sì come al pertugio
Della sampogna vento, che penetra;

Così, rimosso d'aspettar indugio,
Quel mormorar dell'Aquila salissi,
Su per lo collo, come fusse bugio.

Fecesi voce quivi, e quindi uscissi
Per lo suo becco, in forma di parole,
Quali aspettava 'l cuore, ov' io le scrissi:

La parte in me, che vede, e pate il Sole
Nell' aguglie mortali, incominciommi,
Or fisamente riguardar si vuole:

Perchè de' fuochi, ond' io figura fommi,
Quelli onde l'occhio in testa mi scintilla,
E di tutti lor gradi son li sommi:

Colui, che luce in mezzo per pupilla,
Fu il cantor dello Spirito Santo,
Che l'Arca traslatò di villa in villa:

Ora conosce 'l merto del suo canto,
In quanto affetto fu del suo consiglio,
Per lo remunerar, ch' è altrettanto.

De' cinque, che mi fan cerchio per ciglio,
Colui che più al becco mi s'accosta,
La vedovella consolò del figlio:

Ora conosce quanto caro costa
Non seguir Cristo, per l'esperienza
Di questa dolce vita, e dell' opposta.

CHANT XX.

Et tel le son prend forme au manche de la lyre ;
Des trous du chalumeau qu'il remplit, tel Zéphyre
En sons harmonieux finit par s'épancher :

De la même façon, voici que, sans attendre,
Le murmure qui dans l'aigle s'est fait entendre
Comme par un canal monte le long du col,

Et là, devenu voix, trouvant une soupape,
En sons articulés par le bec il s'échappe,
Et mon cœur recueillait chaque syllabe au vol.

« Regarde, il en est temps, dit la voix qui m'appelle,
Regarde fixement en moi cette prunelle
Qui brave le soleil, même en l'aigle mortel,

Car de ces mille feux dont ma figure est faite,
Ceux qui font scintiller mon œil dedans ma tête
Sont les plus élevés en grade dans ce Ciel.

Dans le milieu, celui qui brille en ma pupille,
C'est celui qui porta l'arche de ville en ville,
C'est le chantre royal rempli du Saint-Esprit [2].

Maintenant il comprend ce que vaut son cantique
En tant qu'il fut l'effet de son zèle mystique,
Et le prix qu'il reçoit égale ce qu'il fit.

Des cinq qui du sourcil dessinent la couronne,
Le plus près de mon bec, qui plus en bas rayonne,
A consolé la veuve en deuil de son enfant [3].

Maintenant il comprend, et par expérience,
Du Ciel et de l'Enfer sachant la différence,
Ce qu'il en coûte un jour de n'être pas croyant [4].

E quel, che segue in la circonferenza,
Di che ragiono, per l' arco superno,
Morte indugiò per vera penitenza :

Ora conosce che 'l giudicio eterno
Non si trasmuta, perchè degno preco
Fa crastino laggiù dell' odierno.

L' altro che segue, con leggi e meco,
Sotto buona intenzion che fe' mal frutto,
Per cedere al Pastor si fece Greco :

Ora conosce come 'l mal dedutto
Dal suo bene operar non gli è nocivo,
Avvegna che sia 'l mondo indi distrutto.

E quel, che vedi nell' arco declivo,
Guglielmo fu, cui quella terra plora,
Che piange Carlo e Federigo vivo :

Ora conosce come s' innamora
Lo Ciel del giusto rege, ed al sembiante
Del suo fulgore il fa vedere ancora.

Chi crederebbe giù nel mondo errante,
Che Rifèo Troiano in questo tondo
Fosse la quinta delle luci sante?

Ora conosce assai di quel, che 'l mondo
Veder non può della divina grazia;
Benchè sua vista non discerna il fondo.

Qual lodoletta, che 'n aere si spazia
Prima cantando, e poi tace contenta
Dell' ultima dolcezza, che la sazia,

Celui qui vient après en la circonférence,
Dans l'arc de mon sourcil, a, par sa pénitence,
Par son vrai repentir, reculé son trépas [5].

Maintenant il comprend, encor bien qu'on obtienne
Un sursis quelquefois par prière chrétienne,
Que les décrets de Dieu pourtant ne changent pas [6].

L'autre qui suit porta l'Empire avec moi-même
En Grèce : il laissa Rome au pontife suprême [7].
Pieuse intention qui porta mauvais fruit !

Maintenant il comprend comment de l'œuvre pie
Le mal a pu bientôt sortir, sans qu'il l'expie,
Bien que par là le monde ait été tout détruit.

Le suivant, au déclin du sourcil, c'est Guillaume [8],
Le roi que pleure mort ce malheureux royaume,
Qui pleure encor plus Charle et Frédéric vivants.

Maintenant il comprend de quel amour immense
Le Ciel couvre un roi juste ; il a sa récompense
Comme on peut le juger à ses feux éclatants.

Qui pourrait croire en bas, dans ce monde où l'on erre,
Que le Troyen Riphée est cinquième lumière
Parmi les saints éclairs qui brillent dans ce rond [9] ?

Maintenant il comprend un mystère adorable
De la Grâce divine au monde impénétrable,
Bien qu'il ne puisse pas en découvrir le fond. »

Ainsi que dans les airs, quand plane l'alouette,
Elle dit sa chanson, puis se tait satisfaite
En se rassasiant à son dernier couplet :

Tal mi sembiò l' imago della 'mprenta
Dell' eterno piacere, al cui disio
Ciascuna cosa, quale ell' è, diventa,

Ed avvegna ch' io fossi al dubbiar mio
Lì quasi vetro allo color, che il veste;
Tempo aspettar tacendo non patio :

Ma della bocca : Che cose son queste?
Mi pinse con la forza del suo peso :
Perch' io di coruscar vidi gran feste.

Poi appresso con l' occhio più acceso
Lo benedetto segno mi rispose,
Per non tenermi in ammirar sospeso :

Io veggio che tu credi queste cose
Perch' io le dico, ma non vedi come :
Sì che, se son credute, sono ascose.

Fai come quei, che la cosa per nome
Apprende ben : ma la sua quiditate
Veder non puote, s' altri non la prome.

Regnum Cœlorum violenzia pate
Da caldo amore e da viva speranza,
Che vince la divina volontate;

Non a guisa che l' uomo all' uom sovranza :
Ma vince lei, perchè vuole esser vinta :
E vinta vince con sua beninanza.

La prima vita del ciglio e la quinta
Ti fa maravigliar, perchè ne vedi
La region degli Angeli dipinta.

CHANT XX.

Ainsi soudain se tut l'oiseau saint, cet emblème
Du bon plaisir divin, de l'Arbitre suprême
De par qui toute chose au monde est ce qu'elle est.

Mon embarras perçait, de même qu'à la vue
Transparaît la couleur sur le verre étendue ;
Mais sans attendre, et sans pouvoir me contenir,

Et la force du poids faisant partir les bondes,
J'éclatai dans ce mot : « Que d'énigmes profondes ! »
L'aigle joyeusement me parut resplendir ;

Puis aussitôt, ses yeux s'allumant davantage,
En ces mots me répond la bienheureuse Image,
Pour ne pas me tenir plus longtemps en émoi :

« Tu crois, je le vois bien, ce que tu viens d'entendre,
Parce que je le dis, mais sans pouvoir comprendre ;
Ta foi porte un bandeau, si tu me prêtes foi.

Tu ressembles à ceux qui savent une chose
Par son nom ; mais si c'est l'essence qu'on propose,
Ils ne peuvent rien voir, à moins d'être assistés.

Au *Regnum Cœlorum* parfois font violence
La Charité brûlante et la vive Espérance.
Par elles les décrets divins sont emportés :

Victoire qui n'a rien d'une humaine victoire.
De vaincre Dieu, c'est Dieu qui leur donne la gloire,
Et sa bonté triomphe alors qu'il est vaincu.

Le premier feu de mon sourcil et le cinquième [10],
Les voir dans le séjour de ceux que le Ciel aime,
Voilà d'étonnement ce qui t'a confondu.

De' corpi suoi non uscir, come credi,
Gentili, ma cristiani in ferma fede,
Quel de' passuri, e quel de' passi piedi :

Chè l' una dallo 'nferno, u' non si riede
Giammai a buon voler, tornò all' ossa,
E ciò di viva speme fu mercede :

Di viva speme, che mise sua possa
Ne' prieghi fatti a Dio per suscitarla,
Sì che potesse sua voglia esser mossa.

L' anima gloriosa onde si parla,
Tornata nella carne in che fu poco,
Credette in Lui, che poteva aiutarla.

E, credendo, s' accese in tanto fuoco
Di vero amor, ch' alla morte seconda
Fu degna di venire a questo giuoco.

L' altra per grazia, che da sì profonda
Fontana stilla, che mai creatura
Non pinse l' occhio insino alla prim' onda,

Tutto suo amor laggiù pose a drittura;
Perchè di grazia in grazia Dio gli aperse
L' occhio alla nostra redenzion futura :

Onde credette in quella, e non sofferse
Da indi 'l puzzo più del paganesmo,
E riprendeane le genti perverse.

Quelle tre donne gli fur per battesmo,
Che tu vedesti dalla destra ruota,
Dinanzi al battezzar più d' un millesmo:

C'est qu'ils n'ont pas quitté leurs corps dans l'ignorance
Comme tu crois, mais en chrétiens, dans la croyance,
L'un du Sauveur futur, l'autre du Sauveur né.

L'un, tiré de l'enfer où l'âme de l'impie
Ne s'amende jamais, remonta dans la vie.
Dieu paya de ce prix un espoir obstiné :

Espérance sublime et qui mit tant de flamme
Dans les vœux faits à Dieu pour rendre au jour cette âme,
Que du Juge éternel la volonté s'émut.

Quand l'âme dont je parle, aujourd'hui fortunée,
Fut pour un peu de temps dans sa chair retournée,
Elle crut dans Celui qui pouvait son salut ;

Et croyant, s'enflamma d'une ferveur insigne,
D'un si brûlant amour, que Dieu la jugea digne,
A sa seconde mort, d'entrer dans ce joyau [11].

Quant à l'autre, de par la Grâce sans seconde,
Qui coule d'une source immense et si profonde
Que nul être jamais n'en vit la première eau,

Il mit tout son amour sur terre en la Justice.
Voilà pourquoi, de grâce en grâce, Dieu propice
A la rédemption future ouvrit ses yeux.

Il y crut, et dès lors son âme fut chrétienne.
Et, ne pouvant souffrir l'infection païenne,
Il en faisait reproche au monde vicieux.

Trois dames, ces trois-là que tu trouvas toi-même
A la droite du char [12], lui firent un baptême
Plus de mille ans avant le baptême établi.

O predestinazion, quanto rimota
È la radice tua da quegli aspetti,
Che la prima cagion non veggion *tota!*

E voi, mortali, tenetevi stretti
A giudicar: chè noi, che Dio vedemo,
Non conosciamo ancor tutti gli eletti:

Ed enne dolce così fatto scemo:
Perchè 'l ben nostro in questo ben s' affina,
Che quel, che vuole Dio, e noi volemo.

Così da quella immagine divina,
Per farmi chiara la mia corta vista,
Data mi fu soave medicina.

E come a buon cantor buon citarista
Fa seguitar lo guizzo della corda,
In che più di piacer lo canto acquista,

Sì, mentre che parlò, mi si ricorda
Ch' io vidi le duo luci benedette,
Pur come batter d' occhi si concorda,

Con le parole muover le fiammette.

CHANT XX.

Prédestination ! oh ! que ta source obscure
Est loin, bien loin de l'œil de toute créature,
Qui ne perçoit jamais qu'un point de l'infini !

Et vous, prompts à juger, refrénez votre audace,
O mortels ! Puisque nous, voyant Dieu face à face,
Nous ne connaissons pas encor tous les élus.

Et nous nous complaisons dedans cette ignorance ;
Car notre joie ici croît par la jouissance
De conformer nos vœux à ses vœux absolus. »

Ainsi par l'oiseau saint, par la divine Image,
Pour que mes faibles yeux pussent voir davantage,
M'avait été versé le cordial enchanteur.

Et comme un bon joueur de lyre qui s'accorde
Avec celui qui chante et fait vibrer la corde
Qui donne plus de charme à la voix du chanteur :

Ainsi, comme il parlait, j'en ai gardé mémoire,
Je vis les deux brillants dont il disait la gloire,
Semblables à deux yeux palpitant à la fois,

En dardant leurs éclairs, accompagner la voix.

NOTES DU CHANT XX

¹ Le sixième Ciel, le Ciel des justes, dit Ciel de Jupiter.

² David.

³ Trajan, qui vengea la mort du fils de la veuve, comme il est dit au *Purgatoire*, chant X, tercet 25 et suiv.

⁴ Suivant une tradition populaire, après 500 ans d'enfer, Trajan avait été tiré de l'abîme aux prières de saint Grégoire, attendri par les vertus de cet empereur païen.

⁵ Ézéchias.

⁶ Sans doute parce que Dieu avait prévu de toute éternité les prières et le repentir qui suspendraient pour Ézéchias l'arrêt de mort.

⁷ Constantin.

⁸ Guillaume II, dit le Bon, roi de Sicile, à la mort duquel le royaume fut en proie aux compétitions sanglantes de Charles d'Anjou et de Frédéric d'Aragon.

⁹ Le Troyen Riphée, ce juste de qui Virgile a dit :

Justissimus unus
Qui fuit in Teucris et servantissimus œqui.

¹⁰ Trajan et Riphée.

¹¹ Comme on le voit, Trajan n'est pas monté directement de l'enfer au Ciel aux prières de saint Grégoire, il a fallu au préalable qu'il revînt sur la terre adorer Jésus-Christ. Par cette addition à la légende populaire, le poëte libéral et catholique trouve un moyen subtil de l'accorder avec cette sentence prononcée par l'aigle au chant précédent, et fondamentale en matière d'orthodoxie : Hors de Jésus-Christ, ni avant lui ni après, point de salut. Et c'est là le poëte dont on a voulu faire un hérétique ! un Patarin ou un Cathare !

¹² La Foi, l'Espérance et la Charité que Dante a vues à la droite du char dans le Paradis terrestre (voy. *Purgatoire*, ch. XXIX).

ARGUMENT DU CHANT XXI

Du Ciel de Jupiter Dante monte au septième Ciel, au Ciel de Saturne, séjour des solitaires contemplatifs. Des flammes radieuses montent et descendent sur une échelle d'or gigantesque. Entretien de Dante avec le saint ermite Pierre Damien.

CANTO VENTESIMO PRIMO

Già eran gli occhi miei rifissi al volto
Della mia Donna, e l' animo con essi,
E da ogni altro intento s' era tolto:

Ed ella non ridea; ma: S' io ridessi,
Mi cominciò, tu ti faresti quale
Semelè fu, quando di cener fessi:

Chè la bellezza mia, che per le scale
Dell' eterno palazzo più s' accende,
Com' hai veduto, quanto più si sale,

Se non si temperasse, tanto splende,
Che 'l tuo mortal podere al suo fulgore
Parrebbe fronda, che tuono scoscende.

Noi sem levati al settimo splendore,
Che sotto il petto del Lione ardente
Raggia mo misto giù del suo valore.

Ficca dirietro agli occhi tuoi la mente,
E fa di quegli specchio alla figura,
Che 'n questo specchio ti sarà parvente.

Chi sapesse qual' era la pastura
Del viso mio nell' aspetto beato,
Quand' io mi trasmutai ad altra cura,

CHANT VINGT ET UNIÈME

Déjà devers le front de ma céleste Dame
Je reportais mes yeux, avec mes yeux mon âme,
Absorbé tout entier et comme ensorcelé.

Le souris avait fui de sa lèvre, et de dire :
« Si je ne retenais à présent mon sourire,
Cendre tu deviendrais, semblable à Sémélé [1].

Pour ce que ma beauté qui, le long de l'échelle
De l'éternel palais, d'autant plus étincelle
Que l'on monte plus haut, comme tu l'as bien vu,

Si je ne tempérais son éclat, serait telle
Que devant sa splendeur ta faiblesse mortelle
Semblerait un rameau par la foudre abattu.

Nous sommes parvenus à la septième sphère [2]
Qui, sous le signe ardent du Lion, vers la terre
Projette en ce moment un éclat plus vermeil.

Mets ton âme en tes yeux : de leur double fenêtre
Fais-toi comme un miroir pour ce qui va paraître
Dans cet astre, miroir lui-même du soleil ! »

Si l'on pouvait savoir quelle exquise pâture
Donnait à mes regards cette sainte figure,
Lorsque j'en détachai mes esprits enchantés,

Conoscerebbe quanto m' era a grato
Ubbidire alla mia celeste scorta,
Contrappesando l' un con l' altro lato.

Dentro al cristallo, che 'l vocabol porta,
Cerchiando 'l mondo, del suo caro duce,
Sotto cui giacque ogni malizia morta,

Di color d' oro, in che raggio traluce,
Vid' io uno scalèo eretto in suso,
Tanto, che nol seguiva la mia luce.

Vidi anche per li gradi scender giuso
Tanti splendor, ch' io pensai, ch' ogni lume,
Che par nel Ciel, quindi fosse diffuso.

E come per lo natural costume
Le pole insieme al cominciar del giorno
Si muovono a scaldar le fredde piume;

Poi altre vanno via senza ritorno,
Altre rivolgon sè onde son mosse,
E altre roteando fan soggiorno;

Tal modo parve a me, che quivi fosse
In quello sfavillar, che insieme venne,
Sì come in certo grado si percosse:

E quel, che presso più ci si ritenne,
Si fe' sì chiaro, ch' io dicea pensando,
Io veggio ben l' amor, che tu m' accenne.

Ma quella, ond' io aspetto il come, e 'l quando
Del dire e del tacer, si sta; ond' io
Contra 'l disio fo ben, s' io non dimando.

On comprendrait combien aussi j'étais avide
D'obéir à la voix de mon céleste guide,
Passant de joie en joie, heureux des deux côtés.

Dans l'astre transparent, roulant autour du globe
Sous le nom vénéré de ce monarque probe
Qui, dans son règne heureux, écrasa le péché [3],

Je vis, de couleur d'or, au soleil rayonnante,
Une échelle si haute et si resplendissante
Que le faîte à mes yeux en demeurait caché.

Et je vis, descendant les échelons de gloire,
Des millions de splendeurs, tant, que j'en vins à croire
Que tous les feux du Ciel s'étaient là répandus.

Et comme, par instinct, dès que le jour s'allume,
S'agitent les corbeaux pour réchauffer la plume
Sur leurs membres transis que le froid a mordus ;

Puis ceux-ci de partir pour toujours ; dans l'espace
Ceux-là de s'élancer, puis revenir ; sur place
Ceux-là de tournoyer volant en tourbillon :

Telle s'offrit à moi la bande étincelante,
Jaillissant en éclairs sur l'échelle brûlante,
Sitôt qu'elle touchait à certain échelon.

Près de nous un des feux du radieux cortège
Se posa plus brillant. Je reconnais, pensais-je,
L'amour, aux clairs rayons que je te vois darder.

Mais celle dont j'attends qu'un ordre me permette
De parler ou me taire est encore muette ;
Je crois donc faire bien de ne rien demander.

Per ch' ella, che vedeva il tacer mio
Nel veder di Colui che tutto vede,
Mi disse: Solv il tuo caldo disio.

Ed io incominciai: La mia mercede
Non mi fa degno della tua risposta,
Ma, per colei, che il chieder mi concede:

Vita beata, che ti stai nascosta
Dentro alla tua letizia, fammi nota
La cagion, che sì presso mi t' accosta:

E dì perchè si tace in questa ruota
La dolce sinfonia di Paradiso,
Che giù per l' altre suona sì devota.

Tu hai l' udir mortal sì come 'l viso,
Rispose a me: però qui non si canta
Per quel, che Beatrice non ha riso.

Giù per li gradi della scala santa
Discesi tanto sol per farti festa
Col dire e con la luce, che m' ammanta:

Nè più amor mi fece esser più presta:
Chè più e tanto amor quinci su ferve,
Sì come il fiammeggiar ti manifesta.

Ma l' alta carità, che ci fa serve
Pronte al consiglio, che il mondo governa,
Sorteggia qui, sì come tu osserve.

Io veggio ben, diss' io, sacra lucerna,
Come libero amore in questa Corte
Basta a seguir la providenza eterna.

Béatrix, qui voyait mon silence pénible
Dans les yeux de Celui pour qui tout est visible,
Me dit : « Que ton désir ait satisfaction ! »

Et moi je commençai : « Je n'ai rien qui me fasse
Digne d'un mot de toi ; mais au nom, par la grâce
De celle qui me pousse à cette question,

O Vie heureuse ! ô toi qui demeures voilée
Au sein de ton bonheur ! Splendeur immaculée !
Dis-moi ce qui t'a fait venir si près de nous ;

Et dis aussi pourquoi dans ta sphère bénie,
On n'entend plus du Ciel la tendre symphonie
Dont, plus bas, les accents retentissaient si doux ? »

— « Aussi bien que tes yeux ton ouïe est mortelle,
Et l'on ne chante plus ici, répondit-elle,
Pour ce qui fait qu'ici Béatrix ne rit plus.

De l'échelle sacrée abandonnant le faîte,
Si je descends si bas, c'est pour te faire fête
Par ma voix, par les feux où mon corps est reclus.

Je n'ai pas plus d'amour, moi qui viens la première :
Autant et plus d'amour bouillonne là derrière,
Comme ce flamboîment à tes yeux en fait foi.

La haute charité qui nous donne en servage
Au monarque du monde, en ces lieux nous partage
Assignant à chacun le rang où tu nous vois. »

— « Je comprends, repartis-je alors, ô lampe sainte !
Comment le libre amour dans la divine enceinte
Suffit pour obéir au monarque éternel.

Ma quest' è quel, ch' a cerner mi par forte;
Perchè predestinata fosti sola
A questo uficio tra le tue consorte.

Non venni prima all' ultima parola,
Che del suo mezzo fece il lume centro,
Girando sè come veloce mola.

Poi rispose l' amor che v' era dentro;
Luce divina sovra me s' appunta,
Penetrando per questa, ond' io m' inventro:

La cui virtù col mio veder congiunta
Mi leva sovra me tanto, ch' io veggio
La somma essenzia, della quale è munta.

Quinci vien l' allegrezza, ond' io fiammeggio,
Perchè alla vista mia, quant' ella è chiara,
La chiarità della fiamma pareggio.

Ma quell' alma nel Ciel che più si schiara,
Quel Serafin che 'n Dio più l' occhio ha fisso,
Alla dimanda tua non soddisfára:

Perocchè sì s' innoltra nell' abisso
Dell' eterno statuto quel che chiedi,
Che da ogni creata vista è scisso.

E al mondo mortal quando tu riedi,
Questo rapporta, sì che non presumma
A tanto segno più muover li piedi.

La mente, che qui luce, in terra fumma:
Onde riguarda come può laggiùe
Quel che non puote, perchè 'l Ciel l' assumma:

Mais ce qui me paraît difficile à comprendre,
C'est pourquoi tu fus seule appelée, âme tendre!
A ce poste, entre ceux qui partagent ton Ciel? »

Je n'eus pas prononcé la dernière parole
Que, sur place soudain tournoyant, l'auréole
Vola comme une roue autour de son essieu.

Puis l'amour répondit, enfermé dans l'étoile :
« Pénétrant le rayon lumineux qui me voile,
Sur moi darde d'aplomb la lumière de Dieu.

Sa vertu de mes yeux augmente la puissance,
Et m'exalte à ce point que j'en perçois l'essence
Et la source suprême au fond du Paradis.

De là mon allégresse et ma flamme splendide;
Car plus ma vision devient claire et lucide,
Et plus de claire flamme aussi je resplendis.

Mais le plus éclairé de la céleste sphère,
Le premier séraphin, inondé de lumière,
Son œil plongeant en Dieu, ne te répondrait pas.

Car dans ses profondeurs la Sagesse éternelle,
Ce que tu veux savoir, si fort avant le cèle,
Que tout être créé, pour y voir, est trop bas.

Et lorsque tu seras revenu sur la terre,
Rapportes-y cela pour qu'à si haut mystère
L'homme ne tende plus de son regard mortel.

Votre âme, flamme ici, sur la terre est fumée;
Comment donc pourrait-elle, en bas, cendre animée,
Ce qu'elle ne peut pas dans les hauteurs du Ciel? »

Sì mi prescrisser le parole sue,
Ch' io lasciai la quistione, e mi ritrassi
A dimandarla umilmente chi fue.

Tra duo liti d' Italia surgon sassi,
E non molto distanti alla tua patria,
Tanto che i tuoni assai suonan più bassi :

E fanno un gibbo, che si chiama Catria,
Disotto al quale è consecrato un ermo,
Che suol' esser disposto a sola látria.

Così ricominciommi 'l terzo sermo :
E poi continuando disse : Quivi
Al servigio di Dio mi fei sì fermo,

Che pur con cibi di liquor d' ulivi
Lievemente passava caldi e geli,
Contento ne' pensier contemplativi.

Render solea quel chiostro a questi Cieli
Fertilemente, ed ora è fatto vano,
Sì che tosto convien, che si riveli.

In quel loco fu' io Pier Damiano :
E Pietro peccator fu nella casa
Di Nostra Donna in sul lito Adriano.

Poca vita mortal m' era rimasa,
Quando fui chiesto, e tratto a quel cappello,
Che pur di male in peggio si travasa.

Venne Cephas, e venne il gran vasello
Dello Spirito Santo, magri e scalzi,
Prendendo 'l cibo di qualunque ostello :

CHANT XXI.

Ce que disait la voix était si péremptoire
Que, bornant humblement mon interrogatoire,
Du nom qu'elle portait je m'enquis seulement.

« Frère, entre les deux mers qui bordent l'Italie,
Il est d'âpres rochers, non loin de ta patrie,
Élevés au-dessus des colères du vent :

Ils forment une bosse énorme qu'on appelle
Catria, vaste croupe au-dessous de laquelle
Est un cloître fondé pour la prière et Dieu. »

Pour la troisième fois ainsi l'âme immortelle
Recommence à parler : « Or là, poursuivit-elle,
Au service divin je fus d'un si beau feu,

Que sans autre aliment que le suc de l'olive,
Et tout entier à mon ardeur contemplative,
Je traversais l'hiver, l'été, le cœur joyeux.

Jadis rendait au Ciel une moisson fertile
Ce lieu saint, aujourd'hui devenu si stérile
Que le voile bientôt devra tomber des yeux.

Je fus Pierre Damien, différent de ce Pierre
Appelé Peccator, qui fut au monastère
De Notre-Dame, au bord de la mer Adria.

Il ne me restait plus que peu de jours à vivre
Lorsque, pour ce chapeau que maintenant on livre
Aux plus indignes fronts, du cloître on me tira [4].

Vase d'élection, le grand Paul, et saint Pierre,
Maigres et les pieds nus, s'en allaient par la terre,
Sous n'importe quel toit mangeant au jour le jour.

Or voglion quinci e quindi chi rincalzi
Gli moderni pastori, e chi gli meni,
Tanto son gravi! e chi dirietro gli alzi.

Cuopron de' manti lor li palafreni,
Sì che duo bestie van sott' una pelle:
O pazienza, che tanto sostieni!

A questa voce vid' io più fiammelle
Di grado in grado scendere e girarsi,
Ed ogni giro le facea più belle.

Dintorno a questa vennero, e fermàrsi,
E fêro un grido di sì alto suono,
Che non potrebbe qui assomigliarsi:

Nè io lo 'ntesi, sì mi vinse il tuono.

Aujourd'hui le pasteur veut, quand il se promène,
Quelqu'un qui le soutienne et quelqu'un qui le mène,
Et par derrière encor quelqu'un, tant il est lourd.

Son long manteau couvrant sa haquenée, il semble
Que sous la même peau deux bêtes vont ensemble :
Patience divine, en as-tu supporté ! »

A ce mot-là, je vis mille petites flammes
Descendre en tournoyant de l'échelle des âmes,
Et sur chaque échelon grandissait leur beauté.

Et se rangeant autour de l'âme, leur semblable,
Elles firent entendre un cri si formidable,
Qu'on ne peut comparer rien au monde à ce cri :

Le sens m'en échappa, tant j'en fus ahuri.

NOTES DU CHANT XXI

[1] Lorsqu'elle demanda de voir Jupiter dans toute sa gloire.
[2] La sphère de Saturne.
[3] Sous le nom de Saturne qui régna dans l'âge d'or.
[4] Pour le chapeau de cardinal.

ARGUMENT DU CHANT XXII

Saint Benoît s'offre au poëte. Il désigne quelques-uns de ses compagnons de Ciel, voués, comme lui, sur la terre, à la vie contemplative, fondateurs d'ordres dont la règle est aujourd'hui lettre morte entre les mains de moines avides et dégénérés. Ascension à la huitième sphère, c'est-à-dire au Ciel des étoiles fixes, où le poëte et Béatrice pénètrent par la constellation des Gémeaux. Le poëte jette un coup d'œil sur le chemin parcouru.

CANTO VENTESIMO SECONDO

Oppresso di stupore alla mia guida
Mi volsi come parvol, che ricorre
Sempre colà, dove più si confida.

E quella come madre, che soccorre
Subito al figlio pallido ed anelo,
Con la sua voce, che 'l suol ben disporre,

Mi disse : Non sai tu, che tu se 'n Cielo,
E non sai tu, che 'l Cielo è tutto santo,
E ciò che ci si fa, vien da buon zelo?

Come t' avrebbe trasmutato il canto,
Ed io ridendo, mo pensar lo puoi,
Poscia che 'l grido t' ha mosso cotanto?

Nel qual se 'nteso avessi i prieghi suoi,
Già ti sarebbe nota la vendetta,
La qual vedrai innanzi che tu muoi.

La spada di quassù non taglia in fretta,
Nè tardo, ma che al parer di colui,
Che desiando, o temendo l' aspetta.

Ma rivolgiti omai inverso altrui :
Ch' assai illustri spiriti vedrai,
Se, com' io dico, la vista ridui.

CHANT VINGT-DEUXIÈME

Accablé de stupeur je détournai la tête
Du côté de mon Guide : ainsi, l'âme inquiète,
Dans le sein maternel l'enfant cherche un secours.

Béatrix, sur-le-champ, comme une mère tendre
A son fils haletant et pâle fait entendre
La bienfaisante voix qui le calme toujours,

Me dit : « Sommes-nous pas dans la céleste enceinte ?
Et ne sais-tu donc pas, dis, qu'elle est toute sainte
Et que ce qui s'y fait vient de bonne vertu ?

Quel bouleversement le chant des voix divines
Et mon souris t'auraient causé, tu le devines :
Juges-en à ce cri qui t'a si fort ému.

Mais le cri renfermait un vœu juste, et d'avance,
Si tu l'avais compris, tu saurais la vengeance
Que tu verras encore avant que de mourir.

Le glaive de là-haut frappe à l'heure précise.
Il ne met ni retard ni presse, quoi qu'on dise
Lorsqu'on attend ses coups avec crainte ou désir.

Tourne-toi maintenant : il te reste à connaître
Beaucoup d'esprits fameux que tu vas voir paraître
Si tu tournes les yeux du côté que je dis. »

Com' a lei piacque gli occhi dirizzai,
E vidi cento sperule, che 'nsieme
Più s' abbellivan con mutui rai.

Io stava come quei, che in sè riprerne
La punta del disio, e non s' attenta
Del dimandar, sì del troppo si teme:

E la maggiore, e la più luculenta
Di quelle margherite innanzi fessi,
Per far di sè la mia voglia contenta.

Poi dentro a lei udi': Se tu vedessi,
Com' io, la carità che tra noi arde,
Li tuoi concetti sarebbero espressi;

Ma perchè tu aspettando non tarde
All' alto fine, io ti farò risposta
Pure al pensier, di che sì ti riguarde.

Quel monte, a cui Cassino è nella costa,
Fu frequentato già in su la cima
Dalla gente ingannata, e mal disposta.

Ed io son quel, che su vi portai prima
Lo nome di Colui, che 'n terra addusse
La verità, che tanto ci sublima:

E tanta grazia sovra me rilusse,
Ch' io ritrassi le ville circostanti
Dall' empio colto, che 'l mondo sedusse.

Questi altri fuochi, tutti contemplanti,
Uomini furo, accesi di quel caldo,
Che fa nascere i fiori, e i frutti santi.

CHANT XXII.

Je braquai mes regards comme il plut à ma Dame,
Et je vis plus de cent petits globes de flamme,
De leurs rayons croisés l'un par l'autre embellis.

Je demeurai muet, comprimant en moi-même
L'aiguillon du désir, et dans un trouble extrême
Je ne demandais rien, craignant de trop oser ;

Quand soudain la plus grande et la plus lumineuse
De ces perles du Ciel, devant moi radieuse,
Pour exaucer mes vœux, accourut se poser :

Puis j'ouïs une voix : « Si tu pouvais connaître
L'ardente charité dont le feu nous pénètre,
Les désirs de ton cœur, tu les exprimerais.

Mais, pour qu'en hésitant, loin de ton but sublime
Tu ne t'attardes pas, à ta pensée intime
D'avance je m'en vais répondre tout exprès.

Au haut de la montagne au penchant de laquelle
S'élève Cassino, vivait une séquelle
De païens ignorants, méchants, licencieux.

Le premier je portai dans leur temple adultère
Le nom du Dieu qui fit descendre sur la terre
La sainte Vérité qui nous élève aux Cieux.

La Grâce luit en moi si vive et si profonde
Que de ce culte impie, où se perdait le monde,
Je parvins à tirer les cités d'alentour.

Tous ces feux ont été des solitaires, l'âme
A l'extase vouée, embrasés de la flamme
Qui fait naître les fleurs et les fruits saints au jour.

Qui è Maccario : qui è Romoaldo :
Qui son li frati miei, che dentro a' chiostri.
Fermâr li piedi, e tennero 'l cuor saldo.

Ed io a lui : L' affetto, che dimostri
Meco parlando, e la buona sembianza,
Ch' io veggio, e noto in tutti gli ardor vostri,

Così m' ha dilatata mia fidanza,
Come 'l Sol fa la rosa, quando aperta
Tanto divien, quant' ell' ha di possanza.

Però ti prego, e tu, padre, m' accerta,
S' io posso prender tanta grazia, ch' io
Ti veggia con immagine scoverta.

Ond' egli : Frate, il tuo alto disio
S' adempirà in su l' ultima spera,
Ove s' adempion tutti gli altri, e 'l mio.

Ivi è perfetta, matura ed intera
Ciascuna disianza : in quella sola
È ogni parte là dove sempr' era :

Perchè non è in luogo, e non s' impola :
E nostra scala infino ad essa varca':
Onde così dal viso ti s' invola.

Infin lassù la vide il Patriarca
Jacob isporger la superna parte,
Quando gli apparve d' Angeli sì carca.

Ma per salirla mo nessun diparte
Da terra i piedi : e la regola mia
Rimasa è giù per danno delle carte.

Là se tient Romuald ; à côté c'est Macaire ;
Là mes frères de cloître et dont le sanctuaire
N'a pas gardé les pieds seulement, mais les cœurs. »

Et moi je répondis : « La tendre complaisance
Que ton parler témoigne, et cette bienveillance
Que je vois et remarque en toutes vos splendeurs,

A dilaté mon âme, à présent rassurée,
Comme fait le Soleil de la rose pourprée,
Quand dans tout son éclat son calice est ouvert.

C'est pourquoi, je t'en prie, ô père ! à ma demande
Si tu peux accorder une grâce aussi grande,
Que je te voie un peu visage découvert ! »

L'esprit me répondit : « Ton vif désir, mon frère,
S'exaucera là-haut dans la dernière sphère
Où seront exaucés tous autres et le mien.

Chaque espérance là s'achève satisfaite.
En cette sphère seule immuable et parfaite
Tout demeure en sa place et ne s'y change rien,

Car elle, elle n'est pas dans un lieu, sur des pôles.
Là monte notre échelle, ô frère, où tu t'épaules ;
Pour ce dans les hauteurs elle échappe à tes yeux.

Jusque là-haut la vit Jacob, le patriarche,
Porter son faîte altier à sa dernière marche,
Lorsque d'anges chargée il la vit dans les Cieux.

Mais, pour l'escalader, plus personne à la terre
Ne s'arrache à présent ; là-bas ma règle austère
Ne pèse qu'au papier qu'elle noircit en vain.

Le mura, che soleano esser badia,
Fatte sono spelonche, e le cocolle
Sacca son piene di farina ria.

Ma grave usura tanto non si tolle
Contra 'l piacer di Dio quanto quel frutto,
Che fa il cuor de' monaci sì folle.

Chè quantunque la Chiesa guarda, tutto
È della gente, che per Dio dimanda,
Non di parente, nè d' altro più brutto.

La carne de' mortali è tanto blanda,
Che giù non basta buon cominciamento,
Dal nascer della quercia al far la ghianda.

Pier cominciò senz' oro e senza argento,
Ed io con orazione e con digiuno,
E Francesco umilmente il suo convento.

E se guardi al principio di ciascuno,
Poscia riguardi là, dov' è trascorso,
Tu vederai del bianco fatto bruno.

Veramente Giordan vôlto retrorso
Più fu, e il mar fuggir, quando Dio volse,
Mirabile a veder, che qui il soccorso.

Così mi disse: ed indi si ricolse
Al suo collegio, e 'l collegio si strinse:
Poi come turbo in su tutto s' accolse.

La dolce Donna dietro a lor mi pinse
Con un sol cenno su per quella scala,
Sì sua virtù la mia natura vinse:

Les murs qui recouvraient les cloîtres solitaires
Ne sont plus aujourd'hui que d'horribles repaires,
Et les frocs, des sacs pleins de cendre au lieu de grain.

L'usure, péché grave, est beaucoup moins coupable
Contre les lois de Dieu que ce lucre damnable
Qui perd le cœur du moine affolé pour de l'or.

Car tout ce que l'Église épargne est une offrande
Due à la pauvre gent, et qui pour Dieu demande,
Non un bien de famille ou d'emploi pire encor.

La chair mortelle, au mal, sur la terre est si tendre,
Que du meilleur début on n'y peut rien attendre.
Le chêne n'y tient pas jusqu'au gland bien souvent.

Sans or et sans argent avait commencé Pierre,
Et moi, c'était avec le jeûne et la prière,
Et François était humble en fondant son couvent.

Vois ce que notre règle était à l'origine
Et ce que l'on a fait de cette discipline,
Et tu pourras juger si le blanc a noirci.

De vrai, quand le Jourdain, rebroussant en arrière,
Fuit la mer à la voix du maître du tonnerre,
Le miracle fut grand plus qu'un secours ici [1] ! »

Ainsi dit l'âme, et puis vers la troupe sacrée
S'en retourne ; et la troupe alors s'étant serrée
Prend son vol tout entière ainsi qu'un tourbillon.

Il ne fallut qu'un signe à ma Dame immortelle
Pour me faire monter aussi sur cette échelle ;
Je me faisais esprit sous son saint aiguillon.

Nè mai quaggiù, dove si monta e cala,
Naturalmente fu sì ratto moto,
Ch' agguagliar si potesse alla mia ala.

S' io torni mai, lettore, a quel devoto
Trionfo, per lo quale io piango spesso
Le mie peccata, e 'l petto mi percuoto,

Tu non avresti in tanto tratto e messo
Nel fuoco il dito, in quanto io vidi 'l segno
Che segue 'l Tauro, e fui dentro da esso.

O gloriose stelle, o lume pregno
Di gran virtù, dal quale io riconosco
Tutto (qual che si sia) il mio ingegno,

Con voi nasceva, e s' ascondeva vosco
Quegli, ch' è padre d' ogni mortal vita,
Quand' io sentii da prima l' aer Tosco:

E poi, quando mi fu grazia largita
D' entrar nell' alta ruota, che vi gira,
La vostra region mi fu sortita.

A voi divotamente ora sospira
L' anima mia, per acquistar virtute
Al passo forte, che a sè la tira.

Tu se' sì presso all' ultima salute,
Cominciò Beatrice, che tu dei
Aver le luci tue chiare e acute.

E però, prima che tu più t' inlei,
Rimira in giuso, e vedi quanto mondo
Sotto li piedi già esser ti fei:

Et jamais ici-bas, qu'on descende ou qu'on monte,
On ne vit, sans miracle, une course si prompte
Qu'elle pût s'égaler à mon essor divin.

Que plus je ne remonte, ô lecteur ! à l'ivresse
De ce pieux triomphe, et pour lequel sans cesse
Je pleure mes péchés en me frappant le sein,

S'il n'est vrai qu'en le temps de mettre et de soustraire
Le doigt au feu, je vis le signe planétaire
Que le Taureau précède, et soudain fûs dedans [2] !

O constellation glorieuse ! ô lumière
Qu'imprègne une vertu puissante, à qui sur terre
Je dois tous mes talents, humbles ou transcendants !

Vous serviez de cortége en sa course féconde
Au père de la vie, au grand flambeau du monde,
Quand la première fois j'aspirai l'air toscan.

Et puis, lorsque j'entrai, par une sainte grâce,
Dans cet orbe élevé qui vous porte en l'espace,
En votre région m'entraîna mon élan.

Vers vous dévotement ores mon cœur soupire,
Pour qu'au passage ardu qui devers lui m'attire,
J'obtienne encor de vous suffisante vertu.

« Te voilà désormais bien près, dit Béatrice,
Du suprême salut, de ton dernier délice ;
Ton œil est sûrement plus clair et plus aigu.

Avant de t'immerger dans les divines ondes,
Regarde donc en bas, et vois combien de mondes
Je t'ai fait, sous tes pieds, laisser dès à présent ;

Sì che 'l tuo cuor, quantunque può, giocondo,
S' appresenti alla turba trionfante,
Che lieta vien per questo etera tondo.

Col viso ritornai per tutte quante
Le sette spere, e vidi questo globo
Tal, ch' io sorrisi del suo vil sembiante:

E quel consiglio per migliore appròbo,
Che l' ha per meno: e chi ad altro pensa,
Chiamar si puote veramente probo.

Vidi la figlia di Latona incensa
Senza quell' ombra, che mi fu cagione,
Perchè già la credetti rara e densa.

L' aspetto del tuo nato, Iperione,
Quivi sostenni, e vidi com' si muove
Circa, e vicino a lui Maia e Dione.

Quindi m' apparve il temperar di Giove
Tra 'l padre e 'l figlio: e quindi mi fu chiaro
Il variar, che fanno di lor dove:

E tutti e sette mi si dimostraro
Quanto son grandi, e quanto son veloci,
E come sono in distante riparo.

L' aiuola, che ci fa tanto feroci,
Volgendom' io con gli eterni Gemelli,
Tutta m' apparve da' colli alle foci:

Poscia rivolsi gli occhi agli occhi belli.

CHANT XXII.

Afin que ton cœur s'ouvre avec pleine allégresse
Au peuple triomphal qui devers toi s'empresse
Et s'avance joyeux dans ce globe luisant ! »

De sphère en sphère alors, de la hauteur sublime
Mon regard descendit : je vis ce monde infime ;
A son chétif aspect je souris de pitié.

Juge bien celui qui le juge peu de chose ;
Et celui dont plus haut l'espérance repose,
On peut le proclamer, n'est point sage à moitié.

Je vis briller d'en haut la fille de Latone,
Mais elle n'avait plus l'ombre qui nous étonne
Et que pour un côté plus dense j'avais pris.

Là, du soleil, ton fils, je soutins la lumière,
Hypérion ! Je vis fournissant leur carrière
Autour et près de lui Mercure avec Cypris [3].

Entre Saturne et Mars, Jupiter qui tempère
Les ardeurs de son fils, les glaces de son père,
Et les variations que suit leur mouvement.

Les sept orbes du Ciel s'offraient tous à ma vue.
J'en mesurais l'essor ainsi que l'étendue,
Et je voyais leur place et leur éloignement.

Les Gémeaux m'entraînant dans leur cours, tout entière
Des montagnes aux mers je vis enfin la terre,
Cet humble nid dont l'homme est si fort orgueilleux :

Et puis je relevai vers les beaux yeux mes yeux.

NOTES DU CHANT XXII

[1] Ce secours que Dieu n'a pas refusé aux Hébreux, on peut donc encore l'attendre ici, pour relever l'Église. Mais il faut un miracle.

[2] La constellation des Gémeaux, sous laquelle le poëte dit qu'il est né.

[3] Le texte dit Maïa et Dioné, désignant Mercure et Vénus par le nom de leurs mères.

ARGUMENT DU CHANT XXIII

Apparition de Jésus-Christ triomphant, accompagné de la bienheureuse Vierge Marie, suivie elle-même d'une foule de bienheureux. Après quelques instants, le resplendissant cortége qui est venu au-devant de Dante et de Béatrice remonte vers l'Empyrée.

CANTO VENTESIMO TERZO

Come l' augello intra l' amate fronde,
Posato al nido de' suoi dolci nati,
La notte, che le cose ci nasconde,

Che per veder gli aspetti desiati,
E per trovar lo cibo onde gli pasca,
In che i gravi labor gli sono aggrati,

Previene 'l tempo in su l' aperta frasca,
E con ardente affetto il Sole aspetta,
Fiso guardando pur che l' alba nasca;

Così la donna mia si stava eretta,
Ed attenta, rivolta inver la plaga,
Sotto la quale il Sol mostra men fretta;

Sì che, veggendola io sospesa e vaga,
Fecimi quale è quei, che disiando
Altro vorria, e sperando s' appaga.

Ma poco fu tra uno ed altro quando,
Del mio attender, dico, e del vedere
Lo Ciel venir più e più rischiarando.

E Beatrice disse : Ecco le schiere
Del trionfo di Cristo, e tutto 'l frutto
Ricolto del girar di queste spere.

CHANT VINGT-TROISIÈME

Quand la nuit de son voile obscurcit toute chose,
L'oiseau qui sur le nid de ses petits repose
Dans le feuillage aimé qui porte leur berceau,

Impatient de voir la chère géniture
Et de trouver pour elle et lui donner pâture
(Durs labeurs dont le prix lui rend doux le fardeau !),

Devance le moment sur la plus haute branche,
Et, l'œil fixe, épiant dans le ciel l'aube blanche,
Du jour avidement il attend le réveil.

Ainsi, debout, ma Dame, avec inquiétude,
Tenait ses yeux fixés vers cette latitude
Sous laquelle paraît s'attarder le soleil [1].

Moi, la voyant ainsi pensive, impatiente,
A mon tour je devins comme un homme en attente,
Qu'agite le désir mais qu'apaise l'espoir.

Or il ne s'écoula que bien peu de distance
De l'espérance au terme heureux de l'espérance.
Du ciel de plus en plus s'éclaira le miroir ;

Et Béatrix me dit : « Les voici, les phalanges
Du Christ vainqueur ! voici toute la moisson d'anges
Qu'ont ces orbes divins recueillie en leur cours ! »

Pareami, che 'l suo viso ardesse tutto :
E gli occhi avea di letizia sì pieni,
Che passar mi convien senza costrutto.

Quale ne' plenilunii sereni
Trivia ride tra le Ninfe eterne,
Che dipingono 'l Ciel per tutti i seni,

Vid' io sopro migliaia di lucerne,
Un Sol, che tutte quante l' accendea,
Come fa 'l nostro le viste superne :

E per la viva luce trasparea
La lucente sustanzia tanto chiara
Nel viso mio, che non la sostenea.

O Beatrice, dolce guida e cara !
Ella mi disse : Quel che ti sobranza,
È virtù, da cui nulla si ripara.

Quivi è la Sapienza, e la Possanza,
Ch' aprì le strade tra 'l Cielo e la Terra,
Onde fu già sì lunga disianza.

Come fuoco di nube si disserra
Per dilatarsi, sì che non vi cape,
E fuor di sua natura in giù s' atterra;

Così la mente mia, tra quelle dape
Fatta più grande, di sè stessa uscio,
E che si fesse rimembrar non sape.

Apri gli occhi, e riguarda qual son io :
Tu hai vedute cose, che possente
Se' fatto a sostener lo riso mio.

Son visage semblait n'être plus qu'une flamme,
Et ses yeux rayonnaient de la liesse de l'âme,
Tant, que pour les dépeindre il n'est point de discours.

Telle, en la pleine lune, et quand les nuits sont belles,
Diane sourit parmi les nymphes éternelles
Qui du ciel éclairé diaprent les profondeurs [2] :

Sur des milliers de feux dans les célestes routes,
Tel je vis un Soleil qui les allumait toutes
Comme le nôtre fait des stellaires splendeurs ;

Cependant qu'au travers de la vive lumière
Si claire apparaissait la substance première,
Que mon regard mortel ne la put supporter.

« O Béatrix ! criai-je, ô ma douce immortelle !... »
— « Cette lumière qui t'écrase, me dit-elle,
C'est une force à qui rien ne peut résister.

C'est ici la Sagesse et la Toute-Puissance,
Qui, comblant à la fin une longue espérance,
A de la Terre au Ciel aplani le chemin [3]. »

Ainsi, ne pouvant plus tenir dans le nuage,
Le feu, se dilatant, le crève et s'en dégage,
Et, créé pour monter, il s'atterre soudain :

Ainsi, s'élargissant à ce délice extrême,
Mon esprit dilaté sortit hors de lui-même,
Et de ce qu'il devint je n'ai plus souvenir.

« Ouvre les yeux et me regarde, dit mon guide :
Tes yeux se sont trempés à ce tableau splendide ;
Mon sourire, à présent, tu peux le soutenir. »

Io era come quei che si risente
Di visione obblita, e che s' ingegna
Indarno di riducerlasi a mente,

Quando io udii questa profferta, degna
Di tanto grado, che mai non si stingue
Del libro, che 'l preterito rassegna.

Se mo sonasser tutte quelle lingue,
Che Polinnia con le suore fero
Del latte lor dolcissimo più pingue,

Per aiutarmi, al millesmo del vero
Non si verria cantando 'l santo riso,
E quanto 'l santo aspetto facea mero.

E così, figurando 'l Paradiso,
Convien saltar lo sagrato poema,
Come chi truova suo cammin reciso.

Ma chi pensasse il ponderoso tema,
E l' omero mortal che se ne carca,
Nol biasmerebbe, se sott' esso trema.

Non è poleggio da picciola barca
Quel che fendendo va l' ardita prora,
Nè da nocchier, ch' a sè medesmo parca.

Perchè la faccia mia sì t' innamora,
Che tu non ti rivolgi al bel giardino,
Che sotto i raggi di Cristo s' infiora?

Quivi è la rosa, in che 'l Verbo Divino
Carne si fece : quivi son li gigli,
Al cui odor s' aperse 'l buon cammino.

J'étais comme un rêveur qui garde encor la trace
De quelque vision que le réveil efface,
Sans pouvoir ressaisir le beau songe éclipsé,

Lorsque j'ouïs cette offre adorable et bien digne
Que ma reconnaissance à jamais la consigne
Dans le livre du cœur où s'écrit le passé.

Quand toutes à la fois les voix que Polymnie
Nourrit avec ses sœurs de plus douce harmonie
Viendraient s'adjoindre à moi, leur secours serait vain ;

Je n'arriverais pas à chanter le millième
De ce divin sourire, et la splendeur suprême
Que donnait le sourire au visage divin.

Voilà pourquoi, peignant le Paradis, ma lyre
Doit sauter par dessus ce qu'on ne peut décrire,
Comme un homme en chemin qui rencontre un fossé.

Mais si l'on réfléchit quel poids et quelle peine
Qu'un tel sujet chargé sur une épaule humaine,
Nul ne s'étonnera que j'en sois oppressé.

Ce n'est pas un chemin dont un esquif se joue
Celui que va fendant si hardiment ma proue,
Ni celui d'un nocher qui s'épargne au labeur.

« Pourquoi t'enamourant à regarder ma face
Ne contemples-tu pas le jardin de la Grâce,
Qui fleurit aux rayons fécondants du Sauveur ?

Ici s'ouvre la Rose en qui de Dieu le Verbe
Se fit chair : ici sont tous réunis en gerbe
Les lys dont le parfum montre le bon chemin [4]. »

Così Beatrice : ed io, ch' a' suoi consigli
Tutto era pronto, ancora mi rendei
Alla battaglia de' debili cigli.

Come a raggio di Sol, che puro mei
Per fratta nube, già prato di fiori
Vider coperti d' ombra, gli occhi miei,

Vid' io così più turbe di splendori
Fulgurati di su di raggi ardenti,
Senza veder principio di fulgori.

O benigna virtù, che sì gl' imprenti,
Su t' esaltasti per largirmi loco
Agli occhi lì, che non eran possenti.

Il nome del bel fior, ch' io sempre invoco
E mane e sera, tutto mi ristrinse
L' animo ad avvisar lo maggior foco.

E, com' ambo le luci mi dipinse
Il quale e 'l quanto della viva stella,
Che lassù vince, come quaggiù vinse,

Parentro 'l Cielo scese una facella,
Formata in cerchio a guisa di corona,
E cinsella, e girossi intorno ad ella.

Qualunque melodia più dolce suona
Quaggiù, e più a sè l' anima tira,
Parrebbe nube, che squarciata tuona,

Comparata al sonar di quella lira,
Onde si coronava il bel zaffiro,
Del quale il Ciel più chiaro s' inzaffira.

CHANT XXIII.

Ainsi dit Béatrix. Moi, toujours prompt à suivre
Ses inspirations, encore un coup je livre
Mon débile regard à cet assaut divin.

Comme aux rays du soleil qui d'un nuage sombre
Déchire l'épaisseur, souvent, les yeux dans l'ombre,
On voit resplendissant un pré couvert de fleurs,

J'aperçus des milliers de splendeurs surprenantes
Sur qui tombaient d'en haut des clartés fulgurantes,
Mais sans voir le foyer, source de ces splendeurs.

O bénigne Vertu dont elles sont l'empreinte,
Tu t'élevais dans les profondeurs hors d'atteinte,
Pour laisser le champ libre à mes trop faibles yeux[5] !

En entendant nommer la Rose que je prie
Le matin et le soir, je n'eus plus qu'une envie
Et cherchai du regard le plus grand de ces feux.

Et quand de mes deux yeux, dans son éclat sans voile,
Dans sa grandeur, je vis cette Vivante étoile,
Reine au Ciel aussi bien qu'au terrestre séjour,

Une flamme au milieu de ce Ciel qui rayonne
Descendit, arrondie en forme de couronne,
Et vint ceindre l'étoile et tourner à l'entour [6].

Prenez l'air le plus doux que sur terre on entende,
Le plus délicieux auquel le cœur se rende,
Il bruira comme un coup de foudre étourdissant

A côté de la voix de cette lyre unique,
De ce feu couronnant le saphir magnifique
Dont s'azure le Ciel le plus resplendissant.

Io sono amore angelico, che giro
L' alta letizia, che spira del ventre,
Che fu albergo del nostro disiro:

E girerommi, Donna del Ciel, mentre
Che seguirai tuo Figlio, e farai dia
Più la spera suprema, perchè lì entre.

Così la circulata melodia
Si sigillava, e tutti gli altri lumi
Facean sonar lo nome di MARIA.

Lo real manto di tutti i volumi
Del mondo, che più ferve, e più s' avviva
Nell' alito di Dio e ne' costumi,

Avea sovra di noi l' interna riva
Tanto distante, che la sua parvenza,
Là dov' io era, ancor non m' appariva:

Però non ebber gli occhi miei potenza
Di seguitar la coronata fiamma,
Che si levò appresso sua semenza.

E come fantolin, che 'nver la mamma
Tende le braccia, poi che 'l latte prese,
Per l' animo, che 'n fin di fuor s' infiamma,

Ciascun di quei candori in su si stese
Con la sua cima, sì che l' alto affetto,
Che egli aveano a Maria, mi fu palese.

Indi rimaser lì nel mio cospetto,
Regina Cœli cantando sì dolce,
Che mai da me non si partì 'l diletto.

« Je suis, moi, l'angélique amour, et je tournoie
D'allégresse à l'entour de ce sein plein de joie,
Que choisit pour séjour notre désiré roi.

Toujours, Dame du Ciel, je volerai de même,
Pendant que tu suivras ton Fils au Ciel suprême [7]
Qui sera plus divin en s'ouvrant devant toi. »

Voilà ce qu'exprimait en notes singulières
La couronne chantante, et les autres lumières
Du doux nom de MARIE emplissaient tout le Ciel.

L'orbe premier, manteau royal de tous les mondes [8],
Le plus fervent de tous, qui reçoit plus fécondes
La vie et la chaleur près du souffle éternel,

A si grande distance au-dessus de nos têtes
Enfonçait dans les Cieux ses profondeurs secrètes
Que je ne pouvais pas le distinguer encor.

Ma force visuelle était donc trop bornée
Pour suivre dans son vol la flamme couronnée
Qui vers son fils chéri soudain prit son essor.

Et comme on voit l'enfant vers la mamelle aimée,
Exprimant au dehors son ardeur enflammée,
Tendre les bras après qu'il a sucé le lait :

Telle chaque splendeur s'allongeant par sa cime
Se tendit vers Marie : ainsi l'amour sublime
Qu'elles avaient pour elle à moi se révélait.

Je les vis quelque temps encor, faisant entendre
Le cantique : *Regina Cœli*, d'un ton si tendre
Que mon âme toujours en garde la douceur.

CANTO XXIII.

Oh quanta è l' ubertà, che si soffolce
In quell' arche ricchissime, che fóro
A seminar quaggiù buone bobolce!

Quivi si vive, e gode del tesoro,
Che s' acquistò piangendo nell' esilio
Di Babilonia, ove si lasciò l' oro.

Quivi trionfa sotto l' alto Filio
Di Dio e di Maria, di sua vittoria,
E con l' antico e col nuovo concilio

Colui, che tien le chiavi di tal gloria.

Oh! quels biens abondants! oh! quels trésors intimes
Remplissent jusqu'aux bords ces arches richissimes,
Bons semeurs ici-bas, semant pour le Seigneur!

Là-haut on vit heureux, on jouit sans alarmes
Des trésors qu'on s'acquit dans l'exil et les larmes,
Si de l'or sur la terre on s'est soucié peu.

Là triomphe, chantant la céleste victoire
Avec les saints nouveaux et le vieux consistoire,
Et sous le fils divin de Marie et de Dieu,

Celui qui dans ses mains tient les clés du saint lieu [9].

NOTES DU CHANT XXIII

[1] Le Midi.
[2] La lune au milieu des étoiles.
[3] C'est ici Jésus-Christ lui-même que tu vois.
[4] La Rose, c'est la Vierge, et les lys, dont le parfum montre le bon chemin, sont les saints.
[5] Jésus-Christ, apparu un instant, remonte dans les profondeurs du Ciel.
[6] Cette flamme qui vient faire une couronne à la Rose, à Marie, c'est, disent les commentateurs, l'ange Gabriel.
[7] L'Empyrée.
[8] Le premier Mobile ou neuvième Ciel, qui, au-dessous de l'Empyrée immobile, enveloppe tous les autres Cieux.
[9] Saint Pierre, au milieu de l'assemblée des saints de la loi nouvelle, et des patriarches de l'ancienne loi tirés des Limbes par Jésus-Christ.

ARGUMENT DU CHANT XXIV

Béatrice, après avoir invoqué en faveur du poëte, son ami, tout le collége apostolique, prie saint Pierre de l'examiner sur la Foi. Le grand apôtre propose à Dante diverses questions. Dante répond à toutes. Le saint est satisfait et le bénit.

CANTO VENTESIMO QUARTO

O Sodalizio eletto alla gran cena
Del benedetto Agnello, il qual vi ciba
Sì, che la vostra voglia è sempre piena :

Se per grazia di Dio questi preliba
Di quel che cade della vostra mensa,
Anzi che morte tempo gli prescriba,

Ponete mente alla sua voglia immensa,
E roratelo alquanto : voi bevete
Sempre del fonte, onde vien quel ch' ei pensa.

Così Beatrice : e quelle anime liete
Si fero spere sopra fissi poli,
Fiammando forte, a guisa di comete.

E, come cerchi in tempra d' oriuoli
Si giran sì, che 'l primo, a chi pon mente,
Quieto pare, e l' ultimo che voli,

Così quelle carole differentemente danzando, della sua ricchezza
Mi si facean stimar veloci e lente.

Di quella, ch' io notai di più bellezza,
Vid' io uscire un fuoco sì felice,
Che nullo vi lasciò di più chiarezza :

CHANT VINGT-QUATRIÈME

« O convives élus tous à la grande Cène
De l'Agneau du Seigneur qui sans cesse à main pleine
Vous nourrit et qui rend tous vos désirs contents !

Puisque cet homme peut, par grâce délectable,
Goûter d'avance aux mets tombés de votre table,
Avant que son trépas en ait marqué le temps,

Daignez venir en aide à son désir immense !
A la source d'où vient le bien auquel il pense,
Vous qui buvez, daignez le rafraîchir un peu ! »

Ainsi dit Béatrice : alors chaque âme en fête,
Rayonnant vivement ainsi qu'une comète,
Tournoie autour de nous comme autour d'un essieu.

Et tel dans une horloge on voit chaque rouage
Virer, l'un moins rapide et l'autre davantage,
L'un à peine semblant marcher, l'autre volant ;

Ainsi ces chœurs tournant avec lenteur ou presse ;
Et je pouvais au Ciel mesurer leur richesse,
Chacun allant à part ou plus vite ou plus lent.

Du plus beau de ces chœurs qui devant nous tournoie,
Je vis sortir un feu si radieux de joie
Que son éclat laissait tous autres après lui ;

E tre fiate, intorno di Beatrice
Si volse con un canto tanto divo,
Che la mia fantasia nol mi ridice :

Però salta la penna, e non lo scrivo :
Che l' immaginar nostro a cotai pieghe,
Non che 'l parlare, è troppo color vivo.

O santa suora mia, che sì ne preghe,
Devota, per lo tuo ardente affetto,
Da quella bella spera mi disleghe :

Poscia, fermato il fuoco benedetto,
Alla mia donna dirizzò lo spiro,
Che favellò così com' io ho detto.

Ed ella : O luce eterna del gran viro,
A cui Nostro Signor lasciò le chiavi,
Ch' ei portò giù di questo gaudio miro,

Tenta costui de' punti lievi e gravi,
Come ti piace, intorno della Fede,
Per la qual tu su per lo mare andavi.

S' egli ama bene, e bene spera, e crede,
Non t' è occulto, perchè 'l viso hai quivi,
Ov' ogni cosa dipinta si vede.

Ma, perchè questo regno ha fatto civi,
Per la verace fede a gloriarla,
Di lei parlare è buon ch' a lui arrivi.

Sì come il baccellier s' arma, e non parla,
Fin che 'l Maestro la quistion propone,
Per approvarla, non per terminarla,

Et de voler trois fois autour de Béatrice
Avec un chant divin qu'hélas, à mon caprice,
Je n'ai plus le pouvoir d'évoquer aujourd'hui.

C'est pourquoi je passe outre et n'en dis davantage.
Pour ces replis du Ciel il n'est, dans le langage
Ni le penser humain, d'assez douces couleurs.

« O notre sainte sœur dont la voix nous conjure
Avec tant de ferveur ! grâce à ton ardeur pure,
Tu le vois, je m'arrache à ces belles splendeurs ! »

A ces mots s'arrêtant, la bienheureuse flamme
Qui venait de parler ainsi, devers ma dame
Dirigea sur-le-champ son souffle fraternel.

Elle alors : « O divine immortelle lumière
De ce grand homme à qui Notre-Seigneur sur terre
Voulut léguer les clés du bonheur éternel [1] !

Sur point grave ou léger, selon qu'il te convienne,
Éprouve ce mortel touchant la Foi chrétienne
Qui t'a fait sur la mer cheminer tout debout.

S'il possède la Foi, l'Amour et l'Espérance,
Sans doute tu le sais, puisque ta clairvoyance
Plonge dans le miroir où se réfléchit tout ;

Mais puisque la Foi Vraie à la sphère immortelle
Donne des citoyens, pour la gloire d'icelle
Il est bon de venir parler d'elle avec lui. »

Comme le bachelier qui prépare son thème
En silence, attendant l'énoncé du problème,
Pour l'accepter ainsi qu'il sera défini ;

Così m' armava io d' ogni ragione,
Mentre ch' ella dicea, per esser presto
A tal querente, e a tal professione.

Di', buon Cristiano : fatti manifesto :
Fede che è? Ond' io levai la fronte
In quella luce, onde spirava questo.

Poi mi volsi a Beatrice, e quella pronte
Sembianze femmi, perchè io spandessi
L' acqua di fuor del mio interno fonte.

La grazia che mi dà, ch' io mi confessi,
Comincia' io dall' alto primipilo,
Faccia li miei concetti essere espressi :

E seguitai : Come 'l verace stilo
Ne scrisse, padre, del tuo caro frate,
Che mise Roma teco nel buon filo,

Fede è sustanzia di cose sperate,
Ed argomento delle non parventi :
E questa pare a me sua quiditate.

Allora udii : Direttamente senti,
Se bene intendi, perchè la ripose
Tra le sustanze, e poi tra gli argomenti.

Ed io appresso : Le profonde cose,
Che mi largiscon qui la lor parvenza,
Agli occhi di laggiù son sì nascose,

Che l' esser loro v' è in sola credenza,
Sovra la qual si fonda l' alta spene :
E però di sustanzia prende intenza :

Tel pendant ce discours, je m'armais en silence
De tous mes arguments et m'apprêtais d'avance
Pour un tel examen fait par un tel docteur.

— « Réponds-moi, bon chrétien ! ouvre-toi sans ambage !
La Foi, qu'est-ce ? » A ces mots je levai le visage
Vers le feu d'où parlait mon interrogateur.

Et puis je me tournai devers ma Béatrice.
D'un signe sur-le-champ ma tendre conductrice
M'encourage à m'ouvrir en toute liberté.

« Puisque le Ciel permet que par grâce exemplaire
Je me confesse, dis-je, au grand *Primipilaire* [2],
Qu'il prête à mes pensers la force et la clarté ! »

Et poursuivant : « Ainsi qu'il est écrit, mon Père,
Dans les pures leçons de ton bien-aimé frère
Qui sur le bon chemin a mis Rome avec toi,

La Foi, c'est de l'espoir la substance sensible,
L'argument tout-puissant démontrant l'invisible [3] :
Et c'est bien là, je crois, l'essence de la Foi. »

L'esprit me répondit : « Ton jugement est sage
Si tu comprends pourquoi la Foi, dans ce langage,
Prend le nom de substance, ensuite d'argument. »

Et moi je répliquai : «Les sublimes mystères
Révélés devant moi dans ces divines sphères,
Sur terre, sont aux yeux cachés profondément ;

Leur existence là ne gît qu'en la Croyance,
Solide fondement de sublime espérance :
C'est en cela qu'elle est substance et prend ce nom.

E da questa credenza ci conviene
Sillogizzar senza avere altra vista:
Però intenza d'argomento tiene.

Allora udii: Se quantunque s'acquista
Giù per dottrina fosse così 'nteso,
Non v'avria luogo ingegno di sofista:

Così spirò da quell'amore acceso:
Indi soggiunse: Assai bene è trascorsa
D'esta moneta già la lega e 'l peso:

Ma dimmi se tu l'hai nella tua borsa.
Ed io: Sì, l'ho sì lucida, e sì tonda,
Che nel suo conio nulla mi s'inforsa.

Appresso uscì della luce profonda,
Che lì splendeva: Questa cara gioia,
Sovra la quale ogni virtù si fonda,

Onde ti vene? ed io: La larga ploia
Dello Spirito Santo, ch'è diffusa
In su le vecchie e 'n su le nuove cuoia,

È sillogismo, che la mi ha conchiusa
Acutamente, sì che 'n verso d'ella
Ogni dimostrazion mi pare ottusa.

Io udii poi: L'antica e la novella
Proposizione che sì ti conchiude,
Perchè l'hai tu per divina favella?

Ed io: La prova, che 'l ver mi dischiude,
Son l'opere seguite, a che natura
Non scaldò ferro mai, nè battè ancude.

Et comme sans donnée autre que la Foi même,
D'après elle on raisonne et résout tout problème,
Elle vaut argument et démonstration. »

— « Si tout ce que sur terre enseigne la science
Était compris avec autant d'intelligence,
Le sophistique esprit y mourrait sans emploi. »

Ainsi répond l'esprit sous le feu qui rayonne,
Ensuite il ajouta : « Ta monnaie est fort bonne ;
Et le poids et le titre en sont de bon aloi.

Mais l'as-tu dans ta bourse ? en ton âme profonde ? »
Et moi : « Certes je l'ai, si polie et si ronde
Que je ne puis douter de la bonté du coin. »

Ce mot sortit alors du fond de la lumière
Qui resplendissait là : « Cette divine pierre
Sur qui toute vertu s'appuie ou près ou loin,

D'où te vient-elle ? » Et moi : « La douce et large pluie
Du Saint-Esprit, le flot divin qui vivifie
Et l'ancienne Écriture et la nouvelle Loi,

Voilà quel argument m'a conduit à conclure
A la Foi, de façon si précise et si sûre
Que toute autre raison serait faible pour moi. »

Et l'âme encor : « Pourquoi cette ancienne Écriture
Et l'autre, qui t'ont fait de la sorte conclure,
Pourquoi les regarder comme des voix du Ciel ? »

Et moi : « Pour mon esprit la preuve se résume
Dans les œuvres qu'on vit suivre : sur son enclume
La nature jamais n'a rien forgé de tel. »

Risposto fummi : Dì, chi t' assicura
Che quell' opere fosser quel medesmo,
Che vuol provarsi? non altri il ti giura.

Se 'l mondo si rivolse al cristianesmo,
Diss' io, senza miracoli, quest' uno
È tal, che gli altri non sono 'l centesmo :

Che tu entrasti povero e digiuno
In campo a seminar la buona pianta,
Che fu già vite, ed ora è fatta pruno.

Finito questo, l' alta Corte santa
Risonò per le spere : Un Dio lodiamo
Nella melòde, che lassù si canta.

E quel Baron, che sì di ramo in ramo
Esaminando, già tratto m' avea,
Che all' ultime fronde appressavamo,

Ricominciò : La grazia, che donnéa
Con la tua mente, la bocca t' aperse
Insino a qui, com' aprir si dovea;

Sì ch' io appruovo ciò, che fuori emerse :
Ma or convien esprimer quel, che credi,
E onde alla credenza tua s' offerse.

O santo padre, e spirito, che vedi
Ciò che credesti, sì che tu vincesti
Ver lo sepolcro più giovani piedi,

Comincia' io : Tu vuoi ch' io manifesti
La forma qui del pronto creder mio,
Ed anche la cagion di lui chiedesti.

CHANT XXIV.

Et l'esprit insistant : « Mais, dis-moi, qui t'assure
Que ces prodiges-là furent ? Qui te le jure ?
Un livre, qui lui-même a besoin de garant. »

« Si le monde où régnait, dis-je, le paganisme,
Sans miracle, avait pu tourner au christianisme,
Ce serait un miracle entre tous le plus grand.

Car tu vins dans le champ, à jeun, dans l'indigence,
Quand ta main y jeta cette bonne semence
Qui fut vigne autrefois et n'est plus que chardon. »

Comme je finissais, la Cour sublime et sainte
Entonne un *Louons Dieu* dans la céleste enceinte,
Avec ces doux accents qui du Ciel sont le don,

Et le seigneur baron [4], le confesseur sublime,
Qui dans cet examen déjà, de cime en cime,
Avec lui m'entraînait au sommet le plus haut,

Recommence en ces mots : « La Grâce qui te touche
Et qui remplit ton cœur, a parlé par ta bouche :
Tu m'as jusqu'à présent répondu comme il faut.

Ainsi de tes répons j'approuve la substance,
Mais exprime à présent l'objet de ta croyance
Et dis ce qui l'a fait s'imposer à ton cœur. »

— « Saint Père, ô pur esprit qui dans le Ciel auguste
Vois confirmer la Foi dans ton cœur si robuste,
Que tu devanças Jean au tombeau du Sauveur [5]!

Commencé-je, tu veux, sous sa forme précise,
Que je déclare ici ma Foi, puis, que je dise
Comment dans mon esprit a pénétré le jour.

19.

Ed io rispondo: Io credo in uno Dio
Solo ed eterno, che tutto 'l Ciel muove
Non moto, con amore e con disio:

Ed a tal creder non ho io pur pruove
Fisice e metafisice, ma dalmi
Anche la verità che quinci piove

Per Moisè, per profeti, e per salmi,
Per l' evangelio, e per voi, che scriveste,
Poichè l' ardente spirto vi fece almi;

E credo in tre persone eterne, e queste
Credo una essenza sì una, e sì trina,
Che soffera congiunto sono et este.

Della profonda condizion divina,
Ch' io tocco mo, la mente mi sigilla
Più volte l' evangelica dottrina.

Quest' è 'l principio: quest' è la favilla,
Che si dilata in fiamma poi vivace,
E, come stella in Cielo, in me scintilla.

Come il signor, ch' ascolta quel che piace,
Da indi abbraccia 'l servo, gratulando
Per la novella, tosto ch' ei si tace;

Così benedicendomi cantando,
Tre volte cinse me, sì com' io tacqui,
L'apostolico lume, al cui comando

Io avea detto; sì nel dir gli piacqui.

CHANT XXIV.

Et je réponds : Je crois en un seul Dieu, suprême,
Éternel, et qui meut, immuable lui-même,
Ses vastes Cieux avec le désir et l'amour.

A l'appui de ma Foi j'ai d'abord la logique,
Les raisons de nature et de métaphysique,
Puis cette vérité qui descendit d'ici

Par Moïse, par les Psaumes, par les Prophètes,
Par l'Évangile et vos écrits, âmes parfaites,
Lorsque le Saint-Esprit vous inspirait aussi.

Je crois de même en trois personnes éternelles,
Et je crois qu'une essence une et triple est en elles,
Et qu'on en peut dire *est* et *sont* également.

Ce qu'à mots brefs j'exprime ici, cette doctrine
Qui touche aux profondeurs de l'essence divine,
J'en ai trouvé les traits dans le Saint Testament.

C'est le commencement, l'étincelle première
Qui se dilate ensuite en plus vive lumière
Et resplendit en moi comme une étoile aux Cieux. »

Comme un maître apprenant ce qu'il lui plaît d'apprendre
Donne à son serviteur une accolade tendre,
En le congratulant de son message heureux,

Ainsi quand j'eus fini, trois fois, pleine de joie,
Chantant, me bénissant, autour de moi tournoie
La splendeur de l'apôtre à qui, comme il voulut,

Je venais de parler ; tant mon dire lui plut.

NOTES DU CHANT XXIV

¹ Saint Pierre.

² Le premier centurion de l'armée romaine s'appelait *Primipilus prior* (le premier de ceux qui portent le javelot). Dante donne à saint Pierre cette appellation honorifique.

³ Traduction des paroles de saint Paul : « *Est fides sperandarum substantia rerum ; argumentum non apparentium.*

⁴ Ici saint Pierre reçoit le nom de Baron, conformément au style du temps. Au moyen âge on donnait volontiers aux saints qui composent la cour céleste, les titres en usage dans la cour des rois terrestres.

⁵ Tu devanças des *pieds plus jeunes*, dit le texte. Saint Pierre et saint Jean avertis par Marie-Madeleine que le sépulcre était vide, y coururent ensemble. Jean, qui était plus jeune, devança Pierre (Évangile selon saint Jean, xx). Il semble donc au premier abord que Dante se trompe ici. Mais l'Évangile ajoute que Pierre, arrivé le second, entra le premier dans le sépulcre. Les commentateurs s'évertuent donc sur ce passage sans motif et sans excuse.

ARGUMENT DU CHANT XXV

L'apôtre saint Jacques examine le poëte sur l'Espérance. Il lui fait trois questions. Béatrice intervient pour l'une et Dante répond aux deux autres. Saint Jean l'Évangéliste s'avance vers saint Jacques et saint Pierre. Dante cherchant l'ombre du corps de cet apôtre qui, suivant une opinion répandue, était monté au Ciel avec son corps et son âme, saint Jean le détrompe et lui fait savoir que le Christ et Marie ont pu seuls monter avec leur corps dans le Ciel.

CANTO VENTESIMO QUINTO

Se mai continga che 'l poema sacro,
Al quale ha posto mano e Cielo e Terra,
Sì che m' ha fatto per più anni macro,

Vinca la crudeltà, che fuor mi serra
Del bello ovile, ov' io dormii agnello
Nimico a' lupi che gli danno guerra;

Con altra voce omai, con altro vello
Ritornerò poeta, ed in sul fonte
Del mio battesmo prenderò 'l cappello:

Perocchè nella Fede, che fa conte
L' anime a Dio, quiv' entra' io, e poi
Pietro per lei sì mi girò la fronte.

Indi si mosse un lume verso noi
Di quella schiera, ond' uscì la primizia,
Che lasciò Cristo de' vicari suoi.

E la mia donna piena di letizia,
Mi disse: Mira, mira, ecco 'l Barone,
Per cui laggiù si visita Galizia,

Sì come quando il colombo si pone
Presso al compagno, l' uno e l' altro pande,
Girando e mormorando, l' affezione;

CHANT VINGT-CINQUIÈME

S'il arrive jamais que ce poëme austère
Auquel ont mis la main et le ciel et la terre,
Et qui m'a fait maigrir durant de si longs ans,

Désarme la fureur cruelle qui m'exile
Du beau bercail où je dormis, agneau tranquille,
Sans autres ennemis que les loups dévorants;

Avec une autre voix, alors, une autre laine,
Je rentrerai poëte, et là, sur la fontaine
Où je fus baptisé je ceindrai le laurier.

Car c'est là que j'entrai dans la Foi, par qui l'âme
A Dieu se fait connaître, et pour qui tout en flamme
Pierre autour de mon front venait de tournoyer.

— Alors se détacha vers nous une lumière
Hors des rangs qui déjà s'étaient ouverts pour Pierre,
Vicaire élu du Christ et le premier de tous.

Et ma Dame, les yeux tout remplis d'allégresse,
Me dit : « Vois donc vers nous ce Seigneur qui s'empresse :
C'est celui qu'en Galice on visite chez vous [1]. »

Quand près de son ramier se pose la colombe,
L'une pour l'autre on voit chaque tendre palombe
Tournant et roucoulant déployer son amour :

Così vid' io l' un dall' altro grande
Principe glorioso essere accolto,
Laudando il cibo, che lassù si prande.

Ma poi che 'l gratular si fu assolto,
Tacito, *coram me*, ciascun s' affisse,
Ignito sì, che vinceva 'l mio volto,

Ridendo allora Beatrice disse :
Inclita Vita, per cui l' allegrezza
Della nostra basilica si scrisse,

Fa risuonar la Speme in quest' altezza :
Tu sai che tante volte la figuri,
Quando Jesù a' tre fe' più chiarezza

Leva la testa, e fa che t' assicuri :
Che ciò che vien quassù dal mortal mondo,
Convien ch' a' nostri raggi si maturi.

Questo conforto del fuoco secondo
Mi venne : ond' io levai gli occhi a' monti,
Che gl' incurvaron pria col troppo pondo.

Poichè per grazia vuol, che tu t' affronti
Lo nostro Imperadore, anzi la morte,
Nell' aula più segreta, co' suoi Conti,

Sì che veduto 'l ver di questa Corte,
La Speme che laggiù bene innamora,
In te ed in altrui di ciò conforte :

Di' quel che ell' è, e come se ne 'nfiora
La mente tua, e di' onde a te venne :
Così seguiò 'l secondo lume ancora.

Ainsi je vis le grand et glorieux apôtre
Échanger un accueil plein de grâce avec l'autre,
En chantant les doux mets du céleste séjour.

La salutation courtoise étant finie,
Coram me se posa chaque flamme bénie
En silence, aveuglant mes yeux de ses rayons.

Alors en souriant parle ainsi Béatrice :
« Ame illustre par qui fut décrit le délice
De cette basilique où nous resplendissons [2],

Sur ces saintes hauteurs fais sonner l'Espérance,
Toi qui la figurais dans chaque circonstance
Où Jésus se montrait à ses trois préférés [3] !

Lève la tête, et que ton âme se rassure !
Ce qui dans ces hauts lieux vient de la terre impure
Doit mûrir près de nous, sous nos rayons sacrés. »

Du second feu me vint cette voix conseillère ;
Lors je levai les yeux vers ces monts de lumière
Dont je n'avais d'abord pu souffrir les assauts :

« Puisque notre Empereur par sa grâce sublime
T'admet, avant la mort, jusqu'en sa cour intime
Et te met en présence avec ses grands vassaux ;

Pour que la vision de cette cour suprême
Dans autrui fortifie, ainsi que dans toi-même,
L'Espérance qui vous enflamme pour le bien,

Dis ce qu'est l'Espérance et d'où vient ce dictame ?
Et fleurit-elle bien dans le fond de ton âme ? »
Ainsi continua le second feu divin.

E quella pia, che guidò le penne
Delle mie ali a così alto volo,
Alla risposta così mi prevenne :

La chiesa militante alcun figliuolo
Non ha, con più speranza, com' è scritto
Nel Sol che raggia tutto nostro stuolo :

Però gli è conceduto, che d' Egitto
Vegna in Gerusalemme per vedere,
Anzi che 'l militar gli sia prescritto.

Gli altri duo punti, che non per sapere
Son dimandati, ma perch' ei rapporti,
Quanto questa virtù t' è in piacere,

A lui lasc' io : chè non gli saran forti,
Nè di iattanzia : ed elli a ciò risponda,
E la grazia di Dio ciò gli comporti.

Come discente, ch' a dottor seconda
Pronto e libente in quel ch' egli è esperto,
Perchè la sua bontà si disasconda :

Speme, diss' io, è uno attender certo
Della gloria futura, il qual produce
Grazia divina e precedente merto :

Da molte stelle mi vien questa luce :
Ma quei la distillò nel mio cor pria,
Che fu sommo cantor del sommo duce.

Sperino in te, nella sua Teodia,
Dice, color, che sanno 'l nome tuo :
E chi nol sa, s' egli ha la Fede mia?

Et cette femme, et dont le tendre zèle
Pour un vol aussi haut avait guidé mon aile,
Devança ma réponse et repartit ainsi :

« L'Église militante, en son immense empire,
(Le soleil qui sur nous brille peut vous le dire)
N'a pas un fils de plus d'espérance rempli ;

C'est pourquoi Dieu permet qu'à la terre égyptienne
Il échappe, et qu'il entre en la Sion chrétienne
Avant d'être sorti de son combat mortel.

Sur les deux autres points ta science est complète.
Tu l'as interrogé sur eux pour qu'il répète
Combien cette vertu te plaît encore au Ciel.

Je les lui laisse donc ; car il pourra sans peine
A ton gré les résoudre, et sans jactance vaine [4],
Avec l'aide de Dieu qu'il réponde à cela. »

Comme sur un terrain qu'il est sûr de connaître,
Le disciple empressé suit les pas de son maître,
Bienheureux de montrer tout le savoir qu'il a :

« L'Espérance, c'est, dis-je, une attente certaine
De la gloire future ; elle a double fontaine :
Un passé méritoire et la Grâce du Ciel.

Plus d'une étoile allume en moi cette lumière :
Celle qui dans mon cœur la versa la première,
C'est le chantre royal du monarque éternel [5].

Celui-là qui disait dans ses Psaumes : O Père,
Quiconque sait ton nom, qu'en ta grâce il espère !
Et qui ne le connaît, ce nom, s'il a ma foi ?

Tu mi stillasti con lo stillar suo
Nella pistola poi, sì ch' io son pieno,
Ed in altrui vostra pioggia riplùo.

Mentr' io diceva, dentro al vivo seno
Di quello incendio tremolava un lampo
Subito, e spesso, a guisa di baleno :

Indi spirò : L' amore, ond' io avvampo
Ancor ver la virtù, che mi seguette
Infin la palma ed all' uscir del campo,

Vuol ch' io respiri a te, che ti dilette
Di lei ; ed emmi a grato, che tu diche
Quello che la Speranza ti promette.

Ed io : Le nuove e le Scritture antiche
Pongono il segno, ed esso lo m' addita,
Dell' anime che Dio s' ha fatte amiche.

Dice Isaia, che ciascuna vestita
Nella sua terra fia di doppia vesta,
E la sua terra è questa dolce vita.

E 'l tuo fratello assai vie più digesta,
Là, dove tratta delle bianche stole,
Questa rivelazion ci manifesta.

E prima, presso 'l fin d' este parole,
Sperent in te, di sopra noi s' udì,
A che risposer tutte le carole :

Poscia tra esse un lume si schiari,
Sì che, se 'l Cancro avesse un tal cristallo,
Il verno avrebbe un mese d' un sol dì.

Tu mêlas ta rosée à cette douce pluie
Dans ta fameuse épître, et mon âme remplie
Fait repleuvoir vos eaux en pluie autour de soi. »

Tandis que je parlais dans le sein de cette âme
Qui m'écoutait brûlante, une soudaine flamme
Scintilla coup sur coup, comme fait un éclair,

Et dit : « Cette vertu que rien ne peut détruire,
Dont l'amour me suivit partout jusqu'au martyre
Et jusques au sortir des combats de la chair,

Elle m'attire à toi qui te délectes d'elle ;
Ainsi réponds encor, dis-moi, toi, son fidèle,
Les trésors que promet l'Espérance à ton cœur ! »

Et moi : «Les livres saints, l'Évangile et la Bible,
Ont indiqué le signe (or il est là visible),
De ceux qui se sont faits les amis du Seigneur.

Chacun de ces élus sera, dit Isaïe,
D'un double vêtement couvert dans sa patrie ;
Et sa patrie est là, dans ce divin séjour.

Et ton frère, de même, en plus claires paroles,
Quand il a discouru sur les blanches étoles [6],
Nous a développé ce mystère à son tour. »

Comme je finissais, l'hymne du Roi-Prophète
Sperent in te résonne au-dessus de ma tête,
Tous les chœurs répondant à cet hymne d'amour.

Ensuite au milieu d'eux s'allume une lumière.
Si le Cancer avait une étoile aussi claire,
L'hiver pendant un mois ne serait qu'un long jour [7].

E come surge, e va, ed entra in ballo
Vergine lieta, sol per fare onore
Alla novizia, non per alcun fallo,

Così vid' io lo schiarato splendore
Venire a' due, che si volgeano a ruota,
Qual conveniasi al loro ardente amore.

Misesi lì nel canto e nella nota :
E la mia Donna in lor tenne l' aspetto,
Pur come sposa tacita ed immota.

Questi è colui, che giacque sopra 'l petto
Del nostro Pellicano, e questi fue
Di su la croce al grande uficio eletto :

La Donna mia così, nè però piùe
Mosse la vista sua da stare attenta
Poscia che prima alle parole sue.

Quale è colui, ch' adocchia, e s' argomenta
Di vedere eclissar lo Sole un poco,
Che, per veder, non vedente diventa,

Tal mi fec' io a quel ultimo fuoco,
Mentrecchè detto fu : Perchè t' abbagli
Per veder cosa, che qui non ha loco?

In terra è terra il mio corpo, e saragli
Tanto con gli altri, che 'l numero nostro
Con l' eterno proposito s' agguagli.

Con le duo stole nel beato chiostro
Son le duo luci sole che saliro :
E questo opporterai nel mondo vostro.

Comme pour faire honneur à la jeune épousée,
S'avance dans le bal une vierge rosée,
Et danse innocemment dans sa pure candeur,

Ainsi je vois venir la splendeur qui s'avance
Vers les deux esprits saints, tournoyant en cadence
Comme les emportait leur amoureuse ardeur.

Elle se mit soudain du chant et de la danse.
Ma Dame regardait tous les trois à distance
Et semblait l'épousée immobile et sans voix.

« Voilà le Saint qui fut pressé sur la poitrine
De notre Pélican, que sa grâce divine
A choisi pour un grand office, sur la croix [8] ! »

La nouvelle venue ainsi me fut nommée
Par ma céleste Dame. Elle dit, et charmée,
Les regardait encore après avoir parlé.

Tel celui qui, les yeux dans le Ciel, s'évertue
A suivre le soleil qui s'éclipse en la nue,
Et pour avoir voulu trop voir est aveuglé,

Tel je devins devant cette dernière flamme.
« Pourquoi donc t'épuiser, me dit enfin cette âme,
A chercher une chose absente de ce lieu ?

Mon corps sur terre est terre et ne peut faire d'ombre.
Il restera là-bas tant qu'enfin notre nombre
Soit égal à celui que s'est proposé Dieu.

Avec les deux habits dans l'heureux monastère
Il n'est que deux splendeurs : (redis-le sur la terre !)
Ces deux-là que tu vis monter dans les hauteurs [9]. »

A questa voce lo infiammato giro
Si quietò con esso 'l dolce mischio,
Che si facea del suon nel trino spiro;

Sì come, per cessar fatica o rischio,
Gli remi pria nell' acqua ripercossi,
Tutti si posano al sonar d'un fischio.

Ahi quanto nella mente mi commossi,
Quando mi volsi per veder Beatrice,
Per non poter vederla, ben ch' io fossi

Presso di lei, e nel mondo felice!

CHANT XXV.

A ces mots s'arrêta la flamboyante ronde,
Et le cantique aussi dont la douceur profonde
Se mêlait au trio des brûlantes splendeurs.

Ainsi quand la fatigue est grande ou la tempête,
Sur un coup de sifflet incontinent s'arrête
L'aviron qui frappait sur le flot agité.

Ah! quel trouble se fit dans le fond de mon âme,
Quand regardant autour de moi pour voir ma dame,
Je ne la revis plus, encor qu'à son côté

Je fusse, et dans le Ciel de la félicité !

NOTES DU CHANT XXV

¹ Saint Jacques le Majeur appelé aussi de Compostelle. Son tombeau se trouvait, dit-on, dans cette ville de la Galice, visitée de fort loin par la piété des fidèles.

² Allusion à l'épître *aux douze tribus* que Dante, par erreur, attribue à saint Jacques de Compostelle. Elle est reconnue aujourd'hui pour être de saint Jacques le Mineur.

³ Jésus-Christ voulut avoir ses trois disciples préférés, Pierre, Jacques et Jean, pour seuls témoins de ses plus grands prodiges. Dante suppose ici, avec plusieurs interprètes de l'Écriture, que ce fut pour relever la grandeur des trois vertus théologales : saint Pierre figurait la Foi, saint Jean l'Espérance et saint Jacques la Charité.

⁴ Pour celle-ci il eût été obligé de se vanter, si Béatrice n'avait répondu pour lui et sauvé sa modestie.

⁵ David.

⁶ *Stantes ante thronum Agni amicti stolis allis* (Apocalypse de saint Jean, chap. vii).

⁷ C'est-à-dire que, si la constellation du Cancer avait une étoile aussi claire, il y aurait un mois d'un jour continu du 21 décembre au 21 janvier, attendu qu'alors le Cancer est sur notre hémisphère aux heures où le soleil parcourt l'hémisphère opposé.

⁸ Le Pélican, c'est Jésus qui, comme le pélican, donne son sang pour ses enfants. Celui qui repose sur sa poitrine, c'est saint Jean, auquel du haut de la croix il confia pour grand office de tenir lieu de fils à sa mère.

⁹ Marie et Jésus-Christ, ces deux splendeurs que tu as vues tout à l'heure s'élever vers l'Empyrée, ont seuls pu monter au Ciel avec leur corps ; tu cherches donc en vain l'ombre du mien. Un passage de l'Écriture avait pu faire croire que saint Jean y avait aussi le sien.

ARGUMENT DU CHANT XXVI

Saint Jean examine Dante sur la troisième vertu théologale : la Charité ou l'Amour. Apparition d'Adam. Le premier homme devance les questions du poëte et y répond. Il précise le temps de sa naissance au Paradis terrestre, le vrai motif qui l'en fit exiler, le temps qu'il y resta, et l'idiome qu'il avait employé.

CANTO VENTESIMO SESTO

Mentr' io dubbiava, per lo viso spento
Della fulgida fiamma, che lo spense,
Uscì uno spiro, che mi fece attento,

Dicendo : In tanto che tu ti risense
Della vista, che hai in me consunta,
Ben' è, che ragionando la compense

Comincia dunque, e di', ove s' appunta
L' anima tua, e fa ragion che sia
La vista in te smarrita e non defunta :

Perchè la Donna, che per questa dia
Region ti conduce, ha nello sguardo
La virtù ch' ebbe la man d' Anania.

Io dissi : Al suo piacere e tosto e tardo
Vegna rimedio agli occhi, che fur porte,
Quand' ella entrò col fuoco, ond' io sempr' ardo.

Lo Ben, che fa contenta questa Corte,
Alfa ed Omega è di quanta scrittura
Mi legge amore o lievemente, o forte.

Quella medesma voce, che paura
Tolta m' avea del subito abbarbaglio,
Di ragionare ancor mi mise in cura :

CHANT VINGT-SIXIÈME

Tandis que j'hésitais, la vue évanouie,
Du feu resplendissant qui me l'avait ravie [1]
Il sortit une voix qui me fit attentif

Et dit : « En attendant que te soit revenue
La faculté de voir à mes rayons perdue,
Que la parole au moins remplace l'œil oisif!

Commence donc et dis le but que se propose
Ton âme, et tout d'abord sache bien une chose :
Tes yeux sont obscurcis et ne sont pas éteints.

Car la Dame qui dans ce séjour de lumière
Te conduit avec elle, a dedans la paupière
La vertu qu'Ananias avait, lui, dans les mains [2]. »

Je dis : « Qu'à son plaisir tôt ou tard vienne d'elle
Un remède à mes yeux, la porte par laquelle
Elle entra dans mon cœur pour n'en sortir jamais!

Le Bien dont cette cour immortelle s'enivre
Est l'alpha, poursuivis-je, et l'oméga du livre
Qu'imprime en moi l'amour à grands ou faibles traits. »

Cette voix qui venait de détruire la crainte
Que ma vue éblouie à jamais fût éteinte,
Me mettant en devoir de lui répondre encor :

E disse : Certo a più angusto vaglio
Ti conviene schiarar : dicer convienti,
Chi drizzò l' arco tuo a tal berzaglio.

Ed io : Per filosofici argomenti,
E per autorità che quinci scende,
Cotale amor convien, che 'n me s' imprenti :

Chè 'l bene, in quanto ben, come s' intende,
Così accende amore, e tanto maggio,
Quanto più di bontate in sè comprende.

Dunque all' essenza, ov' è tanto avvantaggio,
Che ciascun ben, che fuor di lei si truova,
Altro non è che di suo lume un raggio,

Più che in altra convien, che si muova
La mente, amando, di ciascun, che cerne
Lo vero, in che si fonda questa pruova.

Tal vero allo 'ntelletto mio sterne
Colui, che mi dimostra 'l primo amore
Di tutte le sustanze sempiterne.

Sternel la voce del verace Autore,
Che dice a Moisè, di sè parlando :
Io ti farò vedere ogni valore.

Sternilmi tu ancora, incominciando
L' alto preconio, che grida l' arcano
Di qui laggiù, sovra ogni alto bando.

Ed io udii : Per intelletto umano,
E per autoritade, a lui concorde,
De' tuoi amori a Dio guarda 'l sovrano.

« Par un tamis plus fin il faut passer, dit-elle,
Afin d'être plus clair. Continue et révèle
Ce qui vers ce grand Bien dirige ton essor ! »

Et moi : « Les arguments de la philosophie,
L'autorité des voix que le Ciel sanctifie [3],
Ont gravé dans mon cœur cet amour tout chrétien.

Le bien, en tant que bien, dès que le perçoit l'âme,
Y fait naître l'amour, un amour dont la flamme
A d'autant plus d'ardeur que plus grand est le bien.

Donc s'il existe un être ayant telle excellence,
Que tout bien qui réside ailleurs qu'en son essence
De sa perfection n'est qu'un rayonnement,

Il faut bien que l'amour se tourne vers cet être
Par dessus tout, sitôt que l'esprit peut connaître
La vérité sur qui j'assieds cet argument [4].

Or, cette vérité, pour moi je la rencontre,
Claire pour mon esprit, dans celui qui démontre
Quel est l'amour premier de tout être immortel [5].

Le véridique auteur me l'a de même apprise,
Qui disait de lui-même en parlant à Moïse :
Je veux te faire voir tout bien substantiel [6].

Toi-même tu me l'as apprise, ô saint apôtre !
Au début de ton livre, et, plus haut que tout autre,
Sur terre tu crias l'arcane du haut lieu [7]. »

Alors j'ouïs : « De par la raison naturelle,
Et par l'autorité qui concorde avec elle,
Garde le plus ardent de tes amours pour Dieu !

Ma di' ancor se tu senti altre corde
Tirarti verso lui, sì che tu suone,
Con quanti denti questo amor ti morde.

Non fu latente la santa invenzione
Dell' aguglia di Cristo, anzi m' accorsi,
Ove menar volea mia professione :

Però ricominciai : Tutti quei morsi,
Che posson far lo cuor volgere a Dio,
Alla mia caritate son concorsi :

Chè l' esser del mondo, e l' esser mio,
La morte, ch' el sostenne perch' io viva,
E quel che spera ogni fedel, com' io,

Con la predetta conoscenza viva
Tratto m' hanno del mar dell' amor torto,
E del diritto m' han posto alla riva.

Le fronde, onde s' infronda tutto l' orto
Dell' Ortolano eterno, am' io cotanto,
Quanto da lui a lor di bene è porto.

Sì com' io tacqui, un dolcissimo canto
Risonò per lo Cielo, e la mia Donna
Dicea con gli altri : Santo, Santo, Santo.

E come al lume acuto si disonna
Per lo spirto visivo che ricorre
Allo splendor, che va di gonna in gonna,

E lo svegliato ciò, che vede abborre,
Sì nescia è la sua subita vigilia,
Fin che la stimativa nol soccorre;

Mais dis-moi si tu sens encore dans ton âme
D'autres cordes vers lui t'attirer, et proclame
Les dents de cet amour qui te mord pour le bien! »

Je compris sur-le-champ l'intention céleste
Du grand aigle de Christ, et devinai de reste
Sur quels points il voulait conduire l'examen.

Je recommençai donc et dis : « Nulle morsure
Qui peut faire vers Dieu tourner la créature
N'a pour la charité fait défaut à ma foi.

L'existence du monde et ma propre existence,
La mort que Dieu souffrit pour sauver ma substance,
L'espérance que tout fidèle a comme moi,

Et du bien que j'ai dit l'intelligence vive,
M'ont conduit sain et sauf jusqu'à la bonne rive
Et retiré des flots de l'amour faux et vain.

J'aime toutes les fleurs dont fleurit le parterre
Du divin Jardinier, et chacune m'est chère
Selon qu'elle reflète ou plus ou moins sa main. »

Je me tus : aussitôt dans tout le Ciel résonne
Un ineffable chant auquel se joint ma Donne.
Saint! Saint! Saint! répétaient les voix de toutes parts.

Comme on s'éveille au dard d'une vive lumière,
La puissance de voir ouvrant notre paupière
Au jour qui de nos yeux va perçant les remparts,

Et d'abord on regarde avec inquiétude,
Tant ce réveil subit est plein d'incertitude,
Jusqu'à ce que l'esprit vienne en aide aux regards :

Così degli occhi miei ogni quisquilia
Fugò Beatrice col raggio de' suoi,
Che rifulgeva più di mille milia;

Onde me' che dinanzi vidi poi,
E quasi stupefatto dimandai
D' un quarto lume, ch' io vidi con noi.

E la mia Donna: Dietro da quei rai
Vagheggia il suo Fattor l' anima prima,
Che la prima Virtù creasse mai.

Come la fronda, che flette la cima
Nel transito del vento, e poi si leva
Per la propria virtù, che la sublima,

Fec' io in tanto, in quanto ella diceva,
Stupendo, e poi mi rifece sicuro
Un disio di parlare ond' io ardeva:

E cominciai: O pomo, che maturo
Solo prodotto fosti, o padre antico,
A cui ciascuna sposa è figlia e nuro,

Devoto, quanto posso, a te supplico,
Perchè mi parli: tu vedi mia voglia;
E, per udirti tosto, non la dico.

Tal volta un animal coverto broglia
Sì, che l' affetto convien, che si paia,
Per lo seguir, che face a lui la 'nvoglia:

E similmente l' anima primaia
Mi facea trasparer per la coverta,
Quant' ella a compiacermi venia gaia.

CHANT XXVI.

Ainsi sous les rayons de ses yeux immobiles,
De ses yeux qui brillaient à plus de mille milles,
Béatrice des miens dissipa les brouillards.

Et sur ce, voyant mieux que jamais, à ma Dame
Je m'enquis, étonné, d'une nouvelle flamme,
D'un quatrième feu que j'avais aperçu.

Et ma Dame me dit : « Dedans cette lumière
Contemple avec amour son Dieu l'âme première
Que créa sous le Ciel la première Vertu. »

Comme au souffle du vent la cime du feuillage
Se courbe, et, quand le vent est passé, le branchage
Se redresse dans l'air tout naturellement :

Tandis qu'elle parlait, tel, avec révérence,
Je m'inclinais, et puis me rendit l'assurance
Un désir de parler dont j'ardais vivement :

« O notre premier Père ! (en ces mots je commence)
O le seul fruit que Dieu fit mûr à sa naissance,
Dont toute épouse est fille et la femme d'un fils,

Aussi dévotement que je puis je t'en prie,
Parle-moi ! tu vois bien dans mon cœur mon envie,
Et, pour t'ouïr plus tôt parler, je ne la dis. »

Parfois un animal couvert d'une pelisse,
Aux ondulations du manteau qui se plisse
Trahit les mouvements qui soulèvent son cœur :

A mon regard ainsi laissa l'âme première
Transparaître à travers son manteau de lumière
Combien à me complaire elle mettait d'ardeur,

Indi spirò : Senz' essermi profferta
Da te la voglia tua, discerno meglio,
Che tu, qualunque cosa t' è più certa :

Perch' io la veggio nel verace speglio,
Che fa di sè pareglio all' altre cose,
E nulla face lui di sè pareglio.

Tu voi udir quant' è che Dio mi pose
Nell' eccelso giardino, ove costei
A così lunga scala ti dispose,

E quanto fu diletto agli occhi miei,
La propria cagion del gran disdegno,
E l' idioma, ch' io usai e fei.

Or, figliuol mio, non il gustar del legno
Fu per sè la cagion di tanto esilio,
Ma solamente il trapassar del segno.

Quindi, onde mosse tua Donna Virgilio,
Quattromila trecento e duo volumi
Di Sol desiderai questo concilio ;

E vidi lui tornare a tutti i lumi
Della sua strada novecento trenta
Fiate, mentre ch' io in terra fûmi.

La lingua, ch' io parlai, fu tutta spenta,
Innanzi che all' ovra inconsumabile
Fosse la gente di Nembrotte attenta :

Chè nullo affetto mai raziocinabile,
Per lo piacere uman, che rinnovella,
Seguendo 'l Cielo, siempre fu durabile.

Et me dit : « Je n'ai pas besoin que tu m'exposes
Ton désir : je le vois, et mieux que toi, les choses
Que tu connais le mieux et que tu sais très-bien,

Parce que je le vois au miroir infaillible,
Dans le divin miroir en qui tout est visible,
Qui, réfléchissant tout, n'est réfléchi par rien.

Tu veux savoir quand Dieu me donna pour patrie
Le sublime jardin d'où ta Dame chérie
T'a fait monter léger jusqu'en ces hauts parvis ;

Combien de temps mes yeux ont goûté ce délice,
A quel motif j'ai dû si terrible justice,
La langue dont je fus l'auteur et me servis ?

Or, mon fils, ce n'est pas d'avoir goûté la pomme
Qui fut mal et causa l'amer exil de l'homme,
Mais d'avoir transgressé l'ordre signé de Dieu.

Aux Limbes où ta Dame émut pour toi Virgile,
Pendant trois cent deux ans accrus de quatre mille,
J'ai soupiré, mon fils, après ce divin lieu [8],

Et neuf cent trente fois, pendant que sur la terre
J'habitais exilé des orbes de lumière,
Qu'il traverse en chemin le soleil fit le tour.

Devant que de Nembrod la race abominable
Eût commencé la tour qui fut interminable,
Mon idiome avait disparu sans retour.

Il n'est aucun effet de l'humaine sagesse,
Si durable qu'il soit, qui tôt ou tard ne cesse,
Car le caprice humain suit les influx des Cieux.

Opera naturale è, ch' uom favella :
Ma così, o così, natura lascia
Poi fare a voi, secondo che v' abbella.

Pria ch' io scendessi alla 'nfernale ambascia,
UN s' appellava in terra il sommo Bene,
Onde vien la letizia, che mi fascia :

ELI si chiamò poi : e ciò conviene :
Che l' uso de' mortali è come fronda
In ramo, che sen' va, ed altra viene.

Nel monte, che si leva più dall' onda,
Fu' io con vita pura e disonesta
Dalla prim' ora a quella ch' è seconda,

Come 'l Sol muta quadra all' ora sesta.

La parole est dans l'homme œuvre de la nature ;
Mais quant à l'idiome, elle n'en a point cure,
Et vous laisse inventer ce qui vous plaît le mieux.

Avant que m'eût reçu la Limbe triste et blême,
On donnait le nom d'UN sur terre au Dieu suprême
D'où vient le feu joyeux qui m'enveloppe ici.

Puis son nom fut ÉLI. Des humains c'est l'usage ;
Car les us des mortels sont comme le feuillage :
A peine tombe l'un, qu'un autre a refleuri.

Sur le mont le plus haut élevé dessus l'onde
Je vécus pur, et puis impur perdis le monde,
Entre la première heure et la septième, quand

Déjà le Jour décline et change de quadrant [9].

NOTES DU CHANT XXVI

¹ De saint Jean, l'auteur trop éblouissant de l'Apocalypse.

² Ananias rendit la vue à saint Paul sur le chemin de Damas par l'apposition des mains. Saint Jean promet à Dante qu'il trouvera un remède aussi efficace dans les yeux de Béatrice.

³ La révélation par les prophètes.

⁴ C'est-à-dire, quel est ce bien suprême.

⁵ Le maître Aristote ou peut-être Platon.

⁶ Dieu disant à Moïse : « *Ecce ostendam tibi omne bonum.* »

⁷ Saint Jean dans son Évangile a expliqué la génération du Verbe divin.

⁸ Après 930 ans d'existence, comme il va le dire, et 4302 ans passés dans les Limbes, Adam monte au Ciel racheté par le Christ, quand Jésus descendit aux Limbes après sa mort. Calcul qui se trouve d'accord avec le temps que l'on compte, d'après le comput ecclésiastique, depuis la création du monde jusqu'à la mort de Jésus-Christ.

⁹ Au Paradis terrestre placé au faîte de la montagne du Purgatoire, Adam, suivant une ancienne opinion, adoptée par Dante, est donc resté sept heures, ou, comme dit le texte, « depuis la première heure du jour jusqu'à la seconde après la sixième, lorsque le soleil change de quadrant. » Le quadrant c'est le quart du cercle. Le jour étant divisé en 24 heures, après la sixième le soleil tournant dans le Ciel passe de son premier quadrant au second.

ARGUMENT DU CHANT XXVII

Après un hymne chanté par toutes les voix du Paradis, saint Pierre, enflammé d'une pieuse indignation, jette l'anathème sur ses pervers successeurs. Ascension au neuvième Ciel ou Premier Mobile. Béatrice explique à Dante la nature de cet orbe céleste qui donne le mouvement à tous les autres et n'a au-dessus de lui que l'Empyrée.

CANTO VENTESIMO SETTIMO

Al Padre, al Figlio, allo Spirito Santo
Cominciò gloria tutto 'l Paradiso,
Sì che m' inebbriava il dolce canto.

Ciò, ch' io vedeva, mi sembrava un riso
Dell' Universo: per che mia ebbrezza
Entrava per l' udire e per lo viso.

O gioia! o ineffabile allegrezza!
O vita intera d' amore e di pace!
O senza brama sicura ricchezza!

Dinanzi agli occhi miei le quattro face
Stavano accese, e quella, che pria venne,
Incominciò a farsi più vivace.

E tal nella sembianza sua divenne,
Qual diverrebbe Giove, s' egli e Marte
Fossero augelli, e cambiassersi penne.

La Provedenza, che quivi comparte
Vice e uficio, nel beato coro
Silenzio posto avea da ogni parte,

Quand' io udi': Se io mi trascoloro,
Non ti maravigliar: chè, dicend' io,
Vedrai trascolorar tutti costoro.

CHANT VINGT-SEPTIÈME

Gloire à Dieu ! Gloire au Père, au Fils, à l'Esprit ! Gloire !
Ce chant remplit soudain le divin oratoire
Avec une douceur de voix qui m'enivrait.

Et ce que je voyais, impossible à décrire,
Du monde universel me semblait un sourire :
Par l'ouïe et les yeux l'ivresse me prenait.

O triomphante joie ! ineffable allégresse !
Une immortalité de paix et de tendresse !
O richesse assurée et sans aucun désir !

Devant moi se tenaient Jean, Adam, Jacques, Pierre,
Flambeaux tout allumés. L'âme qui la première
Était venue, alors se mit à resplendir,

Et sous mes yeux rougit l'apostolique image.
Tel serait Jupiter s'il changeait son plumage
Contre celui de Mars, étant oiseaux tous deux [1].

La Providence qui, dans ces hauts lieux, dispense
Chaque tâche en son ordre, avait dans le silence
Fait rentrer à la fois tout le chœur bienheureux,

Lorsque j'ouïs ces mots : « Si je me transcolore,
Ne t'émerveille point ; car tu verras encore
Ces esprits, moi parlant, changer tous de couleur.

Quegli ch' usurpa in terra il luogo mio,
Il luogo mio, il luogo mio, che vaca
Nella presenza del Figliuol di Dio,

Fatto ha del cimiterio mio cloaca
Del sangue e della puzza, onde 'l perverso,
Che cadde di quassù, laggiù si placa.

Di quel color che, per lo Sole avverso,
Nube dipinge da sera e da mane,
Vid' io allora tutto 'l Ciel cosperso.

E, come donna onesta, che permane
Di sè sicura, e, per l' altrui fallanza,
Pure ascoltando, timida si fane,

Così Beatrice trasmutò sembianza:
E tale eclissi credo che 'n Ciel fue,
Quando patì la suprema Possanza:

Poi procedetter le parole sue,
Con voce tanto da sè trasmutata,
Che la sembianza non si mutò piùe:

Non fu la Sposa di Cristo allevata
Del sangue mio, di Lin, di quel di Cleto,
Per essere ad acquisto d' oro usata:

Ma per acquisto d' esto viver lieto
E Sisto e Pio, Calisto, e Urbano
Sparser lo sangue dopo molto fleto.

Non fu nostra 'ntenzion, ch' a destra mano
De' nostri successor parte sedesse,
Parte dall' altra del popol Cristiano:

Celui qui s'est assis à ma place sur terre,
A ma place, à ma place, et, pontife adultère,
Laisse vacant mon siége aux regards du Sauveur,

Fait de mon cimetière un cloaque de fange,
Un charnier plein de sang! Par lui le mauvais ange,
Tombé du haut du ciel, goûte un baume aux enfers. »

A ces mots, tel matin et soir dans les buées
Le soleil à revers empourpre les nuées,
D'une sombre rougeur les Cieux se sont couverts.

Et telle qu'une dame honnête et pour son compte
N'ayant peur de faillir, pour une autre prend honte
Et rougit au récit d'une impure action,

Telle aussi Béatrice a changé de visage;
Et le Ciel dut sombrer sous un pareil nuage
Lorsque du Tout-Puissant il vit la Passion.

Les paroles alors se succédant, l'apôtre
Reprend, et de sa voix le ton devient tout autre,
Et, comme sa couleur, d'un feu plus sombre encor :

« Avons-nous, Clet et Lin, et moi le premier Pierre,
Nourri de notre sang l'Église notre mère
Pour la faire servir à recueillir de l'or ?

Non, c'était pour gagner cette immortelle vie
Que Calixte et qu'Urbain et que Sixte et que Pie
Ont répandu leur sang après beaucoup de pleurs.

Nous n'avons pas voulu que nos successeurs fissent
Du peuple des chrétiens deux parts, et qu'ils les missent
A droite ou bien à gauche au gré de leurs fureurs !

Nè che le chiavi che mi fur concesse,
Divenisser segnacolo in vessillo
Che contra i battezzati combattesse:

Nè ch'io fossi figura di sigillo
A' privilegi venduti e mendaci,
Ond' io sovente arrosso e disfavillo.

In vesta di pastor lupi rapaci
Si veggion di quassù per tutti i paschi:
O difesa di Dio, perchè pur giaci!

Del sangue nostro Caorsini e Guaschi
S'apparecchian di bere: o buon principio,
A che vil fine convien che tu caschi!

Ma l'alta Providenza, che con Scipio
Difese a Roma la gloria del mondo,
Soccorrà tosto sì com' io concipio:

E tu, figliuol, che per lo mortal pondo
Ancor giù tornerai, apri la bocca,
E non nasconder quel, ch'io non ascondo.

Sì come di vapor gelati fiocca
In giuso l'aer nostro, quando 'l corno
Della Capra del Ciel col Sol si tocca;

In sù vidi io così l'etere adorno
Farsi, e fioccar di vapor trionfanti,
Che fatto avean con noi quivi soggiorno.

Lo viso mio seguiva i suo' sembianti,
E seguì fin che 'l mezzo, per lo molto,
Gli tolse 'l trapassar del più avanti:

Ni que les clefs du Ciel, que Dieu m'a confiées,
Comme un signe sanglant fussent armoriées
Sur un drapeau levé contre des baptisés !

Ni qu'on fît de mes traits des cachets sacrilèges
Pour sceller un trafic de menteurs privilégés !
Que de fois j'en rougis dans mes feux embrasés !

Sous l'habit du pasteur des loups couvrant leurs rages,
C'est ce qu'on voit d'ici dans tous les pâturages.
O tonnerre de Dieu, comment peux-tu dormir ?

Gascons et Cahorsins se préparent à boire
Notre généreux sang. O début plein de gloire,
A quelle triste fin dois-tu donc aboutir [2] ?

Mais Dieu qui suscita, Providence féconde,
A Rome un Scipion, pour la gloire du monde,
Nous secourra bientôt, et je sais par quel bras [3].

Et toi, mon fils, qui sous le poids de la matière
Dois retourner en bas encore sur la terre,
Ce que je dis ici, là-bas tu le diras. »

Comme on voit des vapeurs en neigeuse bruine
Tomber du haut de l'air, quand la Chèvre divine
De sa corne a touché le Char brillant du Jour :

Tel, mais de bas en haut, de blancs flocons de neige
L'éther se remplissait : éblouissant cortége
Ayant fait avec nous halte en ce beau séjour.

Ils montaient, et mes yeux les suivaient dans l'espace
Jusqu'à ce qu'à la fin, me dérobant leur trace,
La distance empêcha mon regard de passer.

Onde la Donna, che mi vide asciolto
Dell' attendere in su, mi disse: Adima
Il viso, e guarda come tu se' volto.

Dall' ora, ch' io avea guardato prima,
Io vidi mosso me per tutto l' arco,
Che fa dal mezzo al fine il primo clima,

Sì ch' io vedea di là da Gade il varco
Folle d' Ulisse, e di qua presso il lito,
Nel qual si fece Europa dolce carco:

E più mi fora discoverto il sito
Di questa aiuola: ma 'l Sol procedea,
Sotto i miei piedi un segno e più partito.

La mente innamorata, che donnéa
Con la mia Donna sempre, di ridure
Ad essa gli occhi più che mai ardea.

E, se natura, o arte fe' pasture
Da pigliare occhi per aver la mente,
In carne umana, o nelle sue pinture,

Tutte adunate parrebber niente,
Ver lo piacer divin, che mi rifulse,
Quando mi volsi al suo viso ridente.

E la virtù, che lo sguardo m' indulse,
Del bel nido di Leda mi divelse,
E nel Ciel velocissimo m' impulse.

Le parti sue vivissime ed eccelse
Sì uniformi son, ch' io non so dire
Qual Beatrice per luogo mi scelse.

CHANT XXVII.

Lors ma Dame, voyant que j'avais dans la nue
Cessé de m'absorber, dit : « Abaisse ta vue
Et vois quel grand parcours tu viens de traverser. »

Depuis l'heure où j'avais regardé sur la terre,
Je m'étais avancé de tout l'arc planétaire
Qui va du méridien jusqu'au second climat [4].

Je voyais au delà de Cadix le passage
Qu'osa tenter Ulysse ; en deçà, le rivage
Où fut la belle Europe un fardeau plein d'appât [5].

Et j'aurais pu plonger plus avant dans cette aire,
Mais déjà, sous mes pieds, vers un autre hémisphère,
Distant d'un Signe et plus, le soleil s'avançait.

Moi, toujours tout rempli de l'amour de ma Dame,
J'ardais plus que jamais dans le fond de mon âme
De ramener mes yeux sur son divin portrait.

Et si l'art a su faire, ainsi que la nature,
En chair vivante ou bien en vivante peinture,
Des appâts pour saisir notre âme par les yeux,

Ces appâts ne sont rien, réunis tous ensemble,
Près du plaisir céleste, auquel rien ne ressemble,
Qui me ravit, tourné vers son front radieux.

Et la force puisée en sa prunelle douce
Du beau nid de Léda me détache et me pousse
Vers le Ciel dont le cours est le plus emporté.

Ce Ciel, il est partout uniforme en sourire,
En hauteur, en éclat, et je ne saurais dire
En quel endroit précis mon vol fut arrêté.

Ma ella, che vedeva il mio disire,
Incominciò ridendo tanto lieta,
Che Dio parea nel suo volto gioire :

La natura del moto, che quieta
Il mezzo, e tutto l' altro intorno muove,
Quinci comincia, come da sua meta.

E questo cielo non ha altro dove,
Che la Mente divina, in che s' accende
L' amor, che 'l volge, e la virtù, ch' ei piove.

Luce ed amor d' un cerchio lui comprende,
Sì come questo gli altri, e quel precinto
Colui che 'l cinge, solamente intende.

Non è suo moto per altro distinto :
Ma gli altri son misurati da questo,
Sì come diece da mezzo e da quinto.

E come 'l tempo tenga in cotal testo
Le sue radici, e negli altri le fronde,
Omai a te puot' esser manifesto.

O cupidigia, che i mortali affonde
Sì sotto te, che nessuno ha podere
Di ritrar gli occhi fuor delle tue onde !

Ben fiorisce negli uomini 'l volere :
Ma la pioggia continua converte
In bozzacchioni le susine vere.

Fede ed innocenzia son reperte
Solo ne' pargoletti : poi ciascuna
Pria fugge, che le guancie sien coperte.

Mais Béatrix, voyant ce que mon cœur désire,
Commença radieuse, avec un tel sourire
Qu'il me sembla voir Dieu jouir dans son regard :

« Le mouvement comporte en la sphère céleste,
Un centre fixe autour duquel tourne le reste.
Ici ce mouvement a son point de départ.

Ce Ciel autour de lui n'a pas d'autre atmosphère
Que l'intellect divin; c'est la source première
De l'amour qui le meut, des influx qu'il transmet.

La lumière et l'amour lui font une ceinture
Comme celle qu'il fait aux autres Cieux, vêture
Que comprend seulement celui qui la lui met.

Son mouvement n'a pas de mesure en l'espace,
Mais tous les mouvements c'est lui qui les embrasse
Comme cinq, comme deux sont embrassés par dix.

Et comment, dans ce Ciel, le temps tout chargé d'âge
A sa racine et dans les autres son feuillage,
Maintenant tu le dois concevoir, ô mon fils. »

O convoitise, qui sous tes fatales ondes
Engloutis l'homme, et sous des vagues si profondes
Qu'en haut ne peuvent plus remonter ses regards!

Des volontés du cœur souvent la fleur est belle,
Mais l'orage qui tombe en averse éternelle
Change la prune saine en des brugnons bâtards.

L'innocence et la Foi n'ont pour unique asile
Que les petits enfants, et l'enfant les exile
Avant que le duvet n'ombrage son menton.

Tale, balbuziendo ancor, digiuna,
Che poi divora con la lingua sciolta
Qualunque cibo, per qualunque luna:

E tal, balbuziendo, ama, ed ascolta
La madre sua, che con loquela intera
Disia poi di vederla sepolta.

Così si fa la pelle bianca nera
Nel primo aspetto della bella figlia
Di quel, ch' apporta mane, e lascia sera.

Tu, perchè non ti facci maraviglia,
Sappi che 'n terra non è chi governi:
Onde si svia l' umana famiglia.

Ma prima che Gennaio tutto sverni,
Per la centesma, ch' è laggiù negletta,
Ruggeran sì questi cerchi superni,

Che la fortuna, che tanto s' aspetta,
Le poppe volgerà u' son le prore,
Sì che la classe correrà diretta:

E vero frutto verrà dopo 'l fiore.

CHANT XXVII.

On jeûne, quand la bouche est bégayante encore ;
La langue déliée, au hasard on dévore
Toute espèce de mets, et dans toute saison.

Balbutiant, on aime, on écoute sa mère,
Puis, en possession de sa voix tout entière,
C'est morte, en son linceul, qu'on souhaite la voir.

C'est ainsi que noircit la peau belle et vermeille
De la fille du Jour [6], qui, lorsqu'il se réveille,
Apporte le matin et part laissant le soir.

Et toi, pour t'expliquer un si triste mystère,
Songe que nul ne tient le gouvernail sur terre :
C'est pourquoi la famille humaine va sombrant.

Mais avant qu'en raison du chiffre qu'on néglige,
Quittant l'hiver Janvier vers l'été se dirige [7],
Le Ciel retentira d'un cri si déchirant

Que la Fortune qui laisse dormir sa roue
A la fin tournera les poupes à la proue.
Droit dans le bon chemin la flotte alors courra,

Et le bon, le vrai fruit, après la fleur viendra.

NOTES DU CHANT XXVII

¹ Similitude assez bizarre qui dépend d'une hypothèse. La lumière de Mars est plus rouge et plus enflammée que celle de Jupiter, claire et tranquille comme les âmes justes qui l'habitent. Si donc ces deux astres étaient oiseaux et changeaient de plumage, Jupiter rougirait comme ici saint Pierre.

² Jean XXI qui était de Cahors, et Clément V, de Gascogne.

³ Celui de Henri VII, ou celui du grand Can, car alors l'entreprise de Henri VII avait déjà avorté.

⁴ Géographie et astronomie du vieux temps. Depuis que sur l'invitation de Béatrice (il était alors midi), il avait jeté les yeux sur le chemin parcouru (voy. chant XXII), il avait, en tournant avec la constellation des Gémeaux, passé du méridien à l'horizon occidental, et six heures s'étaient écoulées. Le climat, disent les géographes, est la partie de la terre comprise entre deux cercles parallèles à l'équateur.

⁵ Le détroit de Gibraltar et les côtes de la Phénicie où Jupiter, sous la forme d'un taureau, enleva Europe.

⁶ L'humanité, fille du Soleil, ou tout simplement, et par comparaison avec l'humanité, l'Aurore.

⁷ A cause, dit le texte, du centième qu'on néglige de compter, c'est-à-dire du centième de jour. Conformément, sans doute, à une opinion inexacte du temps, à moins que ce ne soit ici une évaluation approximative, Dante croyait que la différence entre l'année civile et l'année solaire était d'un centième de jour. — On sait que, dans la réforme du calendrier faite par Jules César, pour que l'année civile correspondît à l'année solaire, on avait ordonné que l'année civile serait de 365 jours, et comme l'année solaire est de 365 jours et 6 heures, moins une fraction (qui n'est pas exactement un centième), pour ces 6 heures de plus qu'a l'année solaire on avait ordonné en outre que, par quatre années civiles, il y en aurait une de 366 jours, lui en donnant un de plus pour ces 6 heures qui en quatre ans font un jour (c'est là l'année bissextile, ainsi nommée parce qu'on faisait tomber le jour supplémentaire sur le *sixième* jour avant les calendes de Mars que l'on *répétait*). Dans cet arrangement on n'avait pas fait attention à la fraction que les 6 heures ont de moins. De cette négligence, il résulta à la longue un désordre dans les mois. Janvier n'était plus à sa place. Ce qui provoqua la réforme du calendrier auquel Grégoire XIII a attaché son nom en 1582.

ARGUMENT DU CHANT XXVIII

Le poëte voit un point qui dardait la lumière la plus perçante, autour duquel tournoyaient neuf cercles, et c'était Dieu au milieu des neuf chœurs des Anges. Béatrice lui explique comment les cercles de ce monde intelligible correspondent aux sphères du monde sensible, et lui fait connaître la hiérarchie angélique. Elle se compose de trois ternaires : dans le premier les Séraphins, les Chérubins, les Trônes ; dans le second les Dominations, les Vertus, les Puissances ; dans le troisième les Principautés, les Archanges et les Anges.

CANTO VENTESIMO OTTAVO

Poscia che 'ncontro alla vita presente
De' miseri mortali aperse 'l vero
Quella, che 'mparadisa la mia mente :

Come in ispecchio fiamma di doppiero
Vede colui, che se n' alluma dietro,
Prima che l' abbia in vista od in pensiero,

E sè rivolve, per veder se 'l vetro
Li dice 'l vero, e vede, ch' el s' accorda
Con esso, come nota con suo metro,

Così la mia memoria si ricorda,
Ch' io feci, riguardando ne' begli occhi,
Onde a pigliarmi fece Amor la corda :

E com' io mi rivolsi, e furon tocchi
Li miei da ciò, che pare in quel volume,
Quantunque nel suo giro ben s' adocchi,

Un punto vidi, che raggiava lume
Acuto sì, che 'l viso, ch' egli affuoca,
Chiuder conviensi per lo forte acume.

E quale stella par quinci più poca,
Parrebbe Luna locata con esso,
Come stella con stella si collòca.

CHANT VINGT-HUITIÈME

Lorsque fut dévoilée en son jour véritable
Cette présente vie humaine et misérable,
Par la Dame qui met mon âme en Paradis;

Comme dans un miroir, quand de nous en arrière
Sans qu'on l'ait vu, ni su, s'allume une lumière,
Le feu se reflétant aux regards éblouis,

On se tourne pour voir si le verre est fidèle;
Et l'on voit qu'il s'accorde avec son vrai modèle
Comme la note avec la cadence et le vers.

Ainsi m'arriva-t-il (souvenance éternelle
M'en reste) regardant dans la belle prunelle,
Qu'Amour prit pour lacet, en me donnant ses fers.

Et quand, me retournant, devant moi se dévide
Ce qu'on voit apparaître en ce livre limpide,
Toutes fois qu'en son orbe on veut bien regarder [1],

Je vois un point dardant lumière si perçante,
Que l'œil, incendié par la flamme poignante,
Sous son dard trop aigu se ferme et doit céder.

La plus petite étoile et la plus effacée
Paraîtrait Lune auprès de ce point-là placée
Comme une étoile auprès d'une autre étoile au Ciel [2].

Forse cotanto, quanto pare appresso,
Allon cigner la luce, che 'l dipigne,
Quando 'l vapor che 'l porta più è spesso,

Distante intorno al punto un cerchio d' igne
Si girava sì ratto, ch' avria vinto
Quel moto, che più tosto il mondo cigne:

E questo era d' un altro circuncinto,
E quel dal terzo, e 'l terzo poi dal quarto,
Dal quinto 'l quarto, e poi dal sesto il quinto.

Sovra seguiva 'l settimo sì sparto
Già di larghezza, che 'l messo di Giuno
Intero a contenerlo sarebbe arto:

Così l' ottavo, e 'l nono: e ciascheduno
Più tardo si movea, secondo ch' era
In numero distante più dall' uno:

E quello avea la fiamma più sincera,
Cui men distava la favilla pura,
Credo perocchè più di lei s' invera.

La Donna mia, che mi vedeva in cura
Forte sospeso, disse: Da quel punto
Depende il Cielo, e tutta la Natura.

Mira quel cerchio, che più gli è congiunto,
E sappi, che 'l suo muovere è sì tosto,
Per l' affocato amore, ond' egli è punto.

Ed io a lei: Se 'l mondo fosse posto
Con l' ordine, ch' io veggio in quelle ruote,
Sazio m' avrebbe ciò, che m' è proposto,

CHANT XXVIII.

Peut-être à la distance où le hâlo couronne,
Se peignant de ses feux, le soleil qui rayonne,
Quand dans la vapeur dense éclate l'arc-en-ciel,

A l'entour de ce point immobile et splendide,
Un cercle tout de feu tournoyait plus rapide
Que des orbes tournants le plus accéléré.

Ce premier cercle était encerclé d'un deuxième,
Celui-ci d'un troisième, et puis d'un quatrième ;
Un cinquième suivait d'un sixième entouré,

Puis d'un septième ayant déjà telle envergure
Qu'Iris devrait ouvrir plus large sa ceinture
Pour pouvoir l'enfermer dans son sein tout entier.

Un huitième venait après, puis un neuvième,
Et plus lent se mouvait chacun dans le système
Selon qu'il se trouvait plus loin du point premier.

Et celui-là jetait la plus pure lumière
Qui touchait de plus près l'étincelle première,
Étant, apparemment, d'icelle plus rempli.

Ma Dame remarquant la surprise profonde
Dont je restais frappé, me dit : « Les Cieux, le monde,
L'univers tout entier dépend de ce point-ci.

Vois, le plus près de lui, l'arc premier : quelle presse !
Et sache qu'il se meut avec tant de vitesse
Par l'effet de l'amour enflammé qui le point. »

Je dis : « Si l'on voyait dans les orbes du monde
Le même ordre qu'ici dans cette étrange ronde,
Ce qui s'offre à mes yeux ne m'étonnerait point.

Ma nel mondo sensibile si puote
Veder le volte tanto più divine,
Quant' elle son dal centro più remote.

Onde se 'l mio disio dee aver fine
In questo miro ed angelico templo,
Che solo amore e luce ha per confine;

Udir conviemmi ancor, come l' esemplo
E l' esemplare non vanno d' un modo:
Chè io per me indarno a ciò contemplo.

Se li tuoi diti non sono a tal nodo
Sufficienti, non è maraviglia,
Tanto per non tentare è fatto sodo!

Così la Donna mia; poi disse: Piglia
Quel, ch' io ti dicerò, se vuoi saziarti,
Ed intorno da esso t' assottiglia.

Li cerchi corporai sono ampi ed arti,
Secondo 'l più e 'l men della virtute,
Che si distende per tutte lor parti.

Maggior bontà vuol far maggior salute,
Maggior salute maggior corpo cape,
S' egli ha le parti ugualmente compiute.

Dunque costui, che tutto quanto rape
L' alto universo seco, corrisponde
Al cerchio, che più ama, e che più sape.

Per che se tu alla virtù circonde
La tua misura, non alla parvenza
Delle sustanze, che t' appaion tonde,

Mais dans l'arrangement de ce monde sensible
Chaque sphère est d'autant plus pure, moins faillible,
Que du centre plus loin s'élargit le contour³.

Si donc je dois avoir satisfaction ample
Dans ce miraculeux et séraphique temple
Qui n'est borné que par la lumière et l'amour,

Il faut m'e dire encor la raison pour laquelle
La copie à ce point diffère du modèle,
Car j'ai beau la chercher : ne la puis découvrir.

« Pour délier ce nœud si ta main est trop frêle,
Ne t'en étonne pas : la chose est naturelle ;
Dur est le nœud, car nul n'a tenté de l'ouvrir. »

En ces mots me répond ma Dame, puis ajoute :
« Saisis bien, si tu veux être tiré de doute,
Ce que je vais te dire, et creuses-en le sens.

Les cercles corporels ont pour circonférence
Une largeur égale à la bonne influence
Dont la vertu s'épand en eux dans tous les sens.

D'une bonté plus grande émane plus de grâce,
Plus de grâce est au corps qui contient plus d'espace
Et dont également la grâce emplit le tour.

Doncques ce cercle-ci qui dans son cours emporte
Tout l'immense univers, concorde et se rapporte
Au cercle où sont plus grands la science et l'amour.

Par quoi, si tu veux bien appliquer ta mesure
A l'intime vertu, non pas à l'envergure
Des substances qui là t'offrent des cercles joints,

Tu vederai mirabil convenenza
Di maggio a più, e di minore a meno,
In ciascun Cielo, a sua intelligenza.

Come rimane splendido e sereno
L'emisperio dell'aere, quando soffia
Borea da quella guancia, ond'è più leno;

Perchè si purga, e risolve la roffia,
Che pria turbava, sì che 'l Ciel ne ride,
Con le bellezze d'ogni sua parroffia;

Così fec'io poi che mi provvide
La Donna mia del suo risponder chiaro,
E come stella in Cielo il ver si vide.

E poi che le parole sue restaro,
Non altrimenti ferro disfavilla,
Che bolle, come i cerchi sfavillaro.

Lo 'ncendio lor seguiva ogni scintilla:
Ed eran tante, che 'l numero loro,
Più che 'l doppiar degli scacchi s'immilla.

Io sentiva osannar di coro in coro
Al punto fisso, che gli tiene all' *ubi*
E terrà sempre, nel qual sempre fôro:

E quella, che vedeva i pensier dubi
Nella mia mente, disse: I cerchi primi
T'hanno mostrato i Serafi ei Cherùbi.

Così veloci seguono i suoi vimi,
Per simigliarsi al punto, quanto ponno,
E posson, quanto a veder son sublimi.

CHANT XXVIII.

Entre chacun des Cieux et son intelligence
Tu verras une étrange et belle concordance
Qui va du plus au plus, comme du moins au moins [4]. »

Ainsi que l'horizon au loin se rassérène
Pur et splendide, quand, de sa plus douce haleine,
Borée, enflant sa joue, a soufflé dans les airs,

Chassant et dissipant les vapeurs nuageuses
Qui troublaient la clarté des voûtes radieuses,
Et le Ciel reparaît riant sur l'univers :

Tel devins-je, lorsque mon guide tutélaire
M'eut fait, chassant ma nuit, cette réponse claire,
Et le vrai luit pour moi comme une étoile au Ciel.

Et lorsqu'eut achevé de me parler ma Dame,
Comme le fer bouillant pétille dans la flamme,
De même étincela chaque cercle éternel.

Et chaque éclair faisait au cercle un incendie ;
Et le nombre passait, allant à l'infinie,
Le chiffre qu'en doublant produirait l'échiquier [5].

J'entendais l'Hosannah qui montait dans l'espace,
De chœur en chœur au Point qui les tient à leur place
Depuis le premier jour jusques au jour dernier.

Et celle qui voyait les doutes de mon âme,
Me dit : « Dans les premiers de ces cercles de flamme
Séraphins à tes yeux et Chérubins ont lui.

Et, dans leur orbe saint, rapides ils se meuvent
Afin de ressembler au Point autant qu'ils peuvent,
Le pouvant d'autant plus qu'ils montent plus vers lui.

Quegli altri Amor, che dintorno gli vonno,
Si chiaman Troni del divino aspetto,
Perchè 'l primo ternaro terminonno.

E dèi saver, che tutti hanno diletto,
Quanto la sua veduta si profonda
Nel Vero, in che si queta ogni intelletto.

Quinci si può veder, come si fonda
L' esser beato nell' atto, che vede,
Non in quel ch' ama, che poscia seconda:

E del vedere è misura mercede,
Che grazia partorisce e buona voglia;
Così di grado in grado si procede.

L' altro ternaro, che così germoglia
In questa Primavera sempiterna,
Che notturno Ariete non dispoglia,

Perpetualemente Osanna sverna
Con tre melóde, che suonano in tree
Ordini di letizia, onde s' interna.

In essa gerarchia son le tre Dee,
Prima Dominazioni, e poi Virtudi:
L' ordine terzo di Podestadi ec.

Poscia, ne' duo penultimi tripudi
Principati ed Arcangeli si girano:
L' ultimo è tutto d' Angelici ludi.

Questi ordini di su tutti rimirano,
E di giù vincon sì, che verso Dio
Tutti tirati sono, e tutti tirano.

Et les anges tournant autour de ces deux zônes
Trônes sont appelés : ils sont de Dieu les trônes,
Et le premier ternaire est par eux circonscrit.

Et, tu dois le savoir, tous, plus ou moins de joie
Les inonde, selon que leur regard se noie
Plus ou moins dans le Vrai, repos de tout esprit.

D'où l'on peut reconnaître avec exactitude
Que dans la vision est la béatitude
Plutôt que dans l'amour qui ne vient, lui, qu'après.

Et cette vision se mesure au mérite,
Œuvre du bon vouloir qui de grâce profite.
C'est ainsi que l'on va de degrés en degrés.

Le ternaire suivant, qui germe et qui bouillonne
Dans l'éternel printemps dont ce beau Ciel rayonne
Et que ne glace point le nocturne Bélier [6],

Gazouille un Hosannah éternel et tournoie,
Chantant avec trois chœurs, dans trois ordres de joie
Qu'il enferme en son sein ainsi que le premier.

Et hiérarchiquement trois divines substances,
Les Dominations, les Vertus, les Puissances
Tournent dans ce ternaire en cercles radieux.

Aux deux avant-derniers cercles sont les Archanges
Et les Principautés ; au dernier sont les Anges,
L'emplissant tout entier de leurs ébats joyeux.

Tous ces ordres divers au point central conspirent.
Tous attirés vers Dieu, vers Dieu tous ils attirent,
Communiquant le feu dont ils sont animés.

22.

E Dionisio, con tanto disio,
A contemplar questi ordini si mise,
Che li nomò e distinse com' io.

Ma Gregorio da lui poi si divise:
Onde sì tosto, come gli occhi aperse
In questo Ciel, di sè medesmo rise.

E se tanto segreto ver profferse
Mortale in terra, non voglio ch' ammiri:
Chè chi 'l vide quassù, gliel discoverse,

Con altro assai del ver di questi giri.

Denys, à contempler ces ordres angéliques,
Mit tant d'amour et tant d'ardeurs évangéliques,
Qu'il les a, comme moi, distingués et nommés [7].

Un peu plus tard de lui se sépara Grégoire [8].
Mais quand mort il monta jusqu'en ce Ciel de gloire
Et qu'il rouvrit les yeux, de lui-même il se rit.

Et ne sois pas surpris qu'un si divin mystère
Ait été révélé par un homme à la terre.
Celui qui put le voir, Paul, le lui découvrit

Avec d'autres secrets que là-haut il apprit [9]. »

NOTES DU CHANT XXVIII

¹ Ce qu'on voit apparaître dans ce Ciel, ou bien ce qu'on voit apparaître dans l'œil, ce que j'avais vu moi apparaître dans les yeux de Béatrice. Car l'œil est un orbe qui réfléchit les objets, et les choses du Ciel se réfléchissent toutes dans l'œil théologique de Béatrice. Je penche beaucoup pour ce dernier sens, néanmoins ma traduction conserve le vague du texte qui partage les commentateurs.

² Il exagère à dessein la petitesse de ce point flamboyant, pour rendre la souveraine spiritualité, simplicité et indivisibilité de Dieu.

³ Ici dans ce monde intellectuel, les cercles les plus petits, les plus près du centre, tournent le plus rapidement et sont les plus divins, au contraire des sphères du monde sensible, qui deviennent plus sublimes à mesure qu'elles sont plus grandes et s'élèvent au-dessus de leur centre, qui est la terre. Ce monde sensible a pourtant dû être copié sur le monde spirituel : comment donc expliquer cette apparente anomalie ? Béatrice va répondre.

⁴ Béatrice répond : Dans les cercles corporels du monde matériel et sensible, plus de perfection entre nécessairement dans plus d'amplitude. On ne peut donc comparer les cercles spirituels et les cercles matériels que sous le rapport de leur perfection relative. On trouve alors que le cercle intellectuel le plus parfait, celui des Séraphins, correspond dans le monde sensible à la sphère matérielle la plus large, c'est-à-dire au neuvième Ciel, le cercle spirituel, qui vient après celui des Séraphins, au huitième Ciel, et ainsi de suite jusqu'au dernier cercle spirituel et angélique qui correspond au premier Ciel sensible, celui de la Lune, le plus près du centre la Terre, mais le plus loin du centre Dieu.

⁵ L'Indien Sena-Ebn-Dahir, ayant présenté à un roi de Perse le jeu des échecs qu'il venait d'inventer, le roi lui promit de lui donner tout ce qu'il demanderait. Je demande, dit l'Indien, un grain de blé pour la première case de l'échiquier, deux pour la seconde, quatre pour la troisième et ainsi de suite, en doublant toujours jusqu'à la soixante-quatrième case. On ne trouva pas dans toute la Perse assez de blé pour le payer.

⁶ Le Bélier qui en automne se montre la nuit sur notre hémisphère.

⁷ Denys l'Aréopagite, auteur du *De cœlesti hierarchiá*.

⁸ Grégoire-le-Grand, dans une de ses homélies, en décrivant la hiérarchie évangélique, a changé l'ordre adopté par Denys.

⁹ Saint Paul qui fut ravi au Ciel, et que saint Denys eut pour maître.

ARGUMENT DU CHANT XXIX

Béatrice, pour satisfaire à la curiosité du poëte, lui explique la création des Anges. Elle s'élève contre les prédicateurs qui obscurcissent l'Évangile par des arguties pour se faire briller eux-mêmes, déshonorent la chaire chrétienne par d'indignes facéties, et font un trafic de fausses indulgences. Puis, revenant à son sujet, elle ajoute quelques mots à ce qu'elle a dit des substances angéliques.

CANTO VENTESIMO NONO

Quando ambeduo li figli di Latona
Coverti del Montone, e della Libra,
Fanno dell' orizzonte insieme zona,

Quant' è dal punto che 'l zenit inlibra,
Infin che l' uno e l' altro da quel cinto,
Cambiando l' emisperio, si dilibra,

Tanto, col volto di riso dipinto,
Si tacque Beatrice, riguardando
Fisso nel punto, che m' aveva vinto :

Poi cominciò : Io dico, e non dimando
Quel che tu vuoi udir, perch' io l' ho visto
Ove s' appunta ogni *ubi* ed ogni quando.

Non per avere a sè di bene acquisto,
Ch' esser non può, ma perchè suo splendore
Potesse risplendendo dir, sussisto :

In sua eternità di tempo fuore,
Fuor d' ogni altro comprender, com' ei piacque
S' aperse in nuovi Amor l' eterno Amore.

Nè prima quasi torpente si giacque :
Che nè prima nè poscia procedette
Lo discorrer di Dio sovra quest' acque.

CHANT VINGT-NEUVIÈME

Lorsque les deux enfants de Latone en présence,
Phœbus sous le Bélier, Phœbé sous la Balance,
Sont ensemble enfermés dans le même horizon,

Un instant le zénith les tient en équilibre
Jusqu'à ce que changeant son hémisphère, et, libre,
Chacun des deux flambeaux sorte de sa prison :

Un court moment ainsi demeura sans rien dire [1]
Béatrice, le front éclairé d'un sourire,
L'œil fixé sur le Point trop brillant pour mes yeux.

Puis elle commença : « Je parle sans attendre
Et sans te demander ce que tu veux entendre,
L'ayant vu dans ce centre et des temps et des lieux.

Non pour ajouter rien à sa bonté première,
Car cela ne se peut, mais pour que sa lumière,
Rayonnant au dehors, eût à dire : Je suis !

Dans son éternité, hors du temps, de l'espace,
Et selon qu'il lui plut, l'Amour qui tout embrasse
S'ouvrit en neuf Amours ensemble épanouis.

Cet amour n'était pas inerte avant d'éclore ;
Car *l'avant* et *l'après* n'existaient pas encore
Lorsque l'esprit de Dieu fut porté sur les eaux.

Forma e materia congiunte e purette
Usciro ad atto, che non avea fallo,
Come d' arco tricorde tre saette :

E come in vetro, in ambra, od in cristallo
Raggio risplende sì, che dal venire
All' esser tutto non è intervallo;

Così 'l triforme effetto dal suo Sire
Nell' esser suo raggiò insieme tutto,
Senza distinzion nell' esordire.

Concreato fu ordine e costrutto
Alle sustanzie, e quelle furon cima
Nel mondo, in che puro atto fu produtto.

Pura potenzia tenne la parte ima :
Nel mezzo strinse potenzia con atto
Tal vime, che giammai non si divima.

Jeronimo vi scrisse lungo tratto
De' secoli degli Angeli creati
Anzi che l' altro mondo fosse fatto.

Ma questo vero è scritto in molti lati
Dagli scrittor dello Spirito Santo :
E tu lo vederai, se ben ne guati :

Ed anche la ragion lo vede alquanto,
Chè non concederebbe, che i motori
Senza sua perfezion fosser cotanto.

Or sai tu dove, e quando questi Amori
Furon creati, e come; sì che spenti
Nel tuo disio già son tre ardori.

La forme et la matière, à part, comme assorties,
De sa main infaillible à la fois sont sorties,
Comme d'un arc trichorde il sort trois javelots ².

Et tel dans le cristal, dans l'ambre ou dans le verre,
Quand vient se réfléchir un rayon de lumière,
C'est dans le même instant qu'il vient et resplendit ;

Ainsi le triple effet sorti des mains du Maître
Resplendit d'un seul coup, complet dans tout son être
Sans qu'une part d'ouvrage avant l'autre s'ourdît.

En même temps fut fait l'ordre de ces substances.
A la cime du monde, ici, ces existences,
De pure activité sublime enfantement ;

La force élémentaire aux bas-fonds se concentre,
Tandis qu'indissoluble un nœud unit au centre
Le pur moteur avec le puissant élément ³.

Vous trouvez quelque part écrit dans saint Jérôme
Que l'Amour enfanta l'angélique royaume
Bien des siècles avant le monde corporel.

Mais la vérité vraie et que je viens de dire,
Dans tous les écrivains que l'Esprit-Saint inspire
Tu la verras écrite, axiome formel.

La raison même joint des preuves non minimes ;
Elle n'admettrait pas que ces moteurs sublimes
Fussent ainsi restés d'inutiles moteurs.

Maintenant tu sais où, quand, de quelle manière,
Sont sortis du néant ces Anges de lumière.
Ainsi dans ton désir j'ai calmé trois ardeurs.

Nè giugneriesi, numerando, al venti
Sì tosto, come degli Angeli parte
Turbò 'l suggetto de' vostri alimenti.

L' altra rimase, e cominciò quest' arte
Che tu discerni, con tanto diletto,
Che mai da circuir non si diparte.

Principio del cader fu il maladetto
Superbir di colui che tu vedesti
Da tutti i pesi del mondo costretto.

Quelli, che vedi qui, furon modesti
A riconoscer sè della bontate,
Che gli avea fatti a tanto intender presti:

Perchè le viste lor furo esaltate
Con grazia illuminante, e con lor merto,
Sì c' hanno piena e ferma volontate.

E non voglio che dubbi, ma sie certo,
Che ricever la grazia è meritoro,
Secondo che l' affetto gli è aperto.

Omai dintorno a questo consistoro
Puoi contemplare assai, se le parole
Mie son ricolte, senz' altro aiutoro.

Ma perchè 'n terra, per le vostre scuole
Si legge, che l' angelica natura
È tal, che 'ntende, e si ricorda, e vuole;

Ancor dirò, perchè tu veggi pura
La verità che laggiù si confonde
Equivocando in sì fatta lettura.

Mais las ! en moins de temps qu'il n'en faudrait peut-être
Pour compter jusqu'à vingt, luttant contre son Maître,
De ces anges moitié troubla votre élément [4],

Moitié resta fidèle et commença la ronde
Que tu vois : chœur joyeux qui fait mouvoir le monde
Et n'a jamais cessé de tourner un moment.

Les autres, ils étaient tombés du Ciel sublime
Par le maudit orgueil de celui qu'en l'abîme
Tu vis sous le fardeau du monde frémissant.

Ceux qui sont sous tes yeux, avec un cœur modeste
Se reconnurent fils de la Bonté céleste
Qui les avait doués d'un esprit si puissant.

Alors leur vue en Dieu s'éleva culminante
Par leur mérite et par la Grâce illuminante,
Et leur vouloir ne put ni faiblir ni faillir.

Car il faut le savoir : La Grâce est au mérite ;
On l'obtient, crois-le bien, quand on la sollicite,
Et suivant que le cœur s'ouvre pour l'accueillir.

Désormais sans secours tu peux voir dans sa gloire
Et contempler tout seul ce divin consistoire,
Si ce que je t'ai dit tu sais le retenir.

Mais comme sur la terre à l'école on explique
Que dans les profondeurs de l'essence angélique
On trouve entendement, volonté, souvenir,

J'ajoute un mot afin qu'à tes yeux éclaircie
Brille la vérité chez vous trop obscurcie
Par cet enseignement d'équivoques taché.

Queste sustanzie poichè fur gioconde
Della faccia di Dio, non volser viso
Da essa, da cui nulla si nasconde:

Però non hanno vedere interciso
Da nuovo obbietto, e però non bisogna
Rimemorar per concetto diviso.

Sì che laggiù non dormendo si sogna,
Credendo e non credendo dicer vero:
Ma nell' uno è più colpa e più vergogna.

Voi non andate giù per un sentiero,
Filosofando; tanto vi trasporta
L' amor dell' apparenza e 'l suo pensiero.

Ed ancor questo quassù si comporta
Con men disdegno, che quando è posposta
La divina Scrittura, o quando è torta.

Non vi si pensa quanto sangue costa
Seminarla nel mondo, e quanto piace
Chi umilmente con essa s' accosta.

Per apparer ciascun s' ingegna, e face
Sue invenzioni, e quelle son trascorse
Da' predicanti, e 'l Vangelio si tace.

Un dice, che la Luna si ritorse
Nella passion di Cristo, e s' interpose,
Perchè 'l lume del Sol giù non si porse:

Ed altri, che la luce si nascose
Da sè: però agl' Ispani, e agl' Indi,
Com' a' Giudei, tale eclissi rispose.

Ces substances, depuis qu'elles ont sans nuage
Contemplé Dieu, n'ont plus détaché leur visage
De ces yeux, leur délice, à qui rien n'est caché.

Nul objet étranger jamais ne s'interpose
Entre elles et Dieu : donc, nul besoin, nulle cause,
De se ressouvenir par concept divisé.

C'est ainsi que chez vous les yeux ouverts on songe,
Qu'on croie à ce qu'on dit ou que ce soit mensonge,
Et dans ce cas le tort ne peut être excusé.

Loin du sentier battu, loin de la bonne voie
On va philosophant, et toujours vous fourvoie
Votre amour de paraître et votre vain penser.

Encore n'est-ce pas le pis que l'on commette ;
On offense encor plus le Ciel lorsqu'on rejette
La divine Écriture ou cherche à la fausser.

Ce qu'il en a coûté de sang pour la répandre
Nul n'y songe, et combien celui qui veut l'entendre
Et la suivre de près humblement, à Dieu plaît.

Pour paraître, chacun s'ingénie ; on invente :
Textes que dans la chaire ensuite l'on commente
Tandis que le divin Évangile se tait.

La Lune, vous dit l'un, rebroussant en arrière,
Fit un voile au Soleil afin que sa lumière
Ne pût pas éclairer la Passion de Dieu.

Un autre : Le Soleil s'est caché sous la Lune
Et de lui-même : ainsi l'éclipse fut commune
Aux Indes, à l'Espagne ainsi qu'au sol Hébreu.

Non ha Firenze tanti Lapi e Bindi,
Quante sì fatte favole per anno
In pergamo si gridan quinci e quindi :

Sì che le pecorelle, che non sanno,
Tornan dal pasco pasciute di vento,
E non le scusa non veder lor danno.

Non disse Cristo al suo primo convento :
Andate, e predicate al mondo ciance ;
Ma diede lor verace fondamento :

E quel tanto sonò nelle sue guance,
Sì ch' a pugnar, per accender la Fede,
Dell' Evangelio fêro scudi e lance.

Ora si va con motti e con iscede
A predicare, e pur che ben si rida,
Gonfia 'l cappuccio, e più non si richiede.

Ma tale uccel nel becchetto s' annida,
Che se 'l vulgo il vedesse, non torrebbe
La perdonanza, di che si confida :

Per cui tanta stoltezza in terra crebbe,
Che senza pruova d' alcun testimonio
Ad ogni promession si converrebbe.

Di questo 'ngrassa 'l porco santo Antonio,
Ed altri assai, che son peggio che porci,
Pagando di moneta senza conio.

Ma perchè sem digressi assai, ritorci
Gli occhi oramai verso la dritta strada,
Sì che la via col tempo si raccorci.

Des Lapi, des Bendi, dans Florence innombrables,
Le chiffre n'atteint pas ce que de telles fables
Dans la chaire en un an on débite partout :

Si bien que la brebis ignorante, essoufflée,
S'en revient du pâtis, de vent toute gonflée,
Et ne pas voir son mal ne l'absout pas du tout.

Jésus-Christ ne dit pas à ses premiers prophètes :
Allez de par le monde et prêchez des sornettes !
Non, il leur a donné la vérité pour loi.

Ils l'ont fait, cette loi, retentir claire et pure,
Et l'Évangile fut leur lance et leur armure
Alors qu'ils combattaient pour allumer la Foi.

On s'en va maintenant, mêlant bouffonnerie
Et jeux de mots au prêche, et, pourvu que l'on rie,
Le capuchon se gonfle ; on croit que tout est dit.

Mais si l'on pouvait voir au fond de la cagoule
Quelle espèce d'oiseau se niche, sur la foule
Les pardons qu'il répand perdraient de leur crédit :

Grâces dont aujourd'hui la terre est assotie
A tel point qu'un chacun sans preuve et garantie
Peut promettre : le monde à lui vient du plus loin.

Et l'on engraisse ainsi le porc de saint Antoine,
Et, plus ignoble encor que le pourceau, le moine
Qui nous paye en monnaie et sans titre et sans coin.

Mais nous voilà bien loin de notre but : ramène
A présent tes regards vers la route sereine.
Puisque le temps est court, abrégeons le chemin.

Questa Natura sì oltre s' ingrada
In numero, che mai non fu loquela,
Nè concetto mortal, che tanto vada.

E se tu guardi quel che si rivela
Per Daniel, vedrai, che 'n sue migliaia
Determinato numero si cela.

La prima luce, che tutta la raia,
Per tanti modi in essa si ricepe,
Quanti son gli splendori a che s' appaia.

Onde, perocchè all' atto che concepe
Segue l' affetto, d' amor la dolcezza
Diversamente in essa ferve, e tepe.

Vedi l' eccelso omai e la larghezza
Dell' eterno valor, poscia che tanti
Speculi fatti s' ha, in che si spezza,

Uno manendo in sè, come davanti.

De ces anges, là-haut, à mesure qu'on monte,
La multitude croît à tel point que le compte
Dépasse la parole et le penser humain.

Réfléchis un instant au nombre qui défile
Aux regards de Daniel; il en compte des mille;
Sur le chiffre précis cependant il se tait ⁵.

La première Clarté, qui tous les illumine,
En autant de façons dans leur sein se combine
Qu'ils sont là de splendeurs où sa vertu paraît.

Et puisqu'à tout concept dans chaque intelligence
Correspond un amour, dans l'angélique essence
Le doux amour divin est plus ou moins bouillant.

Ores vois la hauteur et la grandeur extrême
De ce Bien souverain qui s'est fait à lui-même
Tant de miroirs auxquels il va se partageant

Et reste toujours un en soi, tout comme avant. »

NOTES DU CHANT XXIX

¹ Un court moment comme celui que peut durer la présence simultanée du Soleil et de la Lune sous le même horizon.

² La forme à part, la forme pure sans la matière, c'est-à-dire les Anges ; la matière pure, c'est-à-dire les éléments comme la terre, l'air, l'eau, le feu ; la forme et la matière réunies, c'est-à-dire les sphères du monde sensible, sphères matérielles auxquelles correspondent intimement unies les intelligences angéliques qui leur servent de moteurs.

³ Ainsi les formes purement actives, les Anges, au faîte de la création ; tout en bas la matière brute, la puissance élémentaire (*potenzia*) ; au milieu la hiérarchie du monde visible, depuis le Ciel de la Lune jusqu'au premier Mobile, hiérarchie parallèle et intimement unie à la hiérarchie angélique.

⁴ Quand la terre s'entr'ouvrit et que l'enfer engloutit les anges rebelles. Le texte dit : *Le sujet de vos aliments*, c'est bien l'élément terrestre.

⁵ *Millia millium ministrabant ei*, etc. (Daniel).

ARGUMENT DU CHANT XXX

Dante monte avec Béatrice au Ciel Empyrée. La beauté de Béatrice devient ineffable. Dante voit un fleuve de lumière coulant entre deux rives émaillées de fleurs. Des étincelles sortent du fleuve, se mêlent à l'éclat des fleurs, puis se replongent dans les eaux lumineuses. Dante y trempe sa paupière et la vision devient plus claire. Toutes les fleurs n'en forment plus qu'une. Les âmes bienheureuses, étagées comme les feuilles d'une grande rose, se mirent dans les flots éblouissants, reflet de la splendeur divine, et dont les étincelles sont des Anges. Béatrice montre à Dante l'immensité de cette capitale de Dieu, les élus et les Anges innombrables qu'elle renferme et le trône céleste réservé à Henri de Luxembourg.

CANTO TRENTESIMO

Forse seimila miglia di lontano
Ci ferve l'ora sesta, e questo mondo
China già l'ombra, quasi al letto piano,

Quando 'l mezzo del Cielo, a noi profondo,
Comincia a farsi tal, che alcuna stella
Perde 'l parere, infino a questo fondo:

E come vien la chiarissima ancella
Del Sol più oltre, così 'l Ciel si chiude
Di vista in vista infino alla più bella:

Non altrimenti 'l trionfo, che lude
Sempre dintorno al punto, che mi vinse,
Parendo inchiuso da quel, ch' egli inchiude,

A poco a poco al mio veder si stinse:
Per che tornar con gli occhi a Beatrice
Nulla vedere ed amor mi costrinse.

Se quanto infino a qui di lei si dice,
Fosse conchiuso tutto in una loda,
Poco sarebbe a fornir questa vice.

La bellezza ch' io vidi si trasmoda
Non pur di là da noi, ma certo io credo,
Che solo il suo Fattor tutta la goda.

CHANT TRENTIÈME

Peut-être à six milliers de milles de nos plages,
A l'orient, Midi bout, et sur nos rivages
A l'horizon déjà la nuit est en déclin

Quand au-dessus de nous, laissant tomber son voile,
Le Ciel profond blanchit et que plus d'une étoile
A cessé d'éclairer le terrestre ravin.

A mesure que vient la brillante courrière
Annoncer le Soleil, de lumière en lumière
Le firmament s'éteint, et ses beaux yeux il clôt.

Tel le chœur triomphal qui s'éjouit sans cesse
Autour du Point de feu qui vainquit ma faiblesse,
Paraissant s'absorber dans ce point qu'il enclôt,

Par degrés lentement s'éteignit à ma vue;
Et l'amour me poussant, et la nuit survenue,
Je cherchai du regard mon guide bienfaisant.

Si tout ce que j'ai dit jusqu'ici de cet ange,
Si tout cela formait une seule louange,
Tout cela cette fois serait insuffisant.

La beauté que je vis dépasse en amplitude
Plus que notre portée, et j'ai la certitude
Que son Créateur seul la savoure en entier.

CANTO XXX.

Da questo passo vinto mi concedo,
Più che giammai da punto di suo tema
Suprato fosse comico, o tragedo.

Chè, come Sole il viso che più trema,
Così lo rimembrar del dolce riso
La mente mia da sè medesma scema.

Dal primo giorno, ch' io vidi 'l suo viso
In questa vita, insino a questa vista,
Non è 'l seguire al mio cantar preciso:

Ma or convien, che 'l mio seguir desista
Più dietro a sua bellezza, poetando,
Come all' ultimo suo, ciascuno artista.

Cotal, qual' io la lascio a maggior bando,
Che quel della mia tuba, che deduce
L' ardua sua materia terminando,

Con atto e voce di spedito duce
Ricominciò: Noi semo usciti fuore
Del maggior corpo al Ciel, ch' è pura luce·

Luce intellettual piena d' amore,
Amor di vero ben pien di letizia,
Letizia, che trascende ogni dolzore.

Qui vederai l' una e l' altra milizia
Di Paradiso, e l' una in quegli aspetti,
Che tu vedrai all' ultima giustizia.

Come subito lampo, che discetti
Gli spiriti visivi, sì che priva
Dell' atto l' occhio de' più forti obbietti;

Je suis donc, je l'avoue, au-dessous de mon thème
Et plus que ne le fut au milieu d'un poëme
Aucun chantre comique, aucun tragique altier.

Comme aux feux du soleil notre faible rétine
Tremble, le souvenir de sa beauté divine
Jette encore hors de lui mon pauvre entendement.

Depuis le premier jour où je vis sa figure
Dans ce monde jusqu'à cette vision pure,
Je l'ai chantée et sans m'interrompre un moment.

Mais il faut à présent, ainsi que chaque artiste
A son dernier effort, qu'ici je me désiste
Et renonce en mes vers à suivre sa beauté.

Telle donc en l'éclat de ses splendeurs croissantes
Qu'il faut les laisser dire à des voix plus puissantes
Et terminer mon chant plein de difficulté :

« Voici que nous montons de la plus grande sphère
Au Ciel empyréen qui n'est plus que lumière !
(Dit-elle avec un ton, un geste plein d'ardeur).

Lumière de l'esprit en qui l'amour flamboie,
Amour du bien suprême et tout rempli de joie,
Joie immense, au-dessus de toute autre douceur.

Ici du Paradis l'une et l'autre milice [1]
Vont t'apparaître, et, comme au jour de la Justice,
Tu verras l'une avec son corps tout lumineux. »

Comme un subit éclair qui, nous frappant en face,
Paralyse la vue et dans notre œil efface
L'impression des corps les plus volumineux,

Così mi circonfulse luce viva,
E lasciommi fasciato di tal velo
Del suo fulgor, che nulla m' appariva.

Sempre l' Amor, che queta questo Cielo,
Accoglie in sè con sì fatta salute,
Per far disposto a sua fiamma il candelo.

Non fur più tosto dentro a me venute
Queste parole brevi, ch' io compresi
Me sormontar di sopra a mia virtute:

E di novella vista mi raccesi
Tale, che nulla luce è tanto mera,
Che gli occhi miei non si fosser difesi:

E vidi lume in forma di riviera
Fulvido di fulgore, intra duo rive,
Dipinte di mirabil Primavera.

Di tal fiumana uscian faville vive,
E d' ogni parte si mettean ne' fiori,
Quasi rubin, che oro circonscrive.

Poi, come inebriate dagli odori,
Riprofondavan sè nel miro gurge,
E, s' una entrava, un' altra n' uscia fuori.

L' alto disio, che mo t' infiamma ed urge
D' aver notizia di ciò che tu vei,
Tanto mi piace più, quanto più turge:

Ma di quest' acqua convien che tu bei
Prima che tanta sete in te si sazii:
Così mi disse 'l Sol degli occhi miei;

CHANT XXX.

Ainsi m'enveloppa par devant, par derrière,
D'un voile éblouissant une vive lumière
Et me couvrit au point que je ne voyais plus.

« L'Amour, dont les doux feux dans ce Ciel se répandent,
Pour disposer le cierge à ces feux qui l'attendent,
D'un semblable salut accueille les élus. »

Cette brève réponse à peine de l'oreille
Elle m'entrait au cœur, que soudain, ô merveille !
Je sentis une force étrange me venir,

Et la vue en mes yeux se ralluma perçante,
Et telle qu'il n'est point de flamme si puissante
Que mon regard dès lors n'eût pu la soutenir.

Et je vis un torrent de flammes toutes vives,
Un fleuve de splendeurs coulant entre deux rives
Où d'un printemps sans fin s'étalait le trésor.

De ce fleuve sortaient des milliers d'étincelles
Qui tombaient au milieu de ces fleurs éternelles [2]
Et semblaient des rubis enchâssés dans de l'or.

Puis, ivres de parfums, les clartés fulgurantes
Au torrent merveilleux se replongeaient vivantes,
Et quand l'une y rentrait, une autre en jaillissait.

« Le désir qui t'enflamme à présent de connaître
Le sens de ce qu'ici tu viens de voir paraître,
Plus il gonfle ton cœur, d'autant mieux il me plaît.

Mais avant d'apaiser la soif qui te consume
Il te faudra goûter de cette eau sans écume. »
Le Soleil de mes yeux ainsi m'avait parlé ;

Anche soggiunse : Il fiume e li topazii,
Ch' entrano ed escono, e 'l rider dell' erbe
Son di lor vero ombriferi prefazii :

Non che da sè sien queste cose acerbe :
Ma è difetto dalla parte tua,
Chè non hai viste ancor tanto superbe.

Non è fantin, che sì subito rua
Col volto verso il latte, se si svegli
Molto tardato dall' usanza sua,

Come fec' io per far migliori spegli
Ancor degli occhi, chinandomi all' onda,
Che si deriva, perchè vi s' immegli.

E, sì come di lei bevve la gronda
Delle palpebre mie, così mi parve
Di sua lunghezza divenuta tonda.

Poi come gente stata sotto lave,
Che pare altro che prima se si sveste
La sembianza non sua in che disparve;

Così mi si cambiaro in maggior feste
Li fiori e le faville, sì ch' io vidi
Ambo le Corti del Ciel manifeste.

O isplendor di Dio, per cu' io vidi
L' alto trionfo del regno verace,
Dammi virtude a dir com' io lo vidi.

Lume è lassù, che visibile face
Lo Creatore a quella creatura,
Che solo in lui vedere ha la sua pace :

CHANT XXX.

Ensuite il ajouta : « Ces topazes brillantes,
Ce fleuve éblouissant et ces fleurs souriantes,
Sont du suprême Vrai le prélude voilé.

Non pas que l'enveloppe ici soit fort épaisse ;
Mais le voile provient surtout de ta faiblesse,
Et ton regard n'est pas encore assez profond. »

Tel, réveillé plus tard que son accoutumance,
L'enfant se précipite avec impatience
Sur le sein nourricier collant son petit front :

Pour faire de mes yeux des miroirs plus limpides,
Ainsi je m'élançais vers ces flammes liquides
Où l'on se purifie en se désaltérant.

Et quand j'en eus mouillé le bord de ma paupière,
Le fleuve s'écartant de sa forme première
M'apparut rond, de long qu'il me semblait avant [3].

Et puis, comme caché sous le masque, un visage
Nous apparaît tout autre alors qu'il se dégage
De ce masque emprunté, voile artificiel :

Ainsi les belles fleurs, ainsi les étincelles
Exultèrent soudain plus vives et plus belles,
Et je vis clairement la double Cour du Ciel :

O toi par qui j'ai vu, Splendeur de Dieu lui-même !
Tout l'éclat triomphal du royaume suprême,
Donne-moi de le dire ainsi que je l'ai vu !

Il existe là-haut une lumière pure,
A travers ses rayons Dieu montre sa figure
A ces êtres qui n'ont de paix qu'en le voyant.

E si distende in circular figura
In tanto, che la sua circonferenza
Sarebbe al Sol troppo larga cintura.

Fassi di raggio tutta sua parvenza,
Reflesso al sommo del mobile primo,
Che prende quindi vivere, e potenza;

E come clivo in acqua di suo imo
Si specchia, quasi per vedersi adorno,
Quando è nel verde, e ne' fioretti opimo,

Sì soprastando al lume intorno intorno
Vidi specchiarsi in più di mille soglie,
Quanto di noi lassù fatto ha ritorno.

E se l' infimo grado in sè raccoglie
Sì grande lume, quant' è la larghezza
Di questa rosa nell' estreme foglie?

La vista mia nell' ampio e nell' altezza
Non si smarriva, ma tutto prendeva
Il quanto e 'l quale di quella allegrezza,

Presso e lontano lì, nè pon, nè leva:
Che dove Dio senza mezzo governa,
La legge natural nulla rilieva.

Nel giallo della rosa sempiterna,
Che si dilata, rigrada, e redole
Odor di lode al Sol, che sempre verna,

Qual' è colui, che tace e dicer vuole,
Mi trasse Beatrice, e disse: Mira
Quanto è 'l convento delle bianche stole!

Sous la forme d'un cercle elle s'étend immense,
Son diamètre est si grand que sa circonférence
Serait pour le soleil trop large ceinturon.

Ce qu'il en apparaît n'est rien qu'un reflet d'elle
Sur le Premier Mobile où ce reflet ruisselle,
Et qui prend vie et force au sein de ce rayon.

Et comme le coteau qu'au pied baigne une eau pure
Se mire dans le flot pour y voir sa parure
Quand il est tout chargé de verdure et de fleurs,

Etagés en gradins, penchés sur la lumière,
Se mirent par milliers tous ceux qui de la terre
Ont fait retour au Ciel et sont sur ces hauteurs.

Au dernier échelon, si la feuille dernière
Reçoit une si large et si vive lumière,
De la rose, au sommet, que doit être l'ampleur?

Mon œil ne s'égarait ni dans cette amplitude,
Ni dans cette hauteur; de la béatitude
J'embrassais tout le cercle, en hauteur, en largeur.

Partout égal éclat, de près comme à distance.
Au royaume immédiat de la Toute-Puissance
Des naturelles lois rien ne relève plus.

Dans le calice d'or de la rose éternelle
Qui par degrés s'étage en exhalant hors d'elle
Un parfum de louange au Soleil des élus,

Avant que j'eusse encore essayé de rien dire,
M'attira Béatrice et puis me dit : « Admire
Combien l'ordre est nombreux des heureux voiles blancs !

Vedi nostra città quanto ella gira!
Vedi li nostri scanni sì ripieni,
Che poca gente omai ci si disira.

In quel gran seggio, a che tu gli occhi tieni,
Per la corona, che già v' è su posta,
Primachè tu a queste nozze ceni,

Sederà l' alma, che fia giù Agosta
Dell' alto Arrigo, ch' a drizzare Italia
Verrà imprima ch' ella sia disposta.

La cieca cupidigia, che v' ammalia,
Simili fatti v' ha al fantolino,
Che muor di fame e caccia via la balia;

E fia Prefetto nel foro divino
Allora tal, che palese e coverto
Non anderà con lui per un cammino.

Ma poco poi sarà da Dio sofferto
Nel santo uficio: ch' el sarà detruso
Là dove Simon mago è per suo merto,

E farà quel d' Alagna esser più giuso.

Vois notre capitale et quelles larges zònes
Elle embrasse! et combien nous occupons de trònes!
Vois, il reste bien peu de vides sur nos bancs.

Sur ce grand siége vide, et dont ton œil s'étonne
A cause du rayon qui déjà le couronne,
Avant qu'à ce banquet tu sois venu t'asseoir,

Siégera le très-haut Empereur, l'âme pie
De Henri qui viendra relever l'Italie
Avant qu'elle soit prête à rentrer au devoir [1].

L'aveugle passion, ingrats! qui vous enfièvre,
Vous égale à l'enfant qui, la soif à la lèvre,
Bat sa nourrice, et qui la chasse de la main.

Dans le divin Prétoire, à la première place,
Un Pasteur sera qui, dans l'ombre ou bien en face,
Ne suivra pas ce roi dans le même chemin.

Mais Dieu le laissera bien peu de temps encore
Dans l'office sacré pour qu'il le déshonore!
Il ira dans la fosse où Simon est puni

Et fera choir plus bas le Mage d'Anagni. »

NOTES DU CHANT XXX

[1] Les âmes bienheureuses et les Anges.

[2] Les étincelles sont les Anges, les fleurs sont les âmes bienheureuses.

[3] La longueur figurait l'immensité, la rondeur l'éternité.

[4] L'âme de Henri VII, empereur. Il était mort quand Dante écrivait. Mais le poëte est censé avoir sa vision en l'an 1300. Il prédit d'avance l'entreprise de Henri sur l'Italie que l'opposition du pape Clément VII fit avorter; il décerne à son César la couronne céleste et plonge Clément VII en enfer dans la fosse des simoniaques, derrière le pape Boniface VIII (voy. le chant XIX de l'*Enfer*). On voit que les colères du proscrit ne l'abandonnent pas au milieu des délices du Paradis.

ARGUMENT DU CHANT XXXI

Dante contemple dans leur gloire les deux milices du Ciel Empyrée : les Saints et les Anges. Béatrice a disparu : elle est montée s'asseoir sur son trône. Elle envoie au poëte saint Bernard pour la remplacer. Saint Bernard lui montre la Vierge Marie resplendissante au milieu des adorations des Saints et des Anges.

CANTO TRENTESIMO PRIMO

In forma dunque di candida rosa
Mi si mostrava la milizia santa,
Che nel suo sangue Cristo fece sposa.

Ma l' altra, che volando vede e canta
La gloria di Colui, che la 'nnamora,
E la bontà, che la fece cotanta;

Sì come schiera d' api, che s' infiora
Una fiata, ed altra si ritorna
Là dove il suo lavoro s'insapora,

Nel gran fior discendeva, che s' adorna
Di tante foglie, e quindi risaliva
Là, dove il suo amor sempre soggiorna.

Le facce tutte avean di fiamma viva,
E l' ale d' oro, e l' altro tanto bianco,
Che nulla neve a quel termine arriva.

Quando scendean nel fior, di banco in banco,
Porgevan della pace e dell' ardore,
Ch' egli acquistavan, ventilando il fianco.

Nè l' interporsi tra 'l disopra e 'l fiore,
Di tanta plenitudine volante
Impediva la vista e lo splendore:

CHANT TRENTE ET UNIÈME

Comme une rose blanche ouvrant son pur calice,
Ainsi s'offrait à moi la pieuse milice
Que dans son sang divin Jésus-Christ épousa.

L'autre, qui vole et voit et chante bienheureuse
La gloire de celui qui la rend amoureuse
Et l'immense bonté qui si haut l'éleva,

Comme un joyeux essaim d'abeilles va, butine
Dans les fleurs, puis retourne à la ruche voisine
Où le suc enlevé s'élabore en doux miel,

Descendait dans la rose immense, fleur parée
De tant de feuilles, puis remontait enivrée
Dans le foyer brûlant de l'amour éternel.

Flamme était la couleur de leur face céleste,
Leurs ailes étaient d'or, et la blancheur du reste
De la plus pure neige effaçait la splendeur.

De trône en trône allant jusqu'au cœur de la rose,
Ils versaient, secouant leurs ailes, quelque chose
De l'ardeur, de la paix qu'ils puisaient au Seigneur[1].

Les bataillons ailés, immense multitude
Volant entre la rose et la béatitude,
N'interceptaient pourtant ni les yeux ni le feu.

Chè la luce divina è penetrante
Per l' universo, secondo ch' è degno,
Sì che nulla le puote essere ostante.

Questo sicuro e gaudioso regno,
Frequente in gente antica ed in novella,
Viso ed amore avea tutto ad un segno.

O Trina Luce, che in unica stella
Scintillando a lor vista sì gli appaga,
Guarda quaggiuso alla nostra procella.

Sei Barbari, venendo da tal plaga,
Che ciascun giorno d' Elice si cuopra,
Rotante col suo figlio, ond' ella è vaga,

Veggendo Roma e l' ardua sua opra
Stupefaceansi, quando Laterano
Alle cose mortali andò di sopra;

Io, che era al divino dall' umano,
Ed all' eterno dal tempo venuto,
E di Fiorenza in popol giusto e sano,

Di che stupor doveva esser compiuto!
Certo tra esso, e 'l gaudio mi facea
Libito non udire, e starmi muto.

E quasi peregrin, che si ricrea
Nel tempio del suo voto riguardando,
E spera già ridir com' ello stea;

Sì per la viva luce passeggiando,
Menava io gli occhi per li gradi
Mo su, mo giù, e mo ricirculando.

La lumière divine en l'univers pénètre
A tous les rangs, suivant qu'en est digne chaque être,
Et rien ne fait obstacle à la splendeur de Dieu.

Ce royaume, séjour paisible et magnifique
Des nouveaux bienheureux, de ceux de l'âge antique,
N'avait qu'un Point, un seul, dans le cœur et les yeux.

Triple splendeur, luisant dans une seule flamme
Dont s'enivrent leurs yeux et s'apaise leur âme,
Jette un regard sur nous, sur nos jours orageux !

Les Barbares, venus de la terre glacée
Où chaque jour repasse en tournant Hélicée
Avec le fils chéri qu'elle suit dans les airs [2],

Demeuraient stupéfaits voyant tout à coup Rome
Et ses hauts monuments, quand Latran, qu'on renomme,
N'avait rien qui lui fût égal en l'univers.

Moi qui venais au Ciel de la terre mortelle,
Moi qui montais du temps à la Vie éternelle
Et du sein de Florence à ce peuple parfait,

De quel étonnement pouvais-je me défendre ?
Je désirais ne rien dire, ne rien entendre,
Tout ensemble enivré de joie et stupéfait.

Et comme un pèlerin arrivé dans le temple
Où son vœu l'a conduit, il regarde, il contemple,
En espérant déjà tout décrire au retour :

De même, traversant cette vive lumière,
Je promenais mes yeux en avant, en arrière
Et d'étage en étage, en haut, en bas, autour.

Vedeva visi a carità suadi
D' altrui lume fregiati, e del suo riso,
E d' atti ornati di tutte onestadi.

La forma general di Paradiso
Già tutta il mio sguardo avea compresa,
In nulla parte ancor fermato fiso:

E volgeami con voglia riaccesa
Per dimandar la mia Donna di cose,
Di che la mente mia era sospesa.

Uno intendeva, ed altro mi rispose;
Credea veder Beatrice, e vidi un sene
Vestito con le genti gloriose.

Diffuso era per gli occhi e per le gene
Di benigna letizia, in atto pio,
Quale a tenero padre si conviene.

Ed, Ella ov' è? di subito diss' io;
Ond' egli: A terminar lo tuo disiro
Mosse Beatrice me del luogo mio:

E se riguardi su nel terzo giro
Del sommo grado, tu la rivedrai
Nel trono, che i suoi merti le sortiro.

Senza risponder gli occhi su levai,
E vidi lei, che si facea corona,
Riflettendo da sè gli eterni rai.

Da quella region che più su tuona,
Occhio mortale alcun tanto non dista,
Qualunque in mare più giù s' abbandona,

Je voyais des fronts doux semblant, comme l'Apôtre,
Dire : Aimez! Beaux amours, embellis l'un par l'autre,
Et dans leurs mouvements pleins de suavité.

Déjà du Paradis de Dieu ma faible vue
Embrassait tout l'ensemble en sa vaste étendue
Sans que mon œil se fût nulle part arrêté.

Et le feu du désir rallumé dans mon âme
Me tournait curieux du côté de ma Dame
Pour me faire expliquer ce dont j'ardais le plus.

J'attendais Béatrix ; mais, contre mon attente,
Au lieu de Béatrix un vieillard se présente
Sous le blanc vêtement des glorieux élus.

Tout inondé de joie et de béatitude,
Il avait cette douce et bénigne attitude
Que prend un tendre père auprès d'un fils pieux.

« Et Béatrix! où donc est-elle ? » m'écriai-je.
Il me dit : « Béatrix m'a fait quitter mon siége
Afin de te conduire au terme de tes vœux.

Dans le troisième rang de la plus haute zône
Regarde : tu pourras la revoir sur le trône
Que sa vertu lui fit échoir au Paradis. »

Muet, je relevai la tête et vis ma Donne
Se faisant à l'entour du front une couronne
Des rayons éternels sur elle réfléchis.

Si bas qu'au sein des mers, sous la vague profonde,
S'abandonne un plongeur, des régions où gronde
La foudre le plus haut, son œil est moins distant

Quanto lì da Beatrice la mia vista :
Ma nulla mi facea; chè sua effige
Non discendeva a me per mezzo mista.

O Donna, in cui la mia speranza vige,
E che soffristi per la mia salute;
In Inferno lasciar le tue vestige,

Di tante cose, quante io ho vedute,
Dal tuo podere e dalla tua bontate
Riconosco la grazia e la virtute.

Tu m' hai di servo tratto a libertate
Per tutte quelle vie, per tutt' i modi,
Che di ciò fare avean la potestate.

La tua magnificenza in me custodi,
Sì che l' anima mia, che fatt' hai sana,
Piacente a te dal corpo si disnodi.

Così orai : e quella sì lontana,
Come parea, sorrise e riguardommi;
Poi si tornò all' eterna fontana.

E 'l santo Sene : Acciocchè tu assommi
Perfettamente, disse, il tuo cammino,
A che prego ed amor santo mandommi,

Vola con gli occhi per questo giardino :
Chè veder lui t' accenderà lo sguardo
Più al montar per lo raggio divino.

E la Regina del Cielo, ond' io ardo
Tutto d' amor, ne farà ogni grazia,
Perocch' io sono il suo fedel Bernardo.

Que le mien ne l'était alors de Béatrice,
Et pourtant je la vis. L'image protectrice
Rayonnait jusqu'à moi, rien ne l'interceptant.

« O femme sainte en qui fleurit mon espérance !
Toi qui pour mon salut, bravant toute souffrance,
N'as pas craint de laisser ta trace en l'Enfer noir !

Tout ce que mes regards ont vu, sainte maîtresse !
C'est à ton pouvoir, c'est à ta seule tendresse
Que j'ai dû la vertu, la grâce de le voir.

Serf tu m'as affranchi, tu m'as à la lumière
Conduit par toute voie et par toute manière
Qui pouvait aboutir à ce désiré port.

Que ta magnificence en moi se garde et dure
Pour que mon âme un jour, par toi guérie et pure,
Te plaise quand viendra la délier la mort ! »

Ainsi je la priai. De loin, sans me rien dire,
Elle me regarda, paraissant me sourire,
Et puis se retourna vers l'éternel foyer.

Alors le saint vieillard : « Afin que s'accomplisse
Ton voyage, dit-il, car c'est pour cet office
Qu'un vœu de pur amour a voulu m'envoyer,

Que ton œil vole au sein des fleurs de ce bocage ;
Leur vue enflammera ton regard davantage,
Pour qu'au rayon divin il s'élève plus tard.

Et la Reine du Ciel, pour qui brûle mon âme,
Nous sera toute grâce alors ; car Notre-Dame
Est toujours toute à moi, son fidèle Bernard [3]. »

Quale è colui, che forse di Croazia
Viene a veder la Veronica nostra,
Che per l' antica fama non si sazia,

Ma dice nel pensier, fin che si mostra:
Signor mio, GESU' CRISTO, Dio verace,
Or fu sì fatta la sembianza vostra?

Tale era io mirando la vivace
Carità di colui, che in questo mondo,
Contemplando gustò di quella pace:

Figliuol di grazia, questo esser giocondo,
Cominciò egli, non ti sarà noto
Tenendo gli occhi pur quaggiuso al fondo:

Ma guarda i cerchi fino al più remoto,
Tanto che veggi seder la Regina,
Cui questo regno è suddito e devoto.

Io levai gli occhi; e come da mattina
La parte oriental dell' orizzonte
Soverchia quella, dove 'l Sol declina,

Così quasi di valle andando a monte,
Con gli occhi, vidi parte nello stremo
Vincer di lume tutta l' altra fronte.

E come quivi, ove s' aspetta il temo,
Che mal guidò Fetonte, più s' infiamma,
E quinci e quindi il lume è fatto scemo;

Così quella pacifica Oriflamma
Nel mezzo s' avvivava, e d' ogni parte
Per igual modo allentava la fiamma.

CHANT XXXI.

Tel l'étranger venu du pays Dalmatique
Pour visiter chez nous la sainte Véronique [4],
Ne peut se détacher du suaire divin,

Et tandis qu'on la montre, en lui-même il murmure :
Mon Seigneur Jésus-Christ ! O divine nature,
C'était donc là vraiment votre visage humain !

Tel étais-je, admirant la charité profonde
De l'auguste vieillard qui déjà dans ce monde
Savoura dans l'extase un avant-goût des Cieux.

« Jamais, dit-il, ô fils de la grâce infinie,
Tu ne sauras ce qu'est cette céleste vie
Si tu gardes ainsi toujours baissés tes yeux.

Jusqu'au dernier circuit que ton œil se promène :
Là tu verras siéger sur son trône la Reine
A qui tout ce royaume obéit, plein d'amour [5]. »

Je relevai le front. Comme aux feux de l'aurore
Le ciel oriental qui soudain se colore
Fait pâlir l'horizon où décline le jour,

Dans la sphère du ciel la plus loin reculée
Ainsi mon œil, montant *quasi* de la vallée
A la montagne, vit des feux supérieurs.

Et de même qu'au point d'où le char de lumière
Qu'égara Phaéton doit venir, tout s'éclaire
Tandis que la clarté pâlit partout ailleurs,

Ainsi cette céleste et paisible oriflamme
S'avivait au milieu d'une plus rouge flamme,
Et de chaque côté s'allanguissait le feu.

Ed a quel mezzo con le penne sparte
Vidi più di mille Angeli festanti,
Ciascun distinto e di fulgore e d'arte.

Vidi quivi a' lor giuochi ed a' lor canti
Ridere una bellezza che letizia
Era negli occhi a tutti gli altri Santi.

E s' io avessi in dir tanta dovizia,
Quanto ad immaginar, non ardirei
Lo minimo tentar di sua delizia.

Bernardo, come vide gli occhi miei,
Nel caldo suo calor fissi ed attenti;
Gli suoi con tanto affetto volse a lei,

Che i miei di rimirar fe' più ardenti.

Des anges par milliers, et dans leur multitude
Différant tous entre eux d'éclat et d'attitude,
Paraissaient faire fête à ce brillant milieu.

Là je vis à leurs jeux, à leur danse admirable,
Sourire une beauté dont la vue adorable
Semblait ravir d'amour le chœur qui l'entourait.

Mon imagination fût-elle richissime
Et mon verbe à l'égal, de ce bonheur sublime
Je n'oserais tenter d'exprimer un seul trait.

Lorsque vit saint Bernard que dans la vive flamme
Je plongeais mon regard et j'absorbais mon âme,
Il attacha ses yeux sur elle avec ardeur,

Et mon extase en prit encor plus de ferveur.

NOTES DU CHANT XXXI

¹ Les Anges vont puiser dans le sein de Dieu les flammes délicieuses qu'ils versent ensuite dans le calice de la rose dont les feuilles innombrables figurent les Saints.

² Hélicé, changée par Jupiter en ourse et près d'être percée d'une flèche par son fils Arcas, fut transportée au Ciel et devint la constellation de la Grande-Ourse. Arcas, après avoir subi la même métamorphose que sa mère, figurait à côté d'elle la Petite-Ourse.

³ Saint Bernard, abbé de Clairvaux, la gloire du douzième siècle.

⁴ D'après la tradition, une femme juive ayant jeté un mouchoir sur le visage de Jésus-Christ montant au Calvaire, l'empreinte des traits du Sauveur resta gravée sur le suaire. Ce suaire, objet de vénération, fut appelé Véronique (de *vera* et de *icon*).

⁵ La Vierge Marie.

ARGUMENT DU CHANT XXXII

Saint Bernard explique à Dante l'ordre et la division de la rose des Saints. Elle est partagée en deux moitiés. Entre ces deux moitiés le trône de la Vierge, et au-dessous d'elle des siéges occupés par les femmes juives ; vis-à-vis le trône de la Vierge celui de Jean-Baptiste et, au-dessous, des siéges occupés par saint François, saint Benoît, saint Augustin, etc. Ces siéges, divisant la rose dans toute sa largeur et dans sa profondeur, forment comme un mur de séparation entre les Saints d'avant et ceux d'après Jésus-Christ. Une file de gradins, occupés par les petits enfants, divise encore par le milieu chacune des deux moitiés de la rose. Saint Bernard explique comment des rangs ont pu être dévolus à ces innocents, et désigne les Saints les plus considérables faisant cortége à la glorieuse Vierge.

CANTO TRENTESIMO SECONDO

Affetto al suo piacer quel contemplante
Libero uficio di dottore assunse,
E cominciò queste parole sante:

La piaga che Maria richiuse ed unse,
Quella, che, tanto bella, è da' suoi piedi,
È colei, che l' aperse, e che la punse.

Nell' ordine, che fanno i terzi sedi,
Siede Rachel, di sotto da costei,
Con Beatrice, sì come tu vedi.

Sarra, Rebecca, Judit, e colei,
Che fu bisava al Cantor, che per doglia
Del fallo disse, *Miserere mei*.

Puoi tu veder così di soglia in soglia
Giù digradar, com' io, ch' a proprio nome
Vo per la rosa giù, di foglia in foglia.

E dal settimo grado in giù, sì come
Infino ad esso, succedono Ebree
Dirimendo del fior tutte le chiome:

Perchè, secondo lo sguardo, che fee
La Fede in Cristo, queste sono il muro,
A che si parton le sacre scalee.

CHANT TRENTE-DEUXIÈME

Le saint contemplateur sur la Vierge qu'il aime
Tint ses yeux attachés, puis, prenant de lui-même
L'office de docteur, en ces mots s'exprima :

« Aux pieds de Maria, cette femme si belle,
C'est celle qui causa la blessure cruelle
Que ferma le Sauveur, que son sang embauma [1].

Et d'un siége au-dessous de la belle matrone,
Dans le troisième rang, tu vois Rachel qui trône
Auprès de Béatrix sur un même degré.

Puis Sarah, Rébecca, Judith et la glaneuse [2],
La bisaïeule au roi qui, l'âme douloureuse,
Et cédant aux remords, chanta *Miserere*.

Les vois-tu, se suivant ainsi que je recueille
Leurs noms en descendant la rose feuille à feuille,
Chacune descendant d'un degré de splendeur ?

Et depuis le premier gradin jusqu'au septième,
Et du septième en bas [3], se succèdent de même
Les Juives divisant les feuilles de la fleur.

Elles forment ainsi comme un mur, une barre
Qui divise les saints escaliers et sépare
Ceux qui différemment ont cru dans le Sauveur.

Da questa parte, onde 'l fiore è maturo
Di tutte le sue foglie, sono assisi
Quei, che credettero in Cristo venturo,

Dall' altra parte, onde sono intercisi
Di voto i semicircoli, si stanno
Quei, ch' a Cristo venuto ebber li visi.

E come quinci il glorioso scanno
Della Donna del Cielo, e gli altri scanni
Di sotto lui cotanta cerna fanno:

Così di contra quel del gran Giovanni,
Che sempre santo il deserto e 'l martiro
Sofferse, e poi l' Inferno da due anni:

E sotto lui così cerner sortiro
Francesco, Benedetto, ed Agostino,
E gli altri fin quaggiù di giro in giro.

Or mira l' alto provveder divino:
Che l' uno e l' altro aspetto della Fede
Igualmente empierà questo giardino:

E sappi, che dal grado in giù che fiede
A mezzo 'l tratto le duo discrezioni,
Per nullo proprio merito si siede,

Ma per l' altrui, con certe condizioni:
Chè tutti questi sono spirti assolti
Prima ch' avesser vere elezioni.

Ben te ne puoi accorger per li volti,
Ed anche per le voci puerili,
Se tu gli guardi bene, e se gli ascolti.

CHANT XXXII.

De ce côté, dans cet hémicycle où les stalles
Sont pleines, où la rose ouvre tous ses pétales,
Siégent ceux qui croyaient au futur Rédempteur.

Et de l'autre côté, dans cette demi-zone
Où tu peux voir encor plus d'un vide, ont leur trône
Ceux qui crurent au Christ quand son temps arriva.

Et comme ce trépied de la Vierge immortelle,
Et les autres trépieds placés au-dessus d'elle,
Séparent les élus en deux moitiés par là,

Vis-à-vis, le trépied du grand saint Jean-Baptiste
Qui toujours saint souffrit la solitude triste,
Le martyre et deux ans de Limbes aux enfers [4],

Et dessous ce trépied du prince des apôtres,
Saint François, saint Benoît, Augustin et les autres,
Séparent les élus sur leurs gradins divers.

Or, admire de Dieu la haute prévoyance :
La Foi des nouveaux temps et l'antique croyance
Un jour également rempliront ce verger, [5].

Et là, du haut en bas ce banc qui s'entrepose,
Coupant par le milieu les moitiés de la rose,
Pour son mérite propre on n'y vient pas siéger,

Mais pour celui d'autrui sous certaine exigence ;
Car tous ces bienheureux sont vases d'innocence,
Morts avant d'avoir eu la libre élection.

Tu peux le reconnaître à leurs voix enfantines
Comme à leurs traits, pour peu que tu les examines.
Regarde, écoute-les avec attention.

Or dubbi tu, e dubitando sili :
Ma io ti solverò forte legame,
In che ti stringon li pensier sottili.

Dentro all' ampiezza di questo reame
Casual punto non puote aver sito,
Se non come tristizia, o sete, o fame :

Chè per eterna legge è stabilito
Quantunque vedi, sì che giustamente
Ci si risponde dall' anello al dito.

E però questa festinata gente
A vera vita non è *sine causa:*
Entrasi qui più e meno eccelente,

Lo Rege per cui questo regno pausa,
In tanto amore ed in tanto diletto,
Che nulla volontade è di più *ausa,*

Le menti tutte nel suo lieto aspetto,
Creando, a suo piacer, di grazia dota
Diversamente : e qui basti l' effetto.

E ciò espresso e chiaro vi si nota,
Nella Scrittura santa in que' gemelli,
Che nella Madre ebber l' ira *commota.*

Però, secondo il color de' capelli
Di cotal grazia, l' altissimo lume
Degnamente convien, che s' incappelli.

Dunque senza mercè di lor costume
Locati son per gradi differenti,
Sol differendo nel primiero acume.

Or il te vient un doute, et j'entends ton silence ;
Mais je vais dénouer ce nœud où ta science
S'arrête, où ton penser s'embarrasse incertain.

Au royaume du Ciel, dans tout son vaste espace,
Nul effet de hasard ne peut trouver de place,
Pas plus que la tristesse ou la soif ou la faim,

Car tout ce que tu vois dans cette fleur si belle
Appartient au conseil de la règle éternelle,
Où l'anneau toujours juste est taillé sur le doigt.

Ce n'est donc pas *sine causâ* qu'en cette vie
Tu vois cette moisson hâtivement ravie.
Chacun plus ou moins pur à son vrai rang s'asseoit.

Le monarque, par qui ce royaume repose
Dans tant d'amour, et qui d'un tel bonheur l'arrose
Que nul désir ne peut, n'ose plus haut monter,

Créant tous les esprits que son œil tendre embrasse,
A des degrés divers les dote de sa grâce
A son gré : c'est un fait; il faut t'en contenter.

Vous en avez la preuve expresse et non obscure
Dans ces enfants jumeaux de la Sainte-Écriture
Qui se battaient déjà dans le flanc maternel [6].

Or, selon la couleur dont sa Grâce y rayonne,
Il est juste que Dieu mesure leur couronne
A chacun de ces fronts, tous élus pour le Ciel.

Donc ce n'est point pour prix d'actions méritoires
Qu'à des degrés divers ils sont là dans ces Gloires :
Un premier germe seul les a faits différents.

Bastava, sì ne' secoli recenti
Con l' innocenza, per aver salute,
Solamente la fede de' parenti:

Poichè le prime etadi fur compiute,
Convenne a' maschi all' innocenti penne,
Per circoncidere, acquistar virtute:

Ma poichè 'l tempo della Grazia venne,
Senza battesmo perfetto di CRISTO,
Tale innocenza laggiù si ritenne.

Riguarda omai nella faccia, ch' a CRISTO
Più s' assomiglia; chè la sua chiarezza
Sola ti può disporre a veder CRISTO.

Io vidi sovra lei tanta allegrezza
Piover, portata nelle menti sante,
Create a trasvolar per quella altezza,

Che quantunque io avea visto davante,
Di tanta ammirazion non mi sospese,
Nè mi mostrò di Dio tanto sembiante.

E quell' Amor, che primo lì discese,
Cantando *Ave, Maria, gratia plena,*
Dinanzi a lei le sue ale distese.

Rispose alla divina cantilena,
Da tutte parti la beata Corte,
Sì ch' ogni vista sen fe' più serena.

O santo Padre, che per me comporte
L' esser quaggiù, lasciando 'l dolce loco,
Nel qual tu siedi, per eterna sorte:

Jadis, lorsque le monde était à sa naissance,
Une chose assurait le salut de l'enfance :
Son innocence unie à la foi des parents.

Après les premiers temps, à tous fils des fidèles
Il fallut que, donnant plus d'essor à leurs ailes,
La circoncision apportât son bienfait.

Depuis l'ère de Grâce autre devoir commence,
Et le Limbe retient leur impure innocence
S'ils n'ont pas eu du CHRIST le baptême parfait [7].

Regarde maintenant en face cette femme
Qui ressemble le plus au CHRIST : sa claire flamme,
Pour contempler le CHRIST, aiguisera tes yeux. »

Et je vis sur Marie une telle allégresse
Pleuvoir, que lui portaient les esprits pleins d'ivresse
Créés pour traverser en volant ces hauts lieux [8],

Que tout ce que j'avais, avant cette merveille,
Pu voir, ne m'avait fait d'impression pareille
Et ne m'avait montré si vrai reflet de Dieu.

Un ange le premier descendit de l'espace
En chantant : Maria, salut, pleine de grâce !
Et sur elle étendit ses deux ailes de feu.

Et la Cour bienheureuse et le Saint comme l'Ange,
Tous redirent en chœur la divine louange
Et d'un plus pur éclat semblèrent rayonner.

« Saint Père qui pour moi consens, maître efficace,
A venir jusqu'ici, quittant la douce place
Où pour l'éternité ton sort est de trôner !

Qual' è quell' Angel, che con tanto giuoco
Guarda negli occhi la nostra Regina,
Innamorato sì, che par di fuoco?

Così ricorsi ancora alla dottrina
Di colui, che abbelliva di Maria,
Come del Sol la stella mattutina.

Ed egli a me : Baldezza e leggiadria,
Quanta esser puote in Angelo ed in alma,
Tutta è in lui, e sì volem che sia :

Perch' egli è quegli, che portò la palma
Giuso a Maria, quando 'l Figliuol di Dio
Carcar si volse della nostra salma.

Ma vienne omai con gli occhi, sì com' io
Andrò parlando, e nota i gran patrici
Di questo imperio giustissimo e pio.

Quei duo, che seggon lassù più felici,
Per esser propinquissimi ad Augusta,
Son d' esta rosa quasi due radici.

Colui, che da sinistra le s' aggiusta,
È 'l Padre, per lo cui ardito gusto
L' umana specie tanto amaro gusta.

Dal destro vedi quel Padre vetusto
Di Santa Chiesa, a cui Cristo le chiavi
Raccomandò di questo fior venusto.

E que', che vide tutt' i tempi gravi,
Pria che morisse, della bella sposa,
Che s' acquistò con la lancia e co' chiavi,

CHANT XXXII.

Quel est cet ange-là que son ivresse enchaîne,
Regardant dans les yeux de notre Souveraine ?
Il paraît tout de feu dans son amour divin. »

Ainsi je recourus encore au zèle pie
Du maître, qui semblait s'embellir par Marie
Comme au Jour s'embellit l'étoile du matin.

Et le Saint : « Tout ce que de grâce et de puissance
Peuvent avoir une âme et l'angélique essence
Est en lui réuni : nous y souscrivons tous.

Car c'est lui qui porta sur la terre à Marie [9]
Le rameau, quand du faix de notre ignominie
Le Fils vivant de Dieu vint se charger pour nous.

Mais suis-moi maintenant du regard et remarque,
En écoutant leurs noms, tous les esprits de marque,
Les grands patriciens de l'empire éternel.

Ces deux là-haut, les plus heureux du peuple juste,
Puisqu'ils sont les plus près de Notre-Dame auguste,
Ont servi de racine à la rose du Ciel.

A sa gauche d'abord c'est le Père de l'homme
Qui, pour avoir osé goûter la douce pomme,
Légua tant d'amertume à goûter aux humains.

A sa droite le chef de notre sainte Église ;
C'est par lui que l'on entre en cette rose exquise,
Et les clefs de la fleur, CHRIST les mit dans ses mains.

Et celui-là qui vit avant la mort jalouse
Les temps durs réservés à cette belle épouse
Que le Sauveur conquit par la lance et les clous,

Siede lungh' esso : e lungo l' altro posa
Quel Duca, sotto cui visse di manna
La gente ingrata, mobile e ritrosa.

Di contro a Pietro vedi sedere Anna,
Tanto contenta di mirar sua figlia,
Che non muove occhio per cantare Osanna.

E contro al maggior Padre di famiglia
Siede Lucia, che mosse la tua Donna,
Quando chinavi a ruinar le ciglia.

Ma perchè 'l tempo fugge, che t' assonna,
Qui farem punto, come buon sartore,
Che, com' egli ha del panno, fa la gonna;

E drizzeremo gli occhi al primo Amore,
Sì che guardando verso lui penétri,
Quant' è possibil, per lo suo fulgore.

Veramente, nè forse tu t' arretri,
Movendo l' ale tue, credendo oltrarti :
Orando, grazia convien che s' impetri;

Grazia da quella, che puote aiutarti :
E tu mi seguirai con l' affezione,
Sì che dal dicer mio lo cuor non parti :

E cominciò questa santa orazione.

A côté de lui siége, et près de l'autre plane
Ce chef sous qui vécut au désert de la manne
Le peuple ingrat, léger, récalcitrant, jaloux.

Et devant Pierre vois Anne qui, toute heureuse
De pouvoir contempler sa fille glorieuse,
La contemple immobile en chantant Hosanna.

Et puis devant l'aïeul de la famille humaine
Lucia, qu'attendrit ta Dame souveraine
Quand sur l'abîme ouvert tu te penchais déjà [10].

Mais de ta vision le temps s'enfuit et passe.
Doncques arrêtons-nous, mon fils, à cette place.
Il faut tailler l'habit sur l'étoffe qu'on a.

Et vers l'Amour Premier, auteur de tous les êtres,
Nous lèverons les yeux afin que tu pénètres
Au sein de sa splendeur autant qu'il se pourra.

Mais de crainte qu'ici, vers ce foyer qui brûle,
En croyant avancer, ton aile ne recule,
Il est bon d'implorer grâce et protection

De celle-là qui peut t'assister et t'entendre.
Accompagne ma voix d'un cœur fervent et tendre;
Suis-moi par la pensée et par l'intention ! »

Et Bernard commença cette sainte oraison :

NOTES DU CHANT XXXII

¹ Ève.

² Ruth, aïeule de David.

³ Du trône de la Vierge jusqu'à celui de Ruth, et de celui de Ruth jusqu'au dernier.

⁴ Saint Jean-Baptiste, mort deux ans avant l'accomplissement de l'œuvre de Rédemption, passa ces deux ans dans les Limbes, en attendant que Jésus-Christ vînt l'en retirer.

⁵ Quand les temps seront accomplis et que les vides seront comblés dans l'hémicycle de la rose réservé aux Saints du Nouveau-Testament. Mais, en attendant, il faut constater ce résultat assez singulier : les Saints d'avant Jésus-Christ, remplissant tous les siéges de toute une moitié de la rose, se trouvaient plus nombreux que les Saints chrétiens.

⁶ Ésaü et Jacob. Les prophètes et saint Paul aussi disent que Dieu préféra Jacob à Ésaü avant que les deux jumeaux fussent nés.

⁷ *Tale innocenzia*, dit le texte, une *telle* innocence, c'est-à-dire leur innocence imparfaite, à laquelle manque le baptême, et non pas seulement *leur* innocence comme disent toutes les traductions.

⁸ Les Anges, volant à Dieu et y puisant la joie qu'ils répandaient dans la rose sur le trône de Marie.

⁹ L'ange Gabriel.

¹⁰ A gauche de Marie, Adam, le premier homme ; à sa droite, saint Pierre ; à côté de saint Pierre, saint Jean l'Évangéliste ; à côté d'Adam, Moïse ; devant Pierre, Anne, mère de Marie ; et vis-à-vis d'Adam, Lucie, sainte de Syracuse (allégoriquement la Grâce illuminante ou la Pitié), que Béatrice attendrit en faveur de Dante (voy. *Enfer*, chant II).

ARGUMENT DU CHANT XXXIII

Saint Bernard adresse à la Vierge une oraison fervente pour que, par son intercession, le poëte obtienne la force de s'élever à la vision de Dieu. Dante pénètre du regard dans l'éternelle lumière divine. Il voit l'auguste Trinité et la Divinité et l'Humanité réunies dans la personne du Verbe. La vision est terminée. Le cœur épuré du poëte n'obéit plus qu'aux impulsions de l'amour divin.

CANTO TRENTESIMO TERZO

Vergine Madre, figlia del tuo Figlio,
Umile ed alta più che creatura,
Termine fisso d' eterno consiglio,

Tu se' colei, che l' umana Natura
Nobilitasti sì, che 'l suo Fattore
Non disdegnò di farsi sua fattura.

Nel ventre tuo si raccese l' amore,
Per lo cui caldo, nell' eterna pace
Così è germinato questo fiore.

Qui se' a noi meridiana face
Di caritade, e giuso intra i mortali,
Se' di speranza fontana vivace.

Donna, se' tanto grande, e tanto vali,
Che qual vuol grazia, ed a te non ricorre,
Sua disianza vuol volar senz' ali.

La tua benignità non pur soccorre
A chi dimanda, ma molte fiate
Liberamente al dimandar precorre.

In te misericordia, in te pietate,
In te magnificenza, in te s' aduna
Quantunque in creatura è di bontate..

CHANT TRENTE-TROISIÈME

« O Fille de ton Fils, Marie ! ô Vierge Mère !
Humble, et passant tout être au Ciel et sur la terre !
Terme prédestiné de l'éternel conseil !

Toi par qui s'ennoblit notre humaine nature
Au point que, devenant lui-même créature,
Le Créateur se fit à son œuvre pareil !

C'est toi qui dans ton sein rallumas de plus belle
L'ardent amour par qui, dans la paix éternelle,
Cette fleur a germé si magnifiquement [1].

Soleil de Charité dans la céleste sphère,
Brûlant dans son midi ! Pour l'homme, sur la terre,
Source vive d'espoir et de soulagement !

En toi tant de grandeur réside et de puissance
Que vouloir grâce au Ciel sans ta sainte assistance,
C'est vouloir qu'un désir sans ailes vole à Dieu.

Ta bonté ne vient pas, Reine ! tant elle est grande,
Au secours seulement de celui qui demande,
Mais généreusement court au-devant du vœu.

En toi la pitié tendre, en toi miséricorde,
En toi magnificence, et dans ton sein s'accorde
Tout ce que créature enferme de bonté !

Or questi che dall' infima lacuna
Dell' universo insin qui ha vedute
Le vite spiritali ad una ad una,

Supplica a te, per grazia di virtute,
Tanto che possa con gli occhi levarsi
Più alto, verso l' ultima salute ;

Ed io, che mai per mio veder non arsi
Più ch' i' fo per lo suo, tutti i miei prieghi
Ti porgo, e porgo, che non sieno scarsi :

Perchè tu ogni nube gli disleghi
Di sua moralità, co' prieghi tuoi,
Sì che 'l sommo piacer gli si dispieghi.

Ancor ti prego, Regina, che puoi
Ciò che tu vuoi, che tu conservi sani,
Dopo tanto veder, gli affetti suoi.

Vinca tua guardia i movimenti umani :
Vedi Beatrice, con quanti beati,
Per li miei prieghi, ti chiudon le mani.

Gli occhi da Dio diletti e venerati,
Fissi nell' orator ne dimostraro,
Quanto i devoti prieghi le son grati.

Indi all' eterno lume si drizzaro,
Nel qual non si de' creder che s' invii,
Per creatura, l' occhio tanto chiaro.

Ed io ch' al fine di tutti i disii
M' appropinquava, sì com' io doveva,
L' ardor del desiderio in me finii.

Ore cet homme-ci qui du dernier abîme
De l'univers entier jusques à cette cime
Par l'Enfer et les Cieux pas à pas est monté,

Il te conjure ici de lui prêter ta grâce
Pour qu'il puisse plus haut, au-dessus de l'espace,
Élever ses regards au suprême bonheur.

Et moi, moi qui jamais dans mon ardeur extrême
Au Ciel plus que pour lui n'aspirai pour moi-même,
Je t'offre tous mes vœux : qu'ils gagnent ta faveur.

Daigne à ton tour, priant pour lui, ma Souveraine !
Dissiper les brouillards de sa nature humaine
Et que le Bien suprême apparaisse à ses yeux.

Et je t'en prie encor, toute-puissante Reine !
Qu'après la vision de gloire il garde saine
Son âme, et que son cœur reste pur et pieux !

Sous ta protection, de l'humaine faiblesse,
Qu'il triomphe ! Regarde : au vœu que je t'adresse,
Mains jointes, Béatrix, le Ciel entier, s'unit. »

Les yeux chéris par Dieu de l'auguste Marie,
S'attachant sur le saint orateur qui la prie,
Montrèrent à quel point vœu fervent lui sourit.

Puis elle regarda vers la source pure
D'éternelle lumière où nulle créature
Ne voit, on doit le croire, à tant de profondeur.

Et moi qui m'approchais du dernier sanctuaire,
Du terme de tous vœux, comme je devais faire,
Je mis fin au désir en touchant au bonheur.

Bernardo m' accennava, e sorrideva,
Perch' io guardassi in suso, ma io era
Già per me stesso tal, qual' ei voleva:

Chè la mia vista venendo sincera,
E più e più entrava per lo raggio
Dell' alta luce, che da sè è vera.

Da quinci innanzi il mio veder fu maggio
Che 'l parlar nostro, ch' a tal vista cede,
E cede la memoria a tanto oltraggio.

Quale è colui, che sonniando vede,
E dopo 'l sogno la passione impressa
Rimane, e l' altro alla mente non riede;

Cotal son io, che quasi tutta cessa
Mia visione, e ancor mi distilla
Nel cuor lo dolce, che nacque da essa:

Così la neve al Sol si dissigilla:
Così al vento nelle foglie lievi
Si perdea la sentenzia di Sibilla.

O somma luce, che tanto ti lievi
Da' concetti mortali, alla mia mente
Ripresta un poco di quel che parevi:

E fa la lingua mia tanto possente,
Ch' una favilla sol della tua gloria
Possa lasciare alla futura gente:

Chè per tornare alquanto a mia memoria,
E per sonare un poco in puesti versi,
Più si conceperà di tua vittoria

CHANT XXXIII.

Bernard me faisait signe avec un souris tendre
De regarder en haut ; mais déjà, sans l'attendre,
Comme il le désirait, libre j'étais monté.

Et ma vue épurée avec plus de puissance
Entrait dans les rayons de la haute substance,
Qui par soi toute seule est toute Vérité.

Dès lors ce qu'à mes yeux il fut donné d'atteindre
Dépasse notre langue impuissante à le peindre
Et la mémoire aussi ne peut si loin courir.

Tel un homme endormi, ravi par un beau songe :
Après la vision l'extase se prolonge,
Mais le reste à l'esprit ne peut plus revenir ;

Tel suis-je en ce moment : la vision fragile,
Elle a fui tout entière et toujours me distille
Ce doux baume qui d'elle en moi se répandait.

Ainsi fond au soleil la neige passagère ;
Ainsi, jouet du vent, sur la feuille légère
L'oracle sibyllin dans les airs se perdait.

Au-dessus des mortels, ô toi, suprême Flamme
Qui t'élèves si haut ! Prête encore à mon âme
Un peu de ton éclat, sublime Vérité !

Et que ma langue soit au moins assez puissante
Pour laisser de ta gloire, Essence éblouissante !
Une faible étincelle à la postérité !

Car on comprendra mieux ta triomphante gloire
Quand, en partie au moins rendue à ma mémoire,
Elle aura dans mes vers quelque peu résonné.

Io credo, per l' acume ch' io soffersi
Del vivo raggio, ch' io sarei smarrito,
Se gli occhi miei da lui fossero avversi.

E mi ricorda, ch' io fui più ardito
Per questo a sostener tanto ch' io giunsi
L' aspetto mio col valore infinito.

O abbondante grazia, ond' io presunsi
Ficcar lo viso per la luce eterna
Vanto che la veduta vi consunsi!

Nel suo profondo vidi che s' interna,
Legato con amore in un volume
Ciò, che per l' universo si squaderna:

Sustanzie ed accidenti, e lor costume,
Tutti conflati insieme per tal modo,
Che ciò, ch' io dico, è un semplice lume.

La forma universal di questo nodo
Credo ch' io vidi, perchè più di largo,
Dicendo questo, mi sento ch' io godo.

Un punto solo m' è maggior letargo,
Che venticinque secoli alla 'mpresa,
Che fe' Nettuno ammirar l' ombra d' Argo.

Così la mente mia tutta sospesa,
Mirava fissa, immobile ed attenta,
E sempre nel mirar faceasi accesa.

A quella luce cotal si diventa,
Che volgersi da lei, per altro aspetto,
È impossibil che mai si consenta:

Si poignant fut le rays de la Clarté divine
Que j'eusse été perdu pour elle, j'imagine,
Pour peu que je m'en fusse un instant détourné.

C'est dans son propre sein que je puisai l'audace
De pouvoir l'endurer, tant qu'enfin, face à face,
J'atteignis jusqu'au Bien infini, souverain !

C'est par toi que j'osai, Grâce surnaturelle !
Fixer d'un œil vivant la lumière éternelle
Jusqu'à l'épuisement de mon regard humain.

Je vis aux profondeurs où l'Être se résume,
Reliés par l'amour et dans un seul volume,
Tous les feuillets épars de la création :

L'accident, la substance et ce qui s'y rapporte ;
Tout cela dans ce livre uni de telle sorte
Que ce que j'en dis là n'est qu'un simple crayon.

Et je crois que je vis la forme universelle
De cet immense nœud, au bonheur qui ruisselle,
Rien que pour en parler, dans mon âme, à pleine eau.

Mais un seul moment jette en mon âme indécise
Plus d'oubli que vingt-cinq siècles sur l'entreprise
Qui fit au dieu des mers mirer l'ombre d'Argo [2].

Mon âme, tout entière au point qui la captive,
Y restait suspendue, immobile, attentive,
Et cette extase même encor plus l'allumait.

Tel est l'étrange effet de la Flamme éternelle,
Que détourner les yeux vers autre chose qu'elle
Jamais on n'y consent, jamais on ne pourrait.

Perocchè 'l ben, ch' è del volere obbietto,
Tutto s' accoglie in lei, e fuor di quella
È difettivo ciò, ch' è lì perfetto.

Omai sarà più corta mia favella,
Pure a quel ch' io ricordo, che d' infante
Che bagni ancor la lingua alla mammella :

Non perchè più ch' un semplice sembiante
Fosse nel vivo lume, ch' io mirava,
Che tal è sempre, qual s' era davante :

Ma per la vista che s' avvalorava
In me, guardando, una sola parvenza,
Mutandom' io, a me si travagliava.

Nella profonda e chiara sussistenza
Dell' alto lume parvemi tre giri
Di tre colori, e d' una continenza :

E l' un dall' altro, come Iri da Iri,
Parea reflesso : e 'l terzo parea fuoco,
Che quinci e quindi igualmente si spiri.

Oh quanto è corto 'l dire, e come fioco
Al mio concetto ! e questo a quel, ch' io vidi,
È tanto, che non basta a dicer poco.

O luce eterna, che sola in te sidi,
Sola t' intendi, e da te intelletta
Ed intendente te a me arridi :

Quella circulazion che sì conceta,
Pareva in te, come lume reflesso,
Dagli occhi miei alquanto circonspetta,

Attendu que le Bien auquel aspire l'âme
Est tout entier en elle, et hors de cette flamme
Tout laisse à désirer quand là tout est parfait.

Désormais, même au peu dont j'ai ressouvenance,
Ma langue va faillir avec plus d'impuissance
Qu'une langue d'enfant qui suce encor le lait.

Non qu'alors eût changé d'aspect cette lumière
Dont je ne pouvais plus détacher ma paupière.
Elle est toujours la même après ainsi qu'avant.

Mais comme à regarder dans la suprême essence
Mon œil prenait vigueur, l'immuable apparence
Me semblait se changer, moi seul me transformant.

Dans le foyer profond de la claire substance
Il m'était apparu trois cercles, de nuance
Diverse, mais tous trois mesurant même rond [3] :

Le premier paraissant refléter le deuxième,
Comme Iris réfléchit Iris, et le troisième
S'exhalant du premier ainsi que du second.

Oh ! combien la parole est courte et sourde et blême
Auprès de mon penser ! Et mon penser lui-même,
Près de ce que j'ai vu dans le divin pourpris !

Éternelle clarté qui seule en toi reposes !
Qui seule te comprends, et, dessus toutes choses,
Comprise et comprenant, t'aimes et te souris !

Ce cercle qui semblait s'engendrer en toi-même
Comme un feu de reflet de ta clarté suprême,
Tandis que du regard j'en embrassais le tour,

CANTO XXXIII.

Dentro da sè del suo colore stesso
Mi parve pinta della nostra effige:
Per che il mio viso in lei tutto era messo.

Qual' è il geometra, che tutto s' affige
Per misurar lo cerchio, e non ritruova,
Pensando, quel principio, ond' egli indige,

Tale era io a quella vista nuova:
Veder voleva come si convenne
L' imago al cerchio, e come vi s' indova:

Ma non eran da ciò le proprie penne:
Se non che la mia mente fu percossa
Da un fulgóre, in che sua voglia venne.

All' alta fantasia qui mancò possa:
Ma già volgeva il mio disiro, e 'l *velle*,
Sì come ruota, che igualmente è mossa,

L' Amor che muove il Sole e l' altre stelle.

FINE DEL PARADISO.

CHANT XXXIII.

Il m'offrit dans son sein notre image charnelle
Peinte de la couleur de sa flamme éternelle [4].
Je devins aussitôt tout yeux et tout amour.

Ainsi qu'un géomètre alors qu'il se torture,
Du cercle follement cherchant la quadrature
Sans trouver le rapport qu'il faut pour mesurer :

Tel étais-je devant l'étrange phénomène.
Je voulais voir comment notre effigie humaine
S'adapte au cercle et comme elle y peut pénétrer.

Or, pour ce vol mon aile eût été mal habile,
Si la Grâce d'un trait frappant mon œil débile
N'avait dans un éclair réalisé mon vœu.

Ici ma vision sombra dans la lumière :
Mais telle qu'une roue avançant régulière,
Déjà mouvait mon cœur, m'embrasant de son feu,

L'Amour qui meut le Jour et les étoiles, Dieu [5] !

FIN DU PARADIS.

26.

NOTES DU CHANT XXXIII

¹ La rose des Saints. Elle a fleuri par l'amour de Dieu, que le péché avait éteint et qui se ralluma dans le sein d'où naquit le Rédempteur.

² Une minute qui s'écoule jette plus d'oubli sur une vision aussi étonnante, que vingt-cinq siècles sur l'expédition fabuleuse des Argonautes. Vingt-cinq siècles, c'était tout juste le temps qui s'était écoulé depuis l'expédition de Jason sur le vaisseau Argo, jusqu'au moment où Dante écrivait. Il semble s'être plu à sculpter avec une image la date de son poëme sur la dernière pierre du monument.

³ Dieu le Père, le Fils et le Saint-Esprit.

⁴ L'Humanité et la Divinité réunies dans Jésus-Christ.

⁵ Son cœur pur n'obéit plus qu'aux impulsions de l'amour divin : la vision, en arrivant à son terme, a produit son effet; le but du voyage est atteint. Dante finit par le même mot *stelle* les trois cantiques : l'*Enfer*, le *Purgatoire*, et le *Paradis* (voy. ch. XXXIV de l'*Enfer*, à la note). Pour demeurer un servant fidèle, j'ai terminé aussi par un même mot : Dieu, les trois parties de ma traduction. C'est aux étoiles du Ciel, c'est-à-dire à Dieu, que le poëte voulait arriver.

TABLE DES ARGUMENTS

Pages.

Chant I. — Invocation. Béatrice a les yeux fixés au Ciel. Dante a les siens attachés sur Béatrice, et dans cette contemplation, il se sent transfiguré et s'élève avec elle jusqu'au premier Ciel. Il s'émerveille de cette ascension au-dessus de l'air et du feu. Béatrice dissipe son étonnement : libre de toute entrave, c'est-à-dire lavé de toute souillure, il est devenu un être pur, une flamme vive qui monte de la terre au Ciel, aussi naturellement qu'un fleuve qui suit sa pente en descendant d'une montagne   3

Chant II. — Dante monte avec Béatrice dans le ciel de la Lune. Il demande la cause des taches qu'on aperçoit dans cette planète. Béatrice lui démontre que ce n'est point, comme il le croit, par l'effet de la matière disposée en couches ou plus rares ou plus denses. C'est une vertu intrinsèque propre à chaque planète, qui brille à travers chacune d'elles comme la joie à travers la prunelle des yeux, et, selon qu'elle est plus forte ou plus faible, produit la lumière ou l'ombre. . 17

Chant III. — Des âmes s'offrent à Dante dans le cercle de la Lune. Il reconnaît Piccarda. Il apprend par elle que la Lune est le séjour des âmes qui ont fait vœu de chasteté, mais qui ont été violemment arrachées à leurs vœux religieux. Elle lui prouve que, bien qu'il y ait différentes sphères dans le Ciel, tous les bienheureux sont amplement satisfaits du rang qui leur est as-

	Pages.
signé dans l'échelle céleste, et ne désirent rien de plus que ce qu'ils ont	31

Chant IV. — Les paroles de Piccarda et sa présence dans la Lune ont suggéré à Dante deux questions graves touchant le séjour des bienheureux et l'action de la violence sur la volonté. Béatrice l'éclaire. Théorie de la volonté libre. Dante soumet à Béatrice une troisième question : à savoir s'il est impossible de suppléer de quelque manière à des vœux qui n'ont pas été observés jusqu'au bout. 43

Chant V. — Béatrice répond à la question de Dante en lui expliquant, d'après la nature et l'essence du vœu, comment et dans quel cas on peut satisfaire à des vœux qui ont été enfreints. Ascension au second Ciel, au Ciel de Mercure. Dante interroge un des esprits radieux qui s'empressent en foule vers lui. 57

Chant VI. — Justinien se découvre au poëte. Il lui retrace le bien qu'il a fait, et toute la glorieuse histoire de l'aigle impériale et romaine. Il termine en lui apprenant que la planète qu'il habite est le séjour des âmes avides de gloire, qui ont fait des belles actions en vue et par amour de la renommée, et lui montre l'âme de Romée, ministre de Raymond Béranger, comte de Provence 71

Chant VII. — Justinien et les autres esprits disparaissent. Un propos de l'empereur, demeuré obscur pour Dante, lui est éclairci par Béatrice qui entreprend ensuite de lui expliquer le mystère de la rédemption humaine par l'incarnation du Verbe. Argument subsidiaire en faveur de l'immortalité de l'âme et de la résurrection des corps. 85

Chant VIII. — Du Ciel de Mercure, le poëte monte dans le Ciel de Vénus, séjour des purs amants et des parfaits amis. Il ne s'est aperçu de son ascension qu'à la beauté de Béatrice qui resplendit toujours plus de sphère en sphère. Rencontre de Charles-Martel, roi de Hongrie. Sur quelques mots échappés à Charles-Martel contre son frère Robert, le poëte lui demande comment un fils peut ne pas ressembler à son père. L'esprit résout devant lui ce problème   99

Chant IX. — Entretien de Dante d'abord avec Cunizza, sœur d'Ezzelino de Romano, tyran de la Marche de Trévise, qui prédit les malheurs de sa patrie, ensuite avec Foulques de Marseille   113

Chant X. — Le poëte et Béatrice montent au quatrième Ciel, qui est celui du Soleil. Ils se trouvent entourés d'un cercle d'âmes resplendissantes, formant un chœur admirable de danses et de voix. Saint Thomas, l'une de ces âmes bienheureuses, désigne au poëte quelques-uns de ses compagnons.   127

Chant XI. — Le chœur des âmes bienheureuses s'est arrêté. Saint Thomas d'Aquin reprend la parole. Deux points de son discours avaient laissé Dante dans l'incertitude; il entreprend de résoudre ces doutes en lui racontant la vie de saint François.   141

Chant XII. — Un autre cercle de bienheureux se forme en couronne autour du cercle de saint Thomas. Un esprit de ce second cercle prend la parole : c'est saint Bonaventure. Il raconte la vie de saint Dominique dont saint Thomas n'a dit qu'un mot dans l'éloge de saint François, et fait connaître les autres esprits qui composent avec lui la seconde couronne de bienheureux   155

Chant XIII. — Le poëte emprunte aux astres une image pour peindre cette double guirlande d'âmes radieuses qu'il voyait danser et chanter autour de lui. Saint Thomas résout la seconde des difficultés soulevées par son récit (chant X). Il explique cette phrase où il disait que Salomon fut sans second en sagesse. Après l'avoir accordée avec ce que l'Écriture nous enseigne sur Adam doué, en sortant des mains de Dieu, de toutes les perfections humaines, et sur Jésus-Christ, la sagesse incarnée, le docteur angélique termine sa thèse en exhortant le poëte à ne pas précipiter ses opinions. . . 169

CHANT XIV. — Dernière difficulté dont Béatrice provoque l'explication. Troisième couronne de bienheureux qui vient entourer les deux autres. Un regard jeté sur Béatrice fortifie Dante aveuglé par ces nouvelles splendeurs. Ascension au cinquième Ciel qui est celui de Mars. Sur deux rayons, disposés en forme de croix, volent dans tous les sens, en faisant entendre des hymnes mélodieuses, les âmes radieuses des croisés qui ont combattu pour la vraie Foi 183

CHANT XV. — Cacciaguida, trisaïeul de Dante, s'offre à lui dans le Ciel de Mars. Il lui fait la généalogie de leur maison, lui raconte la pureté et la simplicité des mœurs de Florence au temps de sa naissance, ses exploits et la mort glorieuse qu'il trouva en combattant contre les Sarrasins 197

CHANT XVI. — Cacciaguida précise l'époque de sa naissance. Il passe en revue les plus illustres familles qui habitaient de son temps la vieille Florence, aujourd'hui agrandie et plus populeuse, mais dégénérée et déchirée par la discorde 211

CHANT XVII. — Cacciaguida lève le voile des prédictions qui déjà en Enfer et au Purgatoire avaient, à mots couverts, annoncé à Dante son futur exil. Il lui révèle les douleurs qu'aura pour lui cet exil ; il lui annonce les refuges qu'il trouvera. En finissant, Cacciaguida exhorte le poëte à publier hardiment son voyage surnaturel et sa vision tout entière 225

CHANT XVIII. — Cacciaguida nomme encore à Dante un certain nombre de pieux guerriers qui brillent dans la Croix. Ascension au sixième Ciel, Ciel de Jupiter, séjour de ceux qui ont distribué avec droiture la justice dans

Pages.

le monde. Les âmes des bienheureux, disposées en lettres mobiles et lumineuses, figurent les versets de la Bible qui prêchent la Justice. D'autres scintillations naissent des premières et dessinent l'Aigle impérial. Dans ce Ciel de la justice, le poëte s'emporte avec amertume contre la simonie pontificale 239

CHANT XIX. — L'Aigle apprend à Dante que c'est la piété et la justice qui l'ont élevé au Ciel glorieux de Jupiter. Puis il répond à un doute du poëte, sur la question de savoir si quelqu'un peut être sauvé sans baptême. Il résout la question par la négative ; mais il ajoute que beaucoup qui sont chrétiens de nom se verront au jour du jugement plus loin de Dieu que les païens, et il désigne une foule de souverains qui seront dans ce cas. 253

CHANT XX. — L'Aigle montre à Dante les âmes de princes justes par excellence qui resplendissent dans son sein. Le poëte s'étonne de voir dans le nombre deux personnages qu'il avait crus païens. L'Aigle lui explique comment tous deux étaient morts dans la foi de Jésus-Christ. 267

CHANT XXI. — Du Ciel de Jupiter Dante monte au septième Ciel, au Ciel de Saturne, séjour des solitaires contemplatifs. Des flammes radieuses montent et descendent sur une échelle d'or gigantesque. Entretien de Dante avec le saint ermite Pierre Damien 281

CHANT XXII. — Saint Benoît s'offre au poëte. Il désigne quelques-uns de ses compagnons de Ciel, voués, comme lui, sur la terre, à la vie contemplative, fondateurs d'ordres dont la règle est aujourd'hui lettre morte entre la main de moines avides et dégénérés. Ascension à la huitième sphère, c'est-à-dire au Ciel des étoiles fixes, où le poëte et Béatrice pénètrent par la constellation des Gémeaux. Le poëte jette un coup d'œil sur le chemin parcouru. 295

CHANT XXIII. — Apparition de Jésus-Christ triomphant, accompagné de la bienheureuse Vierge Marie, suivie

Pages.

elle-même d'une foule de bienheureux. Après quelques instants le resplendissant cortége, qui est venu au-devant de Dante et de Béatrice, remonte vers l'Empyrée. . 309

CHANT XXIV. — Béatrice, après avoir invoqué en faveur du poëte, son ami, tout le collége apostolique, prie saint Pierre de l'examiner sur la Foi. Le grand apôtre propose à Dante diverses questions. Dante répond à toutes. Le saint est satisfait et le bénit. 323

CHANT XXV. — L'apôtre saint Jacques examine le poëte sur l'Espérance. Il lui fait trois questions. Béatrice intervient pour l'une et Dante répond aux deux autres. Saint Jean l'Évangéliste s'avance vers saint Jacques et saint Pierre. Dante cherchant l'ombre du corps de cet apôtre qui, suivant une opinion répandue, était monté au Ciel avec son corps et son âme, saint Jean le détrompe et lui fait savoir que le Christ et Marie ont pu seuls monter avec leur corps dans le Ciel 337

CHANT XXVI. — Saint Jean examine Dante sur la troisième vertu théologale : la Charité ou l'Amour. Apparition d'Adam. Le premier homme devance les questions du poëte et y répond. Il précise le temps de sa naissance au Paradis terrestre, le vrai motif qui l'en fit exiler, le temps qu'il y était resté, et l'idiome qu'il avait employé. 351

CHANT XXVII. — Après un hymne chanté par toutes les voix du Paradis, saint Pierre, enflammé d'une pieuse indignation, jette l'anathème sur ses pervers successeurs. Ascension au neuvième Ciel ou Premier Mobile. Béatrice explique à Dante la nature de cet orbe céleste qui donne le mouvement à tous les autres et n'a au-dessus de lui que l'Empyrée. 365

CHANT XXVIII. — Le poëte voit un point qui dardait la lumière la plus perçante, autour duquel tournoyaient neuf cercles, et c'était Dieu au milieu des neuf chœurs des Anges. Béatrice lui explique comment les cercles de ce monde intelligible correspondent aux sphères du monde sensible, et lui fait connaître la hiérarchie angélique. Elle se compose de trois ternaires : dans le premier les Séraphins, les Chérubins, les Trônes ; dans le second les Dominations, les Vertus, les Puissances; dans le troisième les Principautés, les Archanges et les Anges 379

Chant XXIX. — Béatrice, pour satisfaire à la curiosité du poëte, lui explique la création des Anges. Elle s'élève contre les prédicateurs qui obscurcissent l'Évangile par des arguties pour se faire briller eux-mêmes, déshonorent la chaire chrétienne par d'indignes facéties, et font un trafic de fausses indulgences. Puis, revenant à son sujet, elle ajoute quelques mots à ce qu'elle a dit des substances angéliques 393

Chant XXX. — Dante monte avec Béatrice au Ciel Empyrée. La beauté de Béatrice devient ineffable. Dante voit un fleuve de lumière coulant entre deux rives émaillées de fleurs. Des étincelles sortent du fleuve, se mêlent à l'éclat des fleurs, puis se replongent dans les eaux lumineuses. Dante y trempe sa paupière et la vision devient plus claire. Toutes les fleurs n'en forment plus qu'une. Les âmes bienheureuses, étagées comme les feuilles d'une grande rose, se mirent dans les flots éblouissants, reflet de la splendeur divine, et dont les étincelles sont les Anges. Béatrice montre à Dante l'immensité de cette capitale de Dieu, les élus et les Anges innombrables qu'elle renferme et le trône céleste réservé à Henri de Luxembourg. 407

Chant XXXI. — Dante contemple dans leur gloire les deux milices du Ciel Empyrée : les Saints et les Anges. Béatrice a disparu : elle est montée s'asseoir sur son trône. Elle envoie au poëte saint Bernard pour la remplacer. Saint Bernard lui montre la Vierge Marie resplendissante au milieu des adorations des Saints et des Anges. 421

Chant XXXII. — Saint Bernard explique à Dante l'ordre

et la division de la rose des Saints. Elle est partagée en deux moitiés. Entre ces deux moitiés le trône de la Vierge, et au-dessous d'elle des siéges occupés par les femmes juives ; vis-à-vis le trône de la Vierge celui de Jean-Baptiste et, au-dessous, des siéges occupés par saint François, saint Benoît, saint Augustin, etc. Ces siéges, divisant la rose dans toute sa largeur et dans sa profondeur, forment comme un mur de séparation entre les Saints d'avant et ceux d'après Jésus-Christ. Une file de gradins, occupés par les petits enfants, divise encore par le milieu chacune des deux moitiés de la rose. Saint Bernard explique comment des rangs ont pu être dévolus à ces innocents, et désigne les Saints les plus considérables faisant cortége à la glorieuse Vierge. 435

CHANT XXXIII. — Saint Bernard adresse à la Vierge une oraison fervente pour que, par son intercession, le poëte obtienne la force de s'élever à la vision de Dieu. Dante pénètre du regard dans l'éternelle lumière divine. Il voit l'auguste Trinité et la Divinité et l'Humanité réunies dans la personne du Verbe. La vision est terminée. Le cœur épuré du poëte n'obéit plus qu'aux impulsions de l'amour divin 449

FIN DE LA TABLE

CORBEIL, typ. et stér. de CRÉTÉ.

www.ingramcontent.com/pod-product-compliance
Lightning Source LLC
Chambersburg PA
CBHW060230230426
43664CB00011B/1600